晚清变革密码

从大变局到大败局

黄治军 著

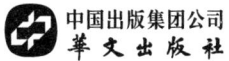

图书在版编目（CIP）数据

晚清变革密码 / 黄治军著． －－ 北京：华文出版社，2019.1

ISBN 978-7-5075-4945-4

Ⅰ．①晚… Ⅱ．①黄… Ⅲ．①政治体制改革－研究－中国－清后期 Ⅳ．①D691.21

中国版本图书馆CIP数据核字(2018)第157346号

晚清变革密码
WANQING BIANGE MIMA

作　　者：	黄治军
责任编辑：	胡慧华
出版发行：	华文出版社
地　　址：	北京市西城区广外大街305号8区2号楼
邮政编码：	100055
网　　址：	http://www.hwcbs.com.cn
电　　话：	发行部 010-58336262　编辑部 010-58336197
经　　销：	新华书店
印　　刷：	北京明恒达印务有限公司
开　　本：	710×1000　1/16
印　　张：	20
字　　数：	312千字
版　　次：	2019年1月第1版
印　　次：	2019年1月第1次印刷
标准书号：	ISBN 978-7-5075-4945-4
定　　价：	52.00元

版权所有，侵权必究

自序

在写作"晚清"的五年里

"晚清最后十八年"①系列的写作开始于2011年,现在回想起来,为什么要写它,一切都好像是注定。很多的细节都记不太清了,印象中最深刻的是当时看到的一则新闻——湖北武汉投资200多亿筹备辛亥革命百年庆典,当时就有一个念头:这是纪念辛亥革命最好的方式吗?

动笔之后,一开始是把它放在了天涯网上的,与网友们互相讨论和交流。一年多以后,它被评为天涯社区"2013年年度十大作品",于是进入出版程序,和读客图书谈合作。我很佩服出版方在一个帖子还没有写完的时候,就和我签了出版协议,也很感谢他们后来为这套书的出版所做的工作。

那时我已在《旅伴》杂志社工作九年,26岁时从记者、首席记者做到了执行主编,写帖子需要占用全部的业余时间,包括每一个晚上和周末。有一天我接到了女友的短信,她说:在我的观念里,写作是可控的,恋爱才是不可控的,但你对我们在一起的时间是可控,只有写作对你来说才是不可控的,我们分手吧。

当时她在中央电视台工作,工作繁杂忙碌,在她特别需要关心和倾诉的时候,我总是不在她身边。

我原本以为我的写作生活就要这么继续下去,直到2013年夏天我接到一个电话。

那天舅舅从长沙打电话过来,说我老兄可能是得了一种怪病,他瞒

---

① 以下简称"晚清"——编者注。

着父母偷偷跑到湘雅医院来住院，几天后就要进手术室了。

老兄在深圳开了一家塑胶模具工厂，固定资产做到了几千万，但仍然是一个夫妻店，他负责业务，嫂子负责财务，小孩还在上学，在生病的时候，就没有人可以去陪伴，因为工厂还需要运转，每天还有事情都要处理，工人还需要发工资。

我从杂志社请好假，跑到长沙去陪伴老兄。八个小时的手术过后，大夫告诉我：情况很不乐观。在他们开会诊会议的时候，我在旁边，我听到了"六个月"这样可怕的词语。

安顿好老兄后，我一个人跑到医院的楼顶上，嚎啕大哭了半个小时。我觉得人生很荒诞，几天前我还只想着如何做好杂志选题，现在只能一个人躲在楼顶哭泣。然而我也做了一个决定，当我回北京办好辞职手续再回到湘雅医院病房时，我发现老兄一直直勾勾地盯着我手中巨大的行李箱。我告诉他：我们是从小一块长大的，我不甘心，我一定要想办法把你的病治好。

我每天睡在病房里，照看输液，买饭喂饭，端屎端尿，洗衣服，去旁边的民居给老兄做好吃的，陪他聊天解闷，搀扶他走路，去楼下晒太阳，抽空的时候就联系国内外一切可能的医药信息。有一天，同病房里另一个陪床的壮汉突然塞给我一袋熟食，说这是他特意回家亲手做的。他说："小伙子，我觉得现在像你这样的年轻人不多了，你对你父亲真是太有耐心了。"

我告诉他，这不是我父亲，他是我老兄。这个人听后怔住了，他拍着我的肩说："相信我，兄弟，你们是会创造奇迹的！"

那一刻我跑到楼道里哭了。

我知道老兄其实是最不容易的。自小我和老兄"画风各异"，我沉浸在书本世界里，老兄却更爱玩闹，用学费买衣服、和人谈恋爱、打架、下馆子、花钱大手大脚，后来读到高中死活不读书了，一会儿要去学武术，一会儿又跑去做音箱生意，大半年的时间把家里的积蓄亏得精光，不得不南下广东，从工厂的一名保安做起，这才开设工厂。我是职场人士，有了事还可以辞职一走了之，他却不能"辞职"，哪怕是进了医院，两部手机还是响个不停，还要处理很多的事情，我只能用心去照顾他。

病房里经常有需要你在一分钟之内做决断的时候。大夫会告诉你，接下来如果用这一种药，医保可以报销，但还有一种从外面购买的进口药品，不在医保报销范围内，5万元一小瓶，一次输液用两小瓶，10万元。我问疗效如何，大夫说理论上会更好，但这种病原本就是没有保证的，所以疗效也不能保证。那时候我经常盼望着时间可以慢一点，这样用下一个10万的时候，也可以慢一点。

有一天，老兄突然对我说，一会儿他有个生意上的朋友要过来看他，他不会有事，叫我别担心。这个人进了病房后，和老兄聊了一会儿，老兄突然表现得十分痛苦，不断地喘着气。那个人见状，十分难为情，欲言又止了好一阵，终于留下一句"你好好养病"就走了。我想起老兄的话，突然明白了：这个人不是来看望老兄的，是来要钱的。老兄的工厂因为一时周转不过来，拖欠了他的货款，他见到老兄病重，这才没好意思开口。

我跟老兄商量，把工厂里的原料先低价卖出去一批，付掉他的货款，等资金周转过来后，再把原料高价买回来。这人也是中小企业主，他的资金周转也很困难，如果不是实在没有办法，不会跑到病房里来催款的。

治疗日复一日地重复着，大夫过来告诉我们，再过几个疗程，头发可能要全部掉光了。晚上，老兄对我说："你扶我下楼去吧。"原来，他要去找家理发店，剃个光头，然后跟我去买了顶帽子戴在头上——是的，即使病重，人生也要主动。

病房里经常会有告别的时候，可能上午刚认识的病人，下午就见不到他了。陪床的人告诉我，病人在病重的时候，会很没有主张，也会很敏感，陪床人任何一个细微之处的言行都会给他带来不一样的感受。

老兄在治疗期间，只能吃特别清淡的饭菜，不能放任何配料，也几乎没有盐。我每天和老兄吃同样的饭菜，跟他一起吃饭，他吃什么，我就吃什么。是的，我就是要用这种看似可笑的方式来告诉老兄我会一直陪伴他，给他信心。

几个月过去了，冬天来了，有天傍晚，陪他在楼下散完步后，我对老兄说："你先上去吧，我等一下再回去，我再去吃点儿东西。"

刚刚路过一家麻辣烫摊点，香飘四溢，实在是太诱人，我再也控制不住了，跑回摊前一顿猛吃，直到再也吃不下为止。我把老板的一瓶辣椒酱吃得精光。

我以为老兄早回病房了，但当我走回去的时候，我突然发现楼下的花坛上坐着一个人。天空中飘着小雪，他的背影很孤独，那是老兄，他没有上楼，他坐在那里等我回来。

回到病房后，我觉得心里很难受，躲进卫生间里无声流泪。我责怪自己明明知道最想改善口味的是老兄，他肯定比我更想去吃，可是我为什么没能忍住？

几个月以来，似乎已经流尽了自长大成人以来所有的泪水，很多的时候，我一度认为我们兄弟俩人生会过不去。但那一刻，我觉得人生再也没有什么可怕的了，但我要把这种力量告诉我的读者。

在从北京拖过来的那件硕大的行李箱中，除了衣服，还有一台笔记本电脑。每天到深夜，当病房熄灯、老兄睡去之后，我把病房里的椅子搬到走廊上，借着光亮打字。值班护士过来管过几次，后来也不管了。医院里没有网络，遇到对史料有疑问的地方，我只能先记录下来，等到一个集中的时间去附近的网吧上网。我必须拿手机定好闹钟，因为我怕我忘记了时间，忘记了病房里还在输液的老兄。

我用这种方式完成了"晚清"第二部。（见本人"晚清"系列作品。）

六个月过去了，十个月过去了，在所有亲人和朋友的努力之下，老兄的病情奇迹般地好转了，他可以出院了。后来老兄跟我说，我原本以为我们只是兄弟，现在看来你还是上天派来救我的。

我们抱头痛哭。

是的，书本里的世界很广阔，但如果我们不能从小事做起，不能善待身边人，学习历史又有什么用？如果我们不去经历真正的磨难，又怎会有真正正确的价值观？当我们积极面对困难的时候，心里面一定会有个声音告诉你困难是暂时的,你是在做正确的事。

无论世界多么荒凉,心中的光明总要靠自己点亮。

老兄回到了深圳,我回到了北京,写作还在继续。我发现我有了一个不好的习惯:只要发现银行卡上的钱还够付半年的房贷,就总想着辞去工作,专心完成剩下的作品,因为我其实一直是一个一心不能二用的人。父母反而担心我了,他们从深圳跑过来,监督我好好上班,也监督我找女朋友。

辞职之后,我每天拿着包,从家里出去,有时候是在家附近的咖啡馆,有时候是在公园里,继续写作。离家不远的地方有一条不经常过火车的铁路,那里永远停着一辆货车。大部分的时候,我坐在铁轨旁打字。对面是一棵树,有一天,我突然发现,有叶子开始从树枝上掉下来了,原来时间已经快过去三个月了。

我在这里完成了日俄战争中"对马海战"的写作。

父母告诉我,他们要回去了。我很愧疚,让他们监督的事情都落空了,父母其实早就发现了我的秘密。后来他们跟我说:"孩子,你每天拿着包出去,但有一天你是穿着拖鞋出去的,我们又怎么能再给你压力呢。"

五年了,写作已经成了一种生理需要。将你的人生,像毛巾浸在水里一样浸在孤独里,拧干了,便是人生的辽阔。2017年,我收获了自己的爱情。她是一位北京妞儿,满族人,正黄旗格格,缘分就是如此的微妙,那时候我常说:"'晚清'没有火,却让我遇到了一位格格,这也是老天对我的奖赏吧!"

五年了,还去过很多的地方,每当史料不能给我答案的时候,我总要到历史人物曾经涉足的现场去转一转,宽广美丽的土地,是我们可爱的家乡。为什么我们对这片土地爱得深沉?是因为我们的眼里总是饱含泪水。

有一个地方是留到最后才去的:浙江海宁。

1916年,绕地球已经数周的孙文回到了国内,他应朋友之邀,来到海宁观看钱塘江大潮。

钱塘江汹涌的大潮,当它涌来时,如万马奔腾,巨浪滔天,惊涛拍岸,地动山摇,卷走了它面前的一切!

这样的场景,令看惯大风大浪的孙文也无比动容。

观潮过后,他的心情仍然久久不能平静,他觉得他应该写点什么。孙文似乎看到一种人世间最本质的东西,而这也是我们最终要讲述的历史规律。

——世界潮流,浩浩荡荡,顺之则昌,逆之则亡!

目 录

第一章 日本间谍的报告：大清甲午之败，败于全民腐败 1

宗方小太郎分析，洋务运动后，清国虽然表面上在不断发展和进步，但"腐朽的风气源自明末"，全民丧失信仰，社会风气江河日下，所追求不过金钱、享受之事。在此风气之下，每个原本有良知的人都是可能的腐败者。

第二章 戊戌变法前奏：朝廷里的帝后两党党争 17

当慈禧把建设强大的北洋海军托付给李鸿章之时，她就已经明白，她实际上已经把自己的身家性命甚至整个国家的命运都托付给了李鸿章。慈禧挪用军费的秘密，不是因为要修颐和园而挪用海军军费，而是为了要挪用海军军费而修颐和园！

第三章 戊戌变法：光绪和慈禧的权力博弈 33

康有为对荣禄说"变法有何难？杀几个一品大员就好了"。一个高明的政治家从来不预设敌人。贪官是应该杀的，但也要经过公正的审判后去杀，变法的目的之一就是加强制度建设和法治，避免官官相卫，也避免政治迫害，如果还是喊杀就杀，那跟过去有什么区别，还需要变什么法？

第四章　戊戌变法失败的根源和秘密 88

　　经过多方面的论证，这个结论应该是最接近历史事实的：不是袁世凯的告发导致皇宫里事情的发生，而是皇宫事情的发生导致了他的告发。袁世凯是在自己有掉顶戴甚至掉脑袋危险的时候走进了直隶总督府，相信这是每一个官场人物在遇到这种情况时共有的选择。

第五章　慈禧亲自提拔袁世凯重启大清变革 125

　　李鸿章、刘坤一、张之洞等这些曾经的改革领导者，已经被官僚集团吞噬为现有既得利益集团的代表，那些当年很是瞧不起既得利益集团的洋务派、变法派，依靠新一轮的官僚资本的积累，反倒成为了新的既得利益集团，压制民间经济，反对深化改革，阻挠政治体制变革，即使不那么反对，也不再那么积极了。

第六章　努力学习明治维新：袁世凯最终将大清引向立宪改革 145

　　说到法治，离不开我们常说的一个词——公检法。令人想不到的是，这三大领域的近代化改革，竟然都与袁世凯有关。

第七章　袁世凯为何反对立宪学习明治维新？ 161

　　这种情况形象地说，大清的"产权"是皇室的，而"治权"更多的是责任内阁的，责任内阁治得不好，就要向国家大政和皇室负责而倒台；但皇室也要相信，责任内阁治得再好，也不会图谋霸占"产权"，这就改变了以往"家天下"观念中，拥有天下也要独裁治理天下的概念。

第八章　慈禧紧急叫停立宪改革，新一轮党争即将开始 177

　　等到冒冒失失走出皇宫，袁世凯这才惊出一身冷汗 不知什么时候，他已经变成了康有为，变成了那个他曾经很看不起的康有为！

第九章　朝廷内部，立宪改革再次转入党争　198

瞿鸿禨不愧为官场老手，他很清楚，要彻底揭开盖子就要先来一个朝野上下喜闻乐见的爆炸性"猛料"。他的手中已经掌握了奕劻大公子载振的"性贿赂"丑闻，这就是绝佳的突破口！

第十章　连续整垮瞿岑：袁世凯的惊人手段　206

瞿鸿禨和岑春煊先后倒台，庆袁一方独大，朝廷里的权力格局重新洗牌，这一场发生在朝廷最高层面的权力斗争也结束了，1907年是丁未年，史称"丁未政潮"。

第十一章　帝后前后脚去世，慈禧为权力布局毒杀了光绪？　219

从当时的情况来看，光绪死于谋杀的可能性非常大，而最大的嫌疑人自然就是慈禧。一直以来，只有慈禧能掌控光绪的医药、身边的内侍和生死，也只有慈禧是那个既能谋害光绪又不会被追究的人。

第十二章　慈禧留给载沣的政治遗产：袁世凯　231

只要载沣不是昏了头，他一定明白离开了袁世凯，清单能否顺利兑现都是问题，毕竟只有袁世凯才是大清"变革第一人"，也只有他才能主导变革的走向，推进变革的进程，稳定变革的大局。

第十三章　袁世凯被免，武昌起义爆发　242

黎元洪干脆来了一个软抵抗，一言不发，一动不动，活像一尊泥菩萨。士兵们就叫他"黎菩萨"。但是，革命小将的耐心也是有限的，有人已经粗暴地告诉黎元洪　如果不答应，就枪毙你！

第十四章　袁世凯出山，为何只能抛弃大清，接受共和？　259

如何逼退朝廷，这确实是袁世凯的一大难题。袁家数代为官，袁世凯又已经是大清内阁总理——如果说逼退皇室一点心理障碍都没有，那就让别的大臣去做好了，袁世凯更加不想背上一个"篡位"的骂名，不想让天下人认为他是"出卖"了大清朝廷才成为临时大总统。

第十五章　袁世凯为何能夺取革命果实？　277

在最后几年的光阴里，体制僵化莫过于晚清，变革步伐之大莫过于晚清，甚至思想之开放也莫过晚清，然而大清终究亡了！这是大清最深刻的教训。

第十六章　大清变法彻底失败，走向灭亡，民国重回革命　298

宋教仁没有资源，没有显赫的出身，更没有枪杆子，不能像科举时代的读书人那样"学成文武艺，货与帝王家"，于是他"货与人民"，却还是以悲剧结尾。但宋教仁始终相信，政治为人民服务的本质是人民运用政治为自己服务。他终于做到了"年轻又有声望"，可是他永远"年轻"了。

后记　为何大清终结，共和、宪政却行不通？　305

第一章
日本间谍的报告：大清甲午之败，败于全民腐败

甲午战争是怎么打起来的

鸦片战争之后，大清开始了洋务运动，一直在变法，为何到了1898年，戊戌变法突然爆发，变革突然提速？

这自然是由于一场战争引起。甲午战争。

火药首先是由火药桶——朝鲜引燃的。

19世纪，亚洲最重要的两个国家——大清和日本（日本其实在当时并不算重要国家）先后进入了"门户开放"，因为它们的国门都被轰开了，而朝鲜（此时还没有和韩国分家）的国门一直紧闭着，不开放，国力自然就不强，老百姓们的生活可以用水深火热来形容，于是在1894这个甲午年，朝鲜的农民又起义了。

不过，朝鲜的这次农民起义似乎不是为了解决温饱问题，而是要——卫道。

这支农民队伍叫做"东学党"。所谓东学，就是东方之学，也就是中华文明的核心——儒道释三学，因为千百年来，东方都是中华文明主导的。朝鲜农民祭起"东学"的大旗，自然是拿儒道释三学与"西学"的基督教文明来对抗，坚决抵制西方腐朽文化的冲击。

现在看来，东学党只是打着这个旗号，试图推翻朝鲜王朝的统治，夺取政权，这和以往多次农民起义也差不多，反正大家都是这个流程。

一见到动乱，朝鲜国王就急了，赶紧派人向清国求援军，当时大清和朝鲜是宗主国与藩属国的关系，老大自然要保护老二。

但问题没有那么简单，在历史上，强势文明一直是向弱势文明传播的，"门户开放"后的大清和日本都在逐渐强大，特别是相对于封闭的朝鲜，他们都是强者，所以日本在朝鲜也一直有很强的势力，如果大清派军队到朝鲜，日本会不会借机生事？

结果大家知道了，大清派了兵，日本也派了兵，然后清日两国军队先在朝鲜打了起来，1894年7月25日，甲午战争正式打响。大半年后，大清的北洋舰队全军覆没，陆军节节败退，战争以清国的惨败告终，李鸿章向日本求和，签订鸦片战争以来最屈辱的《马关条约》，朝廷的统治才得以苟延残喘。

日本人的潜伏

战争结束了，朝廷很难堪，大家心情很沉重，谁也不知道，为何清国会如此惨败？

要揭开这个谜底需要从一个迷案说起，答案就隐藏在这些迷案之中，那就是：甲午战争中日军为何能够多次准确地获得清军的情报？比如为何导致北洋舰队惨败的黄海大东沟海战，北洋舰队一出发，日军就知道这个情报了？

在1860年第二次鸦片战争后，清国朝廷被迫签订中英、中法《天津条约》。这个条约很长，在我们经常注意的赔款之外，有两条是不那么被人注意的。第一条是：清国不能再以"夷人"称呼外国人，根据这一条，"洋人"取代了"夷人"，原来师"夷务"也变成了"洋务"，师夷之长技以制夷也就变成了向洋人学习。

而另一条就更加没人注意了，它是：外国人可以自由前往清国内地游历、通商和传教。

正是这条看上去毫不起眼的条款，为其他国家往清国派遣间谍提供了方便。而往清国派遣间谍最多的，就是日本。清日战争之前，清国境内早已经潜伏了一个庞大的日本间谍网！

1872年，日本陆军部派出三名间谍潜入清国内陆，另有两名间谍潜入台湾，这是有记录的日本最早向清国派遣的间谍。他们的任务是猎取东北和台湾的地形、军备、政治、财力等情报，发回日本。

从这一年起，一批批日本间谍前赴后继开赴清国秘密潜伏，当时的参谋本部总参谋长山县有朋亲自抓对清国的间谍工作。从参谋本部里，山县有朋挑选了12名机灵的军官，乔装后潜入清国。这12个人后来向参谋本部提交了著名的《与清国斗争方案》，在这个方案中他们提出：派北路大军攻占旅顺、大连湾，派南路大军袭击福州，然后南北夹击一举攻下北京，迫使清国签订求和条约，这是日本最早形成的对清作战战略方案。

10年后，1882年，专门培训对清国间谍的学校成立了，这个学校由参谋本部清国课专管，为间谍工作集中提供人才。在这所学校里，招收的日本学生留着辫子，学汉语，身穿长袍马褂，打扮成清国人。清国课和间谍学校也一直注意发现和培养间谍天才，他们知道，一个天才级别的间谍，抵得上一支间谍队伍！

很快，一位天才引起了参谋本部的注意。

间谍大师荒尾精

在如今的日本黑道界，有一个人的名字是所有黑道人物都如雷贯耳的，在提到他的名字时，老大们要用半鞠躬的方式表示尊敬，他就是日本近代第一个极端右翼团体——黑龙会（玄洋社）的创办人头山满。头山满是一个神秘人物，成天睡在荒山野地里，还和兔子一样喝露水吃青草，神龙见首不见尾，却被当时的日本黑道各派尊为"共主"。当年，每当各路黑道老大表达对他的尊敬时，他总是淡淡地说：我只是荒尾精的崇拜者。

荒尾精就是专为成为一个间谍大师而生的。

1859年，在名古屋的一个武士之家，荒尾精出生了。他成长过程中正赶上明治天皇清洗武士，于是家道衰落。一名东京的警察收留了四处飘零的荒尾精，供他去陆军士官学校学习。毕业时，很多人都希望去欧洲留学，荒尾精却表示，他只想去一个地方：清国。

荒尾精的特立独行引起了当时陆军大臣大山岩的注意，特意找他询问，荒尾精回答："大家都去欧洲而置清国于不顾，我才想到清国去。日本应该担当起振兴亚洲之梦，先略取清国，施仁政，以图复兴亚细亚！"

这就是头山满与荒尾精共同的精神信仰——大亚细亚主义。这个主义解释起来比较麻烦，大家可能熟知另外一个词："大东亚共荣圈"。有这个信仰的日本人认为，欧洲人（白种人）正在疯狂掠夺黄种人的世界（亚洲），视黄种人为"黄祸"，所以黄种人必须振兴亚细亚进行抵抗。而其中的关键，就是再造一个强大的中华。如何实现？途径就是由日本人来统治中华，实现"大东亚共荣"。

值得说明的是，并不是当时所有的日本人都是"大亚细亚主义"的追随者，福泽谕吉的观点就恰恰相反：为了保存日本，日本恰恰要脱离亚洲，也就是脱离中华文明的影响，全盘西化——脱亚入欧。这两种思潮实际上都是国小民穷的日本在西方国家掠夺时代为本国寻找出路的探索，事实上明治维新时期的日本也一直在这种矛盾中发展。后来，日本在政治和社会体制上大部分选择了脱亚入欧，而"大亚细亚主义"却成功地被军界利用，它在日本军人中拥有数量庞大的粉丝——当时的副总参谋长川上操六就是这样一个人。

经大山岩的推荐，川上操六很快喜欢上了荒尾精，并把他调往参谋本部清国课。川上操六对荒尾精的器重是无以复加的，荒尾精不仅可以破例接触各种与清国有关的机密文件，还被允许可以随时去找川上操六交谈。

此时的川上操六是副部长，而荒尾精只是一个刚毕业的学生，可是大家都知道这样一个规矩：每当荒尾精求见时，川上操六会打断与高级将领的会谈，去接见荒尾精；而当他与荒尾精在谈话时，即使是其他高级将领求见，也需要等与荒尾精谈完后才可接见。这真是惺惺相惜的待遇啊。

事实将很快证明对荒尾精的期望并不是白费的。

经过在清国课的历练后，川上操六认为荒尾精这把宝剑可以出鞘了。在川上操六的亲自安排下，荒尾精来到上海潜伏。在这里，荒尾精将接触到另一个对他很有帮助的人——企业家岸田吟香。

如今要了解日本商业史的话，说到"日本第一代成功的企业家"，岸田吟香就是其中的代表人物之一。这个人在年轻时因机缘巧合，结识了一个叫赫本的美国传教士，这位赫本可能大家不是很熟悉，但他的孙女我们一定很熟悉，那就是奥斯卡影后凯瑟琳·赫本。赫本将自己研制的一种水溶性眼药配方送给了岸田吟香，岸田吟香用这个秘方生产眼药水，果然大为畅销，积累了自己的第一桶金。后来，赫本在东京开办了自己的眼药水公司——乐善堂，分支机构设在上海，于是岸田吟香来到了上海。

由于是个富豪又经常做点慈善，岸田吟香很快成为上海商界名人，当时的《申报》经常报道他的行踪，称之为著名日本友人。通过商场上的人脉，岸田吟香打通了官场关系，上至两江总督，下至上海道台，都是他"友好的朋友"。

而在一位成功企业家和"日本友人"面目的背后，岸田吟香是一位为日本政府服务的人，而他也是"大亚细亚主义"的追随者！听说荒尾精要在清国组建一个完整的谍报网络，但缺乏资金，岸田吟香立即表示：我支持你！

按照岸田吟香的意思：上海人多眼杂，谍报机构难免会暴露，最佳地点是长江中上游城市武汉。于是，以荒尾精为总负责人的"乐善堂汉口分堂"成立了。

从表面上看，乐善堂汉口分堂是一家与上海乐善堂没有区别的公司，大家都是卖卖眼药水赚钱。而实际上，它是一个真正的间谍机构。

荒尾精在这里设计了一个相当严密的谍报组织。在这家"公司"里，荒尾精把所有人员分为"内员"和"外员"，"内员"包括平时在乐善堂上班的会计、文案、店员等，基本是正常的"公司职员"，而"外员"是一线间谍，无论任何情况，内外员都不得直接接触，保证绝对的秘密和安全。

在内部，乐善堂称"我党"而不是"我公司"，在它的党章里，有这样一句话："我党目的既极重大，故任务最重，同志们宜深谋远虑，珍重踪迹行动，必须万无一失，乘机敏断，以达目的。"

对于一线间谍人员，荒尾精又将他们分为两部分。一部分是"建立统一战线"——也就是策反清国人。荒尾精规定，有几类清国人是重点的统战和策反对象，比如"有志于拯救全人类、振兴东亚、改造清国恢复中华的君子"，以及"企图颠覆征服政府或企图起兵割据一方的豪杰、豪族、长者、侠客、富者"等等。如果在这些人身上有以下其中一条或几条则不能成为统战对象，它们包括：品行不端、不讲诚信、爱财如命、见利忘义、见危图安。最后一条比较有意思：长相猥琐。

在我们的印象中，能被日本人统战过去成为"汉奸"的人基本上都是鬼鬼祟祟、卑鄙下流的无耻之徒，但在荒尾精这里，这些人是根本不值得考虑的。他的标准实在很高，乍一看，除了"颠覆大清"这一条，不知道的还以为他这是在为清国朝廷选拔公务员——既有道德标准，还有外貌要求。

原因我们很快会了解。

这毕竟是一项长期艰巨的工作，急不得，只能慢慢来。而另一部分一线间谍人员的工作就是直接刺探清国军事情报。

这个工作看上去很简单，无非就是去兵营旁边转转，画几张图，级别高一点的进行卧底和收买清国军官。但刺探军事情报工作在荒尾精这里不是这样要求的，他要求的方式是——到农村去，到后方去，上山下乡。

荒尾精把这场活动统一命名为——探险。

于是，在统一组织和安排下，一场以汉口为中心、名为"探险四百州"（日本人称中国全境为四百州）的日本有史以来最大型的间谍活动展开了。接到指令的上千名一线间谍全体出动，他们挑着担子，扮成货郎、游医或者风水先生，出城下乡，他们的任务除了暗中察访和记录当地军备，更重要的是——实地了解清国的社会风气和地方官以及底层人民的精神状态。

如此大规模的活动，很显然，有一样东西是必不可少的，那就是——钱。而令人惊奇的是，从潜入上海再潜入汉口开展间谍工作开始，荒尾精自始至终没有用过日本军方和政府的一分钱！川上操六对他说：国家的钱是要用来买军舰和练兵的，做间谍工作你只能自己想办法。

荒尾精的资金来源一部分是汉口乐善堂卖眼药水的钱，这是来自岸田吟香的无私援助。而他手下大部分的一线间谍，竟然也是自费前来的。他们中只有很少一部分是在职军人，其余大部分都是日本的"有志青年"，他们留起辫子，穿上长袍马褂，放下工作，背井离乡来到清国，不享受公务员待遇，也没有事业编制，别说工资，有时连微薄的生活津贴都无法领到，但他们都毫无怨言地加入了这场活动。

自称为"我党"的荒尾精，有这样的"党员"，不知是不是感到骄傲和自豪？

这场活动整整持续了三年。三年中，很多间谍因为路费用尽，在打工也无法维持生计后，最后沦为乞丐。很多间谍都没有再回来，他们有的在饥寒交迫中死去，有的暴病身亡，有的在大山中迷路被野兽吃掉，有的被土著包围杀死，还有的是在身份暴露后当场自杀。但他们的足迹遍布大江南北、长城内外，一直深入到清国最边远的山村部落，甚至连当时的清国人都很少去的，被视为蛮荒之地的新疆和西藏都没有放过。他们用三年的时间完成了"探险"，活着的人带回来了数不胜数的情报材料。

在得到这些情报后，荒尾精开始分类整理。

这就是著名的日本绝密情报——《复命书》。它由荒尾精的谍报网络提交给参谋本部。

《复命书》有关情报的具体内容我们无法得知了，但可以想象，它一定是一份空前完整的情报，为参谋本部和后来的大本营制订对清作战的战略和具体战术发挥过无可替代的作用，而直到1931年日本再次侵华后，《复命书》都是日军重要的参考情报之一。

而在一线间谍跋山涉水的这三年期间，荒尾精也并没有闲着，他坐镇后方，以开办分支机构的方式使汉口乐善堂迅速发展，分支机构在长沙、成都、北京、天津以及上海设立，荒尾精将这些分支机构称为"我党之一支部"——"支部"这个词就是从这里开始使用和流传的。

有如此巨大的成就，荒尾精的使命似乎结束了。他可以回到本土，接受嘉奖，领着丰厚的奖金颐养天年了。但情况不是这样的，在完成这些工作后，他还有一个更大的梦想，那就是：把培养对清国间谍的学校开到清国本土！

这是一个疯狂的计划，首先是十分冒险，这一点荒尾精是胸有成竹的。但另外一个难题就比较难解决了，就是——钱。

当荒尾精的知己川上操六大人了解到这个计划后，他说通自己的老婆，把自己的房子作抵押，贷款了几千元，捐给荒尾精。荒尾精回国筹款，在他的宣传下，日本"爱心企业家"踊跃捐款。钱的问题解决了。1890年，一家叫做"日清贸易研究所"的机构在上海一间十分简陋的屋子里成立了，这是一个打着商贸牌子的日本地下间谍培训机构。第一期150名日本学生前往清国接受学习和训练时，明治天皇睦仁派出了他的皇兄在皇宫接见了他们，鼓励他们好好学习，掌握技能，将来必定是日本不可或缺的"栋梁之才"。然后，川上操六亲自赶到上海，参加了开学典礼。

这些学员将在这里接受各种间谍技能培训，学制三年，毕业后在清国实习一年，才能成为一名合格的间谍。

当他们毕业时，时间已经来到了1894年，清日战争即将打响，他们中的优秀毕业生得到了睦仁的亲自接见。然后，这些人从上海直接潜往天津、威海、旅顺、大连湾等地，为日军作战先期收集情报！

直到这时，这些人员仍然没有日本军队的正式编制，他们仍然是日军的"编外人员"，虽然他们担负的是最危险和最艰苦的工作，但日军军费紧张，军饷只能发给直接战斗的人员。对于这些人，强调的是"无私奉献"，而所有人仍然没有怨言，带着他们"神圣的目标"消失在清国大地。

从为清日战争作早期准备到直接培训间谍服务于清日战争，开创了日本间谍工作的一代大师荒尾精的传奇生涯结束了。而他的结局是比较悲惨的，在日军攻下台湾后，荒尾精想到这块已经变成日本宝地的美丽岛上去走一走，看一看。1896年，荒尾精来到了台湾，在这里遇到了一个比他更精更可怕的东西——老鼠。荒尾精感染鼠疫暴亡，终年37岁。

荒尾精的一名学生即将接过他的大棒，将日本对清国的间谍工作推向另外一个高潮！如果说荒尾精是间谍中的战略大师，那么这个人就是间谍中的先锋猛将。

日本间谍史上最杰出的天才

在日本参谋本部清国课培训的第一批间谍中，除了荒尾精，还有一个叫宗方小太郎的人。这个人成为间谍天才有一个很有利的条件：从外形上看，他和一个真正的清国人几乎没有任何区别，他常年穿着长袍马褂，留着辫子，华语竟然说得比一些清国人还要流利。

宗方小太郎被誉为日本间谍史上最杰出的天才，至今仍有很多日本人去他的墓地"朝圣"。

当荒尾精筹备汉口乐善堂北京和天津"支部"时，受荒尾精派遣，宗方小太郎成为北京这个最重要的支部的负责人。北京崇文门外一家眼药水店就成为收集清国京畿地区重要情报的中心，而宗方小太郎就是这里的领导人。

和荒尾精那种"大师"级的行事风格不同，宗方小太郎更喜欢自己冲锋陷阵。他曾经以"留学生"的合法身份周游清国北方各省，竟然沿着渤海海岸线，徒步从山海关走到大沽口，一路侦察清国海军沿海防御设施，为日本舰队寻找理想的登陆点。清日战争爆发后，宗方小太郎提出了从陆海两路包抄攻占旅顺的计划，这一战术被大山岩的第二军实现了。

而宗方小太郎更疯狂的举动还在接下来的事情中。

1894年6月，清日战争即将打响，宗方小太郎认为收集北洋舰队的情报极为重要，他先是来到了靠近威海的烟台，后来发现此地还是不甚理想，就直接潜入威海军港，收集北洋舰队和威海陆路炮台的第一手情报，通过上海中转，源源不断地发回参谋本部。

在清日战争打响后，在清国境内的日本侨民开始撤离，而此时的宗方小太郎作了一个大胆的决定：留下。

为了防止被捕后将间谍网暴露，他做好了一旦被捕就能迅速销毁情报并自杀的准备。

冒着随时被暴露的危险，宗方小太郎竟然又潜伏了一个多月，而正是这冒着生命危险的潜伏让他成功收集到了清日战争中日本最重要的情报之一：9月15日，北洋舰队护卫运兵船前往大东沟前，宗方小太郎成功地刺探到了北洋舰队的出发时间和目的地，他把这个情报发给了参谋本部，得到情报的联合舰队由此前往大东沟海域搜索，大东沟海战由此爆发！

在从烟台发出这个情报后，宗方小太郎开始撤退。而这一次，危险终于降临到他的头上了。

宗方小太郎的情报是通过上海中转的，而上海当局已经截获了他之前的两封谍报信，随即向上海和烟台发出通缉令。通缉令到达烟台前，嗅觉灵敏的宗方小太郎已经登上了开往上海的客轮，但他可疑的行迹终于引起了清国密探的注意。他们一路尾随宗方小太郎上了船，而宗方小太郎镇定自若，用流利的华语不停地与船上相识的清国人攀谈，终于躲过了一劫。船到上海时，上海密探上船了，正举着通缉令到处捉拿！此时的宗方小太郎似乎只有等着被捕，然后被清国朝廷千刀万剐（凌迟）的命运。

多年的间谍生涯让宗方小太郎拥有极为出色的心理素质，他仍然表现得很镇定，用易容术变装换貌，然后利用多年反侦察的经验，混杂在旅客中溜之大吉，从上海坐上英国客轮成功地逃回日本。宗方小太郎回国后，被直接接到了广岛大本营，在这里等待他的人，是睦仁。

睦仁在这里亲切地接见他，嘉奖他的"惊世之功"。

清国之败，败于全民腐败

回到日本的宗方小太郎在接受睦仁的接见后，找了一个安静的住所，开始整理他在清国潜伏10年的情报，他把这些情报写成了两份总结性的报告。

在第一份总结性报告中，宗方小太郎强烈反对当时欧洲人正在鼓吹的"清国威胁论"，虽然清日战争刚刚打响，但他预言清国一定会失败："天朝（指日本）加兵之日，亦是胜利即来之时"。

原因是："大清之败，乃败于全民腐败，而非一人之过。"

宗方小太郎分析，洋务运动后，清国虽然表面上在不断发展和进步，但"腐朽的风气源自明末"，全民丧失信仰，社会风气江河日下，所追求不过金钱、享受之事。在此风气之下，每个原本有良知的人都是可能的腐败者。"观察一个国家也和观察人一样，应当先'洞察其心腹'，然后再'及其形体'。"而清国的问题正是"人心腐败已达极点"。

1893年，清国政府公布的全年财政收入约为白银8300万两左右，根据实地调查，宗方小太郎对这个数字持有强烈的质疑，因为调查的结果是：清国老百姓实际缴纳的数额是这个数字的至少四倍以上！也就是说，还有巨额的税收被地方官和各种利益团体贪污截流了，那些数目巨大的大头一分钱也没有入国库。

朝廷实行的征税政策是任务制的，在每一个年度，各省必须完成一定数额的税收，而地方官在完成这个任务后，就开始了巧立各种名目向民间乱收费，这些钱自然就落入了他们的腰包。

因此，清国的老百姓虽然明明多交了税，多创造了财富，国家却没有得到什么好处，富裕起来的只是各级官员，在"官富"之后，他们结成强大的利益集团，对影响他们进一步发财的政策进行明违暗抗。

利益集团最终给朝廷的统治带来了巨大的损伤。宗方小太郎总结道：清国的政局表面上皇权一统，实际上却是政令无法出皇宫，统治者高高在上，与人民却是"上下隔阂"，"朝廷即使想施行仁政，美意也不能贯彻至民间"。不仅美意无法到达，相反，由于在各地金钱可以买通法律，受到盘剥的普通百姓即使想申诉也无路申，民怨积压很深。

久而久之，清国社会出现了全民腐败成风的现象。这几乎是所有在清国的外国人的共识，当时的美国驻华公使田贝写给美国总统的密信中就说，清国朝廷几乎已经到了"无官不贪、无事不贿、上下相欺、官民互骗的地步"。宗方小太郎认为这比朝廷政策失误还更可怕，政策失误尚且可以扭转过来，而全民腐败必使国家元气丧亡消尽——"国家是人民的集合体，人民是国家组织的一分子，分子一旦腐败，国家岂能独强？"

而清国虽然政治腐败、财政困难、军备薄弱、民心涣散，却又在"虚张声势"。宗方小太郎认为，清国绝对不能称为"真正的强国"，因为这个国家的圣人孟子早就说过——"上下交征利，而国危矣！"

"根据鄙见，我日本人多数对清国过于重视，徒然在兵器、军舰、财力、兵数等之统计比较上断定成败，而不知在精神上早已制其全胜矣，即使清日不战，早则10年，迟则30年，清国必将支离破碎呈现一大变化！"

与宗方小太郎持有相同看法的，还有间谍大师荒尾精。

在《复命书》中荒尾精写道："清国上下腐败已达极点，纲纪松弛，官吏逞私，祖宗基业殆尽倾颓。清日两国唇齿相依，在列强虎视眈眈下，若万一清国成为他国蚕食对象,我国命运亦不可料。因此,清国之忧即日本之忧也,莫如为使欧洲不致侵入,我国先主动制定统辖清国之方略,先发制人征服这个腐朽的政府,改造清国,才能团结中华对抗西方。"

在这两位深刻了解清国国情的间谍看来,清国朝廷已经完全无法承担起代表"中华"的先进性。虽然他们曾经是先进的,战胜了腐朽没落的明王朝,政治一度清明,老百姓安居乐业,但现在他们同样腐坏了。清国朝廷自称继承中华衣钵,却在所谓的"康乾盛世"中将中华优秀传统文化剿灭殆尽(文字狱),清朝的特权阶层腐朽堕落,全社会风气腐败,道德沦丧,全民无节操无骨气。"上天厌其德,下民倦其治,将卒离心,不肯致心"——如此腐坏堕落的朝廷,还好意思说代表辉煌的"中华"?必须由日本来代表!

在这一时期,日本间谍的报告书和政府文献中,他们对日本的称呼就是"中华""神州"或者"天朝"。而荒尾精在汉口乐善堂的"党章"规定:先征服清国,再结合清日两国力量,实现黄种人的崛起,去对抗西方白种人的侵凌——"吾辈同志之目的,为了全人类首先必须改造清国,清国政府已经腐败,故我同志要协助汉民族之革命运动,使之成功,最迟于10年内改造清国,以期实现中日提携。"

这就是荒尾精为什么列出那些"统战"对象的条件。我们也一定还记得日军攻占安东后张贴的《告十八行省豪杰书》,它正是由宗方小太郎亲自起草的,目的也是一样,日本去"统战"这些"君子豪杰",号召他们起来革命,推翻腐朽的清廷,一起去"驱除鞑虏,改造清国,恢复中华"。

间谍们的这些观点深刻地影响了日本军部和政府,在十年以后,以孙文为首的一群流亡海外的清国革命者得到了日本人的帮助,成立反清的革命同盟组织,他们的故事我们以后再讲了。而间谍们对清国朝廷和社会的深刻认识,也给他们以及日本军人带来了强大的精神支柱——在日本人看来,他们入侵清国,是在拯救这个国家,他们不是在制造罪恶,而是解救清国人民——谁叫你们的政府不行？

如果我们不能了解这点，就无法理解战场上的日本军人为何从来不要命，"死忠"于他们的职责，也无法真正理解为何一直受到谴责的"强盗的逻辑"和侵略兽行，在日军中却有如此广阔的市场。

是的，面对一个腐朽的、已经落后于它的人民的清政府，日本人反而可以自认为站在了"道义的制高点上"。这当然让今天的我们难以接受，而当时日本人却认为顺理成章。

是的，当一个朝廷不作为，当朝廷无法代表底层百姓的根本利益和政府的先进性时，即使本国人民忍气吞声，其他国家的各色人等也会发现可乘之机。这种巨大的可怕性，恰恰是清国朝廷从来没有想到的。他们仍然在关起门来统治，而新的世界也恰恰不是关起门来驯化一批良民、追求表面繁荣就可以万事无忧了。

作为一个间谍天才，在提出强大的理论观点后，宗方小太郎提出了实际行动方案，概括起来就是"软硬两手"：先一手硬、后一手软。

宗方小太郎认为，国家的强大不能靠个人的勇武，更不是靠口水激情，也永远不要指望通过道德控诉就能战胜敌人，所以日本对清国需要硬的一手——实实在在的军事行动。

"清日之间，若无大战，则不能大和。故日本对清人不必讲煦煦之仁、孑孑之义，一旦时机合适，日本军必须排除万难，攻陷北京，再进扼长江之咽喉，攻占江淮重地，断绝南北交通，使清国陷于至困至穷、万无办法之地，使清国政府和人民知晓真正之失败！"

清国幅员辽阔，疆土宽广，日本无法完全吞下，这一点宗方小太郎也考虑到了。他建议日军在侵占清国后，将清国分割为六大部分，实行统治：

1. 东部沿海皆划入日本版图。
2. 在长江以南迎明朝后裔，建立日本的保护国，镇抚民心。
3. 在长江以北、黄河以南建立日本属国，寻关羽或者其他名人后裔为王位。

4. 在西藏、青海两省立达赖喇嘛为王。

5. 在内蒙古、甘肃、新疆选其酋长为各部落长，日本监视之。

6. 大清的皇族和八旗子弟则回到东北地区，由日本监管。

在"硬"的手段成功后，就应该实行"软"的手段了，也就是"铁血之后再怀柔"。宗方小太郎再三提醒日本当局要注意这一点，"数亿清国之黎民待望仁政、仁人久矣"。战胜的日军要在占领地实行"仁政"，不能将战火延绵到清国人民的头上，不能屠杀清国人民，只有这样才能消除清国人民对日本的仇恨，实现日本对清国的长久统治。

宗方小太郎提出的"铁血政策"被日军很好地贯彻了下去，《马关条约》就是根据那"六块论"的战略意图来制定的。甚至多年以后，当日军攻入南京时，认为必须用强硬手段使中国人完全屈服，达到"万无办法"的境地，于是疯狂地开展了一场史无前例的大屠杀。而宗方小太郎寄希望的"仁政"，无疑是与虎谋皮，日本军部罪恶的屠刀一旦出鞘，是很难再收回来的。

这就是宗方小太郎第一份总结性的情报报告——《清国大势之倾向》。宗方小太郎将他的第二份总结性情报命名为《经略长江水域要旨》，他提醒日本政府观察清国政局要注意长江流域，尤其要特别注意当时一个并不特别起眼的地方——湖南。

长沙正是汉口乐善堂第一个设立"支部"的地方。宗方小太郎预言："今后主宰爱新觉罗命运的，必为湖南人。"他提醒日本当局，要"及时经营湖南，将来大清国中原鼎沸之时，如果湖南不能为我日本所用，至少也要让它不至与我为仇！英国数百年前就开辟湖南湘潭为商埠，并汲汲于经营重庆，难道没有原因吗？"

间谍们的故事结束了。我们的问题也已经有了部分的答案，而日本间谍给出的答案并不是完整的，因为他们的观察视角也只能局限于清国社会和地方政府，还有一个地方是他们永远不可能到达的。

这就是皇宫。

在皇宫，一场更加令人瞠目结舌的阴暗事件一直在上演，它不仅是清日战争中清军溃败的根本原因，是清国"全民腐败"的源头，也是这个朝廷即将走向迅速衰败的最重要的原因，它即将将整个清国推向万劫不复的深渊，这就是——

朝廷帝后两党党争！

第二章
戊戌变法前奏：朝廷里的帝后两党党争

帝党代表人物翁同龢

1889年2月26日，光绪在紫禁城里大婚，在慈禧的安排下，他娶的是自己并不喜欢的慈禧的侄女静芬为皇后，大婚过后一个礼拜，55岁的慈禧光荣退休了，她搬到了颐和园，用她自己的话来说，"以后的工作就是在颐和园遛遛猫和狗了"，而光绪有了批阅奏折的权力。一切事情看上去都是那么顺利，已经亲政的光绪即将大权在握，像他向往的大唐君主一样，奋发有为，实现中兴之治，承前启后，继往开来。而事实并不是这样。

光绪仍然需要每隔一天就前去颐和园请安。关于请安的仪式我们在"晚清最后十八年"里有详细阐述，仪式没有变，而内容却变了。现在的"请安"并不是问问您身体好不好、心情好不好、吃饭香不香之类，按照慈禧走之前定下的规矩，朝政的大事仍然需要请示慈禧，也就是"寻常事上决之，疑难者请懿旨"。

需要请示的大事，其实也只有两个方面：除了朝廷的大政方针，另外一项就是人事任免。

在多年实际掌控这个国家的过程中，慈禧提拔重用了一大批官员，这是她的权力基础，而不是光绪的权力基础。掌控人事任免大权对于慈禧来说，这是一种极佳的权力安全设计。只要朝廷里里外外基本都是她的人,她仍然可以在颐和园遥控这个国家的最高权力,过着"退而不休"的生活。

而对于光绪来说,情况就比较郁闷了。不能给大政方针定调和没有彻底的人事任免权牢牢捆住了他的手脚,这才是他真正实现亲政的最大的障碍。作为新上任的领导,作为在朝廷中还没有建立自己权力基础的领导,如果想真正亲政,就必须撤换掉一批人,建立自己的亲信和嫡系队伍,但问题来了——无人事任免权,就暂时还没办法建立嫡系,形成自己的权力基础。

光绪要做的,就是等待。无论是温水煮青蛙,还是明修栈道、暗度陈仓,这都需要时间啊。

当然,在"亲政"后,光绪毕竟已经是真正的皇上,"皇帝"这个名分是慈禧永远无法拥有的。对于朝中的一些大臣们来说,他们有事情做了,开始打内心的小九九,盘算站队问题。

大部分的大臣选择了继续团结在老太太身边,因为他们深深地了解这位老太太的手腕,明白她的野心,更知晓她的脾气。这一派人数众多,实力强大,几乎包括了朝廷所有的王公大臣和各省的总督巡抚,以及军队里的实权人物。

而另一派在深思熟虑后决定将宝押在光绪身上,这些人大部分是言官、清流、御史等等,也就是说,他们就是那些当时不是实权人物,而希望自己能够拥有实权的人。既然他们想改变现有的权力格局,在实际权力场中插一腿,那么皇帝就是他们实现政治抱负、成功上位的最佳人选。

现在,我们来解说一下帝党。帝党的阵营比较简单,简单到不需要对刚才说的进行补充——如果非要补充的话,就介绍一下代表人物翁同龢的情况。

翁同龢其实一直是慈禧的人。在光绪登基之前,他曾经支持了慈禧的数次权谋行动,由此才得到慈禧的信任,担任军机大臣、户部尚书(财政部部长)、总理衙门大臣,并成为光绪的帝师,正是这个身份的转变,加上光绪亲政，他才转向支持光绪。

后党代表人物李鸿章

虽然慈禧一直是李鸿章的坚强靠山，但李鸿章跟这位太后老佛爷没有任何亲戚关系，一年也见不上几次面。实事求是地说，李鸿章能成为最有权势的后党代表人物，最大的原因就跟慈禧能站在紫禁城之巅一样——能做事。

朝廷毕竟是个庞大的政治机器，还是需要有人来做事的。腐败的朝廷也是需要有人来做事的。

当太平天国起义时，最会做事的人是曾国藩。曾国藩一生做的最大的事是军功，而作为曾国藩最得意的弟子，李鸿章不仅继承了曾国藩的军功衣钵，还将曾国藩的"经世致用"进一步发扬光大。

所谓"经世致用"，简单地理解就是积极做事，使国家的经济得到发展，社会变得稳定，人民感谢政府。这样的人物我们熟悉的著名代表就是诸葛亮先生，此人在管理国家和发展生产力方面可谓鞠躬尽瘁死而后已，所以后人评价"文章两司马，经济一卧龙"，就是这种实干精神。

曾国藩和李鸿章发起了清国的"洋务运动"，而所谓的"洋务运动"，其实就是结束中华民族绵延千年的农业社会传统，引进和仿照西方科技来发展近代工业。在曾、李时代，清国的工业化进入了新的阶段。铁路、蒸汽航运、矿山、电报、电力、近代邮政等原先只有西方国家才有的工业，在清国大地如雨后春笋般出现，势头很猛。

而做这些事情是要遇到很多阻力的，最大的阻力就是来自于观念上的反对。一些人认为，所谓的"科学技术"，不过是"奇技淫巧"而已，强国之本，"在人心不在技艺"。持有这些观点的是当时的大部分人，当官的是如此，老百姓也是如此。曾国藩和李鸿章就曾试图派遣一些留学生去国外学习科学技术，结果他们遇到了很大的困难。

在当时，出国留学生是"官派"的，只要你出国，政府不仅负担全部费用，甚至还给你家里补贴钱。不过报名者寥寥，因为传言"洋人"会把他们孩子活活剥皮再把狗皮贴到他们身上，当怪物展览赚钱，于是家长们打死也不让孩子出国。这其中包括有个叫詹兴洪的家长，他的邻居在香港做事，力劝詹家送儿子留学，没想到詹兴洪一口拒绝，还将好心的邻居大骂了一顿，最后邻居同意把自己女儿许配给詹家，詹兴洪这才勉强同意了。

这个孩子就是后来从耶鲁大学毕业的詹天佑。他同其他29名幼童作为清国第一批留学生赴美，学习科技。自此以后，出国留学才渐渐成为热潮。而曾国藩并没有看到这一批小孩子远赴美国，他在这之前的五个月就去世了，死前他向朝廷推荐了自己的弟子，那个永远起不了早床的安徽人李鸿章，继续他的事业。

在接下来的岁月里，李鸿章继承了曾国藩的遗志，一面大力加强国防，扩充和训练淮军；一面专心于"洋务"。前文说过，在他的手里也创造了许多个第一，我这里就不一一例举了，有兴趣的朋友可以去翻翻历史课本。而其中有一家企业是不得不说的，这就是轮船招商局。

轮船招商局是李鸿章创办的清国最早的轮船航运企业，总部设在上海，最开始只有三艘船，而几年后不仅拥有了几十条大船，分支机构遍布国内港口以及日本横滨、新加坡等地，甚至还收购了一家美国轮船公司（旗昌轮船公司）。在此后的岁月里，轮船招商局历经晚清、民国和中华人民共和国三个时代，至今仍然存在。现在的它是我国在香港的全资国有企业，是央企中仅有的12家"6A"级企业之一，拥有我国目前最大的超级油轮船队。在1978年，招商局独资开发了新中国第一个对外开放之地——深圳蛇口工业区，随后创办的招商银行是我国大陆第一家股份制商业银行，旗下的平安保险公司则是我国大陆第一家股份制保险公司，可以说它对于中国的改革开放事业也功不可没。而这一切的荣耀，完全可以追溯到它的创办者李鸿章。无论如何，人们不能忘记他作为开创者的功劳。

而李鸿章做事的这段时间正是慈禧垂帘听政时期，慈禧虽然深居宫中，但并没有被"满汉有别"的观念所禁锢，也没有极端排斥西方的科学技术。她主政的时期正是洋务运动发展最迅速的时期，李鸿章就是继曾国藩之后慈禧最为倚重的汉臣。

那么，这两人的关系是不是就铁到没有嫌隙、可以互相信任了？答案是否定的，并且永远是否定的。

这跟制度有关。专制制度永远是单向的，上级发话，下级听从，上级的话就是指示，指示需要传达，传达后需要组织一帮人来开个会，讨论如何坚决贯彻执行。然后下级去干下级的，背后有领导的一双眼睛在盯着。

而如果这个领导是最高级别的领导——皇上，这就更难办了。你需要刻意地表现你与皇上的亲近，但又要掌握好那个度，这个度就是绝对地忠心，但只是相对地理解——也就是所说的"死忠"。皇上不需要被理解，他的权威建立在神秘的基础上，对于皇上说的，你只要照着做就行了，千万不要判断出皇上的下一手是二五八万，还是一四七条。如果皇帝的心思都被你猜中了，他最恐惧的那两个字就会出现在他的梦中——谋反！

要记住，和牌的只能是他一人——是为家天下也。

官场是没有平等信任关系的，君臣之间更是如此。

慈禧和李鸿章之间也是如此，但和别的君臣关系不同，它又多了一个实际情况。这个情况就是，慈禧的最高权力并不是名正言顺的，而是通过权势占有她的"儿子"光绪的，那个已经亲政的光绪就坐在朝堂上，只要他在，就会对慈禧继续霸占最高权力的"合法性"构成威胁。

这就注定了慈禧只能是一个和稀泥去平衡各派的人物，她最大的愿望就是"稳定"，所谓稳定压倒一切，只有朝局稳定了，不出什么乱子，她的权力安全才不会有什么乱子。所以，慈禧对李鸿章的支持也是一种政治需要，跟她的个人观念和喜好没什么太大的关系，也就是说，她喜不喜欢洋人的东西都不会影响她的选择。出于权力安全的需要，慈禧这个人既不可能绝对的保守，仇视一切"洋务"，也不可能绝对的开明，放手让洋务派们去干,她是个时时刻刻在"维稳"的人。

对于李鸿章,慈禧一直在用,也一直在防。而李鸿章也心知肚明,他不仅一直在"能用"的方面上让慈禧满意(争取更大的乌纱帽),也一直在"不需要防"的方面让慈禧放心(保住乌纱帽)。

活得真是个累啊。

现在,我们可以用一句话来总结慈禧与李鸿章之间的新式君臣关系了:在这个朝廷里,在皇权最高领导和最会做事的臣子之间,没有人像慈禧和李鸿章这样,互相了解,互相同情,互为灵魂知己,又互相利用,互相算计。

得出这个结论是为了解开接下来的这个谜底,关于在甲午战争中全军覆没的北洋舰队一个争议多年的谜底。

慈禧挪用军费的秘密:不是因为要修颐和园而挪用海军军费,而是为了要挪用海军军费而修颐和园!

当慈禧把建设强大的北洋海军托付给李鸿章之时,她就已经明白,她实际上已经把自己的身家性命甚至整个国家的命运都托付给了李鸿章。海军太重要了,西方列强都是从海上进攻清国的,谁掌握了海军,谁就掌握了这个国家的命运。

所以在建设北洋海军之时,一开始慈禧对李鸿章的支持是毫无保留的。她强调"惟念海军关系重大,非寻常庶政可比"。只要是关系到北洋海军的事情,要银子有银子,要政策给政策,要人给人,花费这么大的投资,言官御史们风言风语,慈禧只有一个反应——不理睬。

正是因为有了慈禧的强力支持,北洋海军才迅速发展起来,成为亚洲第一。但是,在北洋海军建成那一年(1888年)后,慈禧的态度却变了,当李鸿章像往常一样奏请拨款购买军舰和大炮的时候,慈禧的回答是:没钱。

而暗地里,慈禧开始忙碌一件事情——修颐和园。

修颐和园的预算是2000万两白银,而费用是从海军军费里挪用,这么多银子用于修园子,留给北洋海军的自然是没钱了,别说再买舰买炮，买颗子弹的钱都没有。

所以，从1888年后，北洋海军再没有添置一艘新军舰，大炮也是旧的。

买了舰和炮就修不成园子，修了园子就买不成舰和炮，新舰新炮和颐和园，似乎是一对矛盾。

而真正的矛盾焦点只有一个——权力安全，准确地说是慈禧的权力安全。

挪用海军军费无异于削弱自己统治的根基，这一点精明的慈禧不会不知道。但是，作为专制制度里的最高统治者，慈禧要面对的现实是：如果不发展海军，国家要被西方列强打成殖民地，所以必须发展。但是如果海军过于强大，而且这支强大的海军只是掌握在李鸿章一个人手里时，那么为了权力的安全，必须防备李鸿章拥兵自重，有谋逆之心。

另外还要防备的，就是李鸿章倒向光绪。

别看李鸿章是慈禧的嫡系，但官场上一切都是可能的，在有条件的时候，谁不愿意站在权力之巅？

这就是慈禧对于北洋海军最真实的心态：既要让这支军队建立发展，又不能让它过于强大。

大家要问了，既然要防着李鸿章，那么一开始不让他掌控海军军权就好了嘛，让一个能够信任的满族王爷来领导不是更好？

先不说这些满族王爷是否真的值得信任（他们谋反更容易），就算是真的值得信任，慈禧老人家也是没有选择。

原因前面其实我们已经说过了，李鸿章能办事，换句话说，能办事的，也唯有李鸿章而已。慈禧并没有把北洋海军的最高领导职务交给李鸿章，而是她信任的海军大臣庆亲王奕劻，问题是奕劻同志跟其他满族王爷一样，只顾自己捞银子，对海军的事情，他没有办法实际控制。因为他是在办公室里听汇报的主，没有李鸿章的实际掌控，北洋海军估计最后都只能打鱼。慈禧不得不将建设和掌控海军的重任（也就是大权）托付给李鸿章——就像当年太平天国起义后，朝廷也不是没让八旗和绿营上过阵，最后不得已才放权给曾国藩。

两害相权取其轻啊，永远是政治家的选择。级别越高，能做出一个"完美选择"的余地越小。对于慈禧来说，她既要让李鸿章能做事，又要让他只能为自己做事——这是慈禧对李鸿章的最基本的态度。

以上费尽口舌说了这么多，我想结论已经渐渐清晰了。慈禧在北洋海军正要迅猛发展之际，却昏聩到挪走军费修颐和园，以贪图享乐，这的确是她腐败堕落、昏庸无能而且荒淫无耻的证据。但是，在我看来——

慈禧并不是因为要修颐和园才挪用海军军费，而是要为了挪走海军军费才修颐和园！

只有修颐和园，李鸿章才无法反对。因为这是一个令大权在握的李鸿章无法反驳的理由，1888年是光绪亲政的前一年，慈禧即将退休，如果为她幸福的退休生活弄套带花园的别墅李鸿章还要反对，那你李鸿章是何居心啊，心里还有没有这个领导啊。

所以，只有打着为慈禧修颐和园的旗号，海军军费才能畅通无阻地从李鸿章手里弄出来，如果朝廷用于其他的用途，李鸿章都是会跟你拼命的。

好吧，总而言之，当我们用贪图享乐、腐败堕落、荒淫无耻等这些经常骂政客的词去骂慈禧时，我们恰恰已经忘记她的身份——最高级别的专制者。享受是所有的专制者都喜爱的，所谓有条件要享受，没有条件创造条件也要享受，但是，这一切都要建立在权力安全的基础上，如果屁股下的这个位置都不保，还谈什么享受。

当然，修颐和园不能完全排除慈禧有享乐的心态，但这并不是唯一的动机。因为对于慈禧来说，建设北洋海军是为了国家（部分为了自己），而不让一支自己无法完全掌控的军队过于强大，则是为了她自己。北洋海军最终无法成为真正的强军，不是它技不如人（军舰是世界上最好的军舰），也不是没银子（花的钱比日本多），更不是没时间来发展（比日本起步还要早），而是从一开始，在源头上，它根本就无法强大！

所以，在一个专制体制内，享乐、堕落、荒淫，永远都不是最可怕的，它不是最大的罪恶之源;而清正、廉洁、貌似的大公无私、十分亲近百姓，有事总在一线，也不是最可爱的，它也不是善政之本，因为这一切，很可能都隐藏在权力斗争和党派之争的面目之下！事实上，包括慈禧在内的各利益集团为了自己和本派别进行的利益争夺，都是在"为了我大清江山"的口号下进行的！

当朝廷要挪用军费去修颐和园的消息传到李鸿章这里时，他的第一反应除了愤怒还是愤怒，海军刚刚建成，正是要加大投入的时候，现在却停止拨款了，这简直是卖国嘛！李鸿章按捺不住内心的愤怒给慈禧上了道奏折，要求停建颐和园继续发展海军。而慈禧对这封奏折的反应很奇怪——她严厉地批评了李鸿章，却没有给出任何原因，只是安慰李鸿章继续勤勤恳恳、任劳任怨，像条老黄牛。

经过一番思考，李鸿章终于心知肚明了。慈禧正是要以解决她退休后住房问题的名义，光明正大地挪走军费并让李鸿章无话可说。在幡然醒悟之后，李鸿章十分爽快地配合了。他不再上反对修园子的折子了，不再为国防去争了，他为把海军军费挪给宫廷创造一切可能的方便，主动配合慈禧有所猜忌的心思，带头把北洋海军发展的势头压下来。

慈禧要保障她的权力安全，李鸿章大人也需要保护他在慈禧手里的顶戴花翎，就是这个局面了。当丁汝昌打报告给李鸿章，要求先在主力战舰上装备最新的速射炮时，虽然这只需要60万两银子，李鸿章的回答是：没钱。

同样的，在清日战争之前，刘步蟾报告了日本舰队正在大肆购买最先进的军舰和舰炮，对北洋舰队造成很大的威胁，要求继续买舰买炮，强大海军，防备日本，有苦说不出的李鸿章只是答了一句：你的心思是很好的。

事实上李鸿章并不是真的没钱，即使朝廷没钱，他的小金库里也是有的。在清日战争结束之后，李鸿章向朝廷报告了北洋海军还有一笔存在汇丰银行的200多万两银子的"活动经费"，这些钱即使买不了军舰，进行速射炮的更新换代已经是绰绰有余——但是，李鸿章不敢啊。

事实就是这样了。这样一支政治大军，它背负着各式各样的政治目的，各种利益集团的代表都会在这里来插上一脚。如果军人不能纯粹为了战斗而战斗，即使它的编制和武器与国际接轨，这还是一支陈旧的军队，一支战斗力不断下降的军队，而这一切的源头是朝廷存在党争。

后党和帝党的基本格局就是这样了，但还有一个人是值得我们注意的，他是一个生力军，一个还没有进入我们视线，但从未放弃往权力中心去钻营的人。

袁世凯在北京的"活动"

甲午战争之前，作为宗主国的代表，军人袁世凯已经在朝鲜驻扎13年了，可是战争即将爆发之际，袁世凯金蝉脱壳成功地溜回到国内，然后被派去满洲（东北），负责清军的后勤保障工作——相当于粮草官。袁大人对这个安排是很不满意的，但好歹没有再把他打发去朝鲜，而且也是在做军队工作，

他在等待着真正进入军界的机会。他知道这个机会是会到来的。

在满洲，袁世凯亲眼目睹了前线士兵的大面积溃逃。虽然他也是从朝鲜逃回来的，但对于别人的逃跑，袁大人很痛心，他每天都在大骂前军主帅，似乎只有他才适合当前军主帅。他自信自己有办法管理好一支军队，让这支军队特别守纪律、特别能战斗，而办法就是他的那个老办法——杀人立威。

"前兵溃逃，若影响运务，凯将痛杀之！"

但对袁世凯来说，这个梦想又很遥远。他在军界并没有任何影响力，知道他的人也只知道他驻扎过朝鲜，工作干得还不错，但这跟真正的带兵打仗是两回事。

看来袁世凯先生需要一个契机。

契机很快就来了。旅顺失陷后，朝廷突然明白，勉强能打仗的最后一支军队——淮军都已经是另外一支八旗了，必须着手建立一支新式陆

军，不然的话清国将无兵可以打仗。经过研究，朝廷任命广西按察使胡燏棻（yù fēn）为总负责人，仿照西方德国的方法，在天津小站这个地方训练新式军队，先练5000人，取名为定武军。

胡燏棻当时在天津为前线军队做后勤保障工作，也就是说，他是袁世凯之外的另外一个粮草官。朝廷之所以任命他为负责人，是因为他可以就近工作，拍拍裤脚就可以上任，这也说明胡燏棻只是一个临时人选。1895年12月，在练了一年的兵以后，胡燏棻被调去负责修建津卢铁路（天津至卢沟桥），朝廷还需要选择一个正式的人来接任练兵。

袁世凯得到了这个消息。

大家应该还记得，他那半船黄金还没用完，现在正好可以派上用场。这些黄金送给谁呢？再去找老上级——李鸿章肯定不行了。李中堂的仗打得一塌糊涂，在朝廷上已经说不上什么话，又因为签订《马关条约》，换来一片骂名，现在连慈禧都无法保他。李鸿章的直隶总督、北洋大臣等职务被撤，只保留在总理衙门兼任的职务——他成了在外交部上班的一名普通工作人员，自身难保。

袁世凯先生敏感地意识到，是时候需要再投别人的门下了。这个人会是谁？

袁世凯打听到有权决定人选是朝中的这么几个人，按照先后顺序，分别是：庆亲王奕劻（后党）、清流派首领李鸿藻（不是李鸿章的兄弟，属帝党）、步兵统领荣禄（后党）。

按照袁世凯的级别，他的黄金再多，也是没有办法直接接触到亲王级别的，于是他决定从后两位入手。

对于李鸿藻，袁世凯并没有送黄金，而是呈上了一篇很长的文章。这篇文章系统地阐述了他袁世凯关于训练和管理新式军队的想法，文笔华丽，主题突出，中心思想明确，气势磅礴，有很多排比句。

"好文啊！"当李鸿藻读完后，他大叫了一声，一巴掌拍在桌子上，激动之余，李鸿藻拿着这篇文章去找光绪了，他向光绪举荐了袁世凯。

这就是光绪皇帝第一次对袁世凯有了深刻的印象，从此记住了袁世凯这个名字。光绪也很心动，不过带兵的重任，还是需要谨慎的，更需要"征求"太后方面的意见，于是光绪对李鸿藻说：先把这个人列为候选人，合适时候就由组织部（吏部）带领入宫觐见吧。

后来，在组织部的引荐下，袁世凯见到了光绪。光绪跟他谈起了一件很重要的事情——变法，询问他的意见。出宫后，袁世凯回奏了一份长达13000字的变法方案，提出一揽子计划，主要内容有开办银行、邮政，修建铁路、制造机器、办新式学校等，这些观点大合光绪的胃口，光绪对袁世凯的印象很好。

但袁世凯并不认为他见了皇帝就可以坐等升职，他知道只"活动"帝党的人是远远不够的。袁世凯又来到了荣禄府上，他很清楚荣禄并不像清流那么清高，黄金肯定是爱的，于是他带上了一箱黄金——另外还有一本书。

这是一本关于练兵的书，袁世凯很清楚，像荣禄这种老狐狸，也并不像清流李鸿藻那样过分看重文章，会认为文章写得好，办事也就强。所以袁世凯干脆编了兵书，收集各国训练军队的方法，并提供自己的看法和见解，扎扎实实地阐述自己对练兵的心得和体会。

和前面那篇文章一样，这本书也是袁世凯找人给代写的，只是署上了他的名字。

而袁世凯的目的并不是只是借这本书来打动荣禄，更重要的是，他要向荣禄表忠心。也就是说，他要让荣禄大人明白：如果朝廷让我袁某人去负责练兵，那么这支军队只是世凯在替大人您看管，袁世凯一定唯大人之命是从。

袁世凯的方法是"认门生"。拿着书让荣禄指教，顺便拜荣禄大人为老师。那么，黄金也不是行贿之物，只是学生对老师的见面礼。

荣禄同意了。不仅同意了袁世凯是个好"学生"，还是个练兵的好人选，在正式决定胡燏棻的接任人选时，荣禄向朝廷推荐了袁世凯，加上李鸿藻的推荐，庆亲王的挂名，袁世凯的职务便定了下来。

北京朝阳门外，袁世凯又来到了这里。一年多以前，他从朝鲜回到国内，走通州大道进京，正是从朝阳门而入。一年多的时间里，这个国家经历了甲午之战、《马关条约》，一切都已经改变了，而对于袁世凯大人来说，一切却是新的征程。他曾经怀疑自己只是一个曾经辉煌过的中年胖子，再也无法进行事业上的突围，现在看来，一切都是杞人忧天。他曾经梦寐以求进入军界，掌握军权，现在看来，野心有多大，舞台就有多大——当然，黄金也不能少！

1895年寒冬料峭的时节，吃过狗不理包子后，对前途充满信心的袁世凯提着几包破衣服，来到了小站。

下一个李鸿章

在天津东南70里的地方，这里原是一片盐碱荒地，人烟稀少，寸草不生。这样的地方适合于驻军，于是后来有淮军驻扎于此，开垦荒地，引渠灌溉，种植水稻，"小站稻"到现在都很有名。写到这里我起身去两年未进的厨房看了一下，找到一袋米，正是"小站出"。

袁世凯一来，便烧了三把火。先是把"定武军"改为"新建陆军"，简称新军。改名正是要"去胡化"，胡燏棻是创始人，但新军不能有胡燏棻的痕迹。

然后是招人，袁世凯把总人数由5000人扩张到7300人。在山东、河南、安徽、辽宁等地贴出老百姓都看得懂的招兵告示后，对于报名来应试的人，袁世凯亲自把关。在袁世凯眼里，年龄20岁左右的年轻农民是最理想的人选，这些人身体强壮，思想朴实，吃苦耐劳，很老实，也很听话。

人员齐整后，接下来就是加强制度建设。袁世凯成立了督练处，这是一个统领小站练兵所有工作的机构，相当于总经理办公室，总负责人自然是袁世凯。在这个机构的下面，按照职能分工，分别有参谋营务处、执法营务处和督操营务处，另设有粮饷局、军械局、转运局、洋务局、军医局、教习处等。对于这些中层干部，袁世凯找的都是能成为自己亲信的人。比如徐世昌（结拜兄弟）、张勋（以前的同学）、唐绍仪（以前的手下）以及冯国璋、段祺瑞、曹锟等等。袁世凯手里有了权和钱，就提拔他们，给他们好处，这些人的共同点就是聚在袁世凯麾下，唯袁世凯马首是瞻，唯袁命是从！

但袁世凯并不是只抓住这些中层干部，他很聪明，他知道如果自己不能亲临士兵一线，如果哪个中层干部培育自己的嫡系，那他袁世凯就不好直接控制了。于是，"为了和士兵打成一片"，袁世凯一改以前旧式军官的作风，亲下基层，恩威并施。

袁世凯以身作则，每天天不亮他就起床了，穿上军服，和士兵们一起出早操。当然，他是站在一旁观看和督察，晚上和士兵一起晚归，甚至当士兵们休息后，他还要亲自提灯巡营，风雨无阻，从来不缺。他和士兵们混熟了，连各班班长都能直接叫出名字，深受士兵们的欢迎和爱戴。

每当袁世凯和士兵们一起出操或者督导训练的时候，他从不搞特殊，士兵暴晒他也暴晒，士兵淋雨他也淋雨，手下要给他打伞，就会给他骂回去。每到发饷银的时候，他会亲自监督，发放到士兵手中，避免基层军官贪污。而每个月，他还要拿出自己工资的三分之一，奖励优秀士兵。

督练处针对士兵的所有规章制度、通知、告示等文件，袁世凯都要求用白话文写，通俗易懂，简单明了，士兵要看得明白。而在室内课堂——讲武堂等地方，袁世凯叫人写上对联，这样的对联也是通俗易懂。我曾经去小站抄回来一首：

有事则患难相依以得士卒之力，无事则甘苦与共以结士卒之心。

而袁世凯并没有放弃他的传统特色——杀人。杀人当然是为了立威。夜晚巡营发现有士兵在偷食鸦片时，袁世凯同志采取了当年入朝鲜时的办法——当场拔出佩刀将此兵劈杀。从此军中又多了一种对他的感觉——惧怕。

在科学管理、重奖施恩、杀人立威的种种手段之后，袁世凯大人成功地将这支装备精良、战斗力突出的新军变成了自己的嫡系队伍。"你们是在为谁刻苦训练?"袁世凯问。"为大帅!"士兵们整齐地回答。

袁世凯同志"大惊失色",说道:"不,不,是为朝廷!"

在练兵过程中也不是没有风言风语的,练兵一年后,朝廷中有人弹劾,名义是袁世凯练兵"花钱太多",于是朝廷派出了荣禄大人率领工作组前来调查。对于"上面"派来的工作组,别人可能早吓得风声鹤唳了,但在袁世凯看来,这是他更进一步向荣禄大人表忠心的机会,于是在袁世凯的"活动"之下,荣禄高高兴兴地在小站住了几天,看了阅兵式,回朝廷复命:小袁干得不错!

1897年,袁世凯又一次升职了。最新职务是直隶常务副省长(直隶按察使),级别正三品,主要工作仍然是主持在小站的练兵。掌握了兵权,就是掌握了最大的政治资本,这所有人都明白,于是朝廷中谁也不敢再忽视他小袁,那个当年只想快点从朝鲜回国的人,如今已是官场上一颗冉冉升起的政治新星。

而袁世凯厉害的是,无论是在公开场合还是私下场合,他都不发表对朝廷帝党和后党的看法,决不谈"政治",他的口号是"军人不懂政治",袁某人也不关心政治,只听从朝廷的命令。

所有人都明白:他将是下一个汉族权臣,下一个李鸿章。但所有人都在观望和猜测:他将是慈禧的下一个李鸿章,还是光绪的下一个李鸿章?

也许,帝后两党的权斗最终是会白热化的,清日战争只不过是小小地表现了一下而已。在未来两党权斗的关键时刻,成败也许就在于哪一派成功地收拢了这个修炼多年的老狐狸——袁世凯。

而对于袁世凯来说,总督朝鲜和小站练兵虽然干得风生水起,但这似乎离他的目标还很遥远,他连一个省的父母官(巡抚总督)都还不是,更别说取代李鸿章那样成为国家中枢之臣,袁世凯仍然在等待这机会。而就在他辛苦练着兵的时候,这个机会已经走来了。朝廷里接下来发生的一件大事,将再一次改变袁世凯的命运,直接将他袁世凯卷入朝政的中心。

好戏即将开始！

好吧，让我们来总结一下。对于朝廷来说，与邻国日本的一场战争改变了一切，也暴露了一切，惨败的结果和《马关条约》带来的刺痛，深深地震撼了大清的宫廷、官场，乃至民间。天朝地大物博，历史悠久，如果说1840年打不过英国，还可以说自己的船不坚炮不利，可是洋务运动正是以船坚炮利、自强求富为目标，全国上下在朝廷的带领下奋斗了30多年，花了大价钱买武器强军，船也坚了炮也利了，为什么连小小的"东夷"、以前根本不屑一顾的倭寇都还打不过？

所有人——包括朝廷内部的人，都深深地感受到，必须"变"了——变法。

所谓变法，用现代一点的词语来说就是改革。

整个官场开始行动，上至王爷大臣，中至总督巡抚，下至知府知县，大大小小的芝麻官纷纷上书言事，要求变革。而在慈禧的同意下，朝廷下达命令，令各级官员讨论变法，一定要拿出一个合理可行的办法出来。

看来朝廷终于清醒了。几千年以来，这似乎是一个变法的最佳时刻：社会各阶层之间第一次有"变法图新"的共识。这种共识在戊戌(1898年)春达到了高潮，从当时的情况看，变法之风即将刮遍体制内外，长城上下，大江南北！

第三章
戊戌变法：光绪和慈禧的权力博弈

变法是得到慈禧首肯的，由于光绪已经"亲政"，变法的具体事情就交给他去办，让他牛刀小试。自从"亲政"以来，一直被慈禧实际控制的光绪，终于有了一个证明自己和挑战自己的机会！

1898年6月11日，光绪颁布了变法诏书，由中央政府主导、从国家层面上开始的变法正式开始。

朝廷和国家又一次有了机会，百姓们又一次看到了希望。走向光明或者堕入黑暗，上天堂或者下地狱，所有人都在期待这个开局，也等待这个结局。

来吧，好戏即将开始！

慈禧的杀招

6月15日，变法开始后的第四天，慈禧以"太后懿旨"的形式一口气发布了四道命令。

第一道：变法期间及以后，凡新任二品以上大臣必须到颐和园慈禧太后处谢恩。目的：仍然紧紧把控朝廷高级官员的人事任免权。

第二道：任命荣禄为直隶总督兼北洋大臣。三个目的：第一是让心腹荣禄接替曾经的心腹李鸿章为自己守卫京畿，掌控京畿稳定，变法是在朝廷进行的，只要首都不乱，其他地方也乱不起来；第二是让荣禄成为北洋大臣看守国门,在关键时刻成为与洋人沟通的窗口;最后,成为袁世凯的直接上司。

第三道:太后和皇帝于本年秋到天津检阅军队,命荣禄预备一切。目的:为了预防将来有可能出现的动乱,荣禄可以借着为准备阅兵的名义调动军队以及做其他军事方面的部署。

第四道:免去帝师翁同龢的一切职务,命其立即离京,回家养老去。从分析来看,慈禧的前三道杀着已经够厉害了,基本把将来该想的事情都想到了,而最后一道命令也是最厉害的一着。

不是慈禧看翁同龢不爽,这个命令是慈禧在深思熟虑后发出的,它出于慈禧的一个需要——平衡权力。

前面我们说过,慈禧是后党集团的带头人,但同时她也是这个国家的最高统治者,她必须为朝政的稳定处处操心,这是她的责任,也是她无法逃避的事情。事实上一个最高领导人看谁都不会特别爽,也不会特别不爽,但是,在慈禧看来,她在那个时候必须解除翁同龢的权力。

清日战后,李鸿章在朝中没有了一切职务,只保留了一个大学士的荣誉称号,自从李鸿章失势后,慈禧看到翁同龢就别扭了。翁同龢的官职和权势并不比李鸿章低多少,除了与洋人打交道和做实业,某些方面甚至还超过了李鸿章。在慈禧的眼里,翁、李二人的存在就是互相制衡、互相牵制的,避免一方独大。现在,李鸿章走了,翁同龢大人也必须走。

对手啊,是托起成功的另外一只手。有时候我们之所以存在,并不是因为自己有多牛,而是因为有个死对头,就这么简单,特别是对于官场。

而慈禧还有更深一层的考虑,这个考虑就是:帮助光绪。

在慈禧的眼里,变法是由光绪主导的,必须而且只能由光绪来主导。翁同龢这个人慈禧还是比较清楚的,他曾经也是慈禧的心腹,在光绪亲政前后,才仗着自己是帝师转向支持光绪。清日之战中,翁同龢发动了一批清流言官,极力拆李鸿章的台,战后又极力主张变法,每一次的理由都很堂皇,什么头可断血可流、外敌不可侵,什么为了国家自强。不过老狐狸慈禧比他更清楚,这老头所做的一切也只不过是为了他的权力。

对于任何一个已身居高位而又极具野心的人，无论他是李鸿章还是翁同龢，慈禧都不得不防。在慈禧看来，光绪毕竟还年轻，太嫩，没有李鸿章的制约，老狐狸翁同龢难免不会将野心之手伸得更长，而免去翁同龢职务后，变法就只能真正由光绪来主导了。

这就是说，虽然光绪是慈禧潜在的政治对手，但好歹也是一家人，大家都是带"皇"的，家天下嘛，不是儿子坐天下就是老子坐天下，变法无论成功还是失败都还能保证权力在皇家手里。

可怜的翁同龢，他喊了多少年的变法，最后关头却发现自己一直是个拉拉队员，连上场的资格都没有。为谁辛苦为谁忙呢，他只有收拾好行李，跟皇宫说再见，一个人默默地回常熟。李鸿章在清日战争中焦头烂额时，翁同龢一再鼓动弹劾李鸿章，并且成功地将李鸿章从高位上拉下马。见到李鸿章罢官，翁同龢曾十分开心，和李鸿章斗了这么多年，李鸿章终于垮了，他就可以平步青云了，现在，他却真正明白了对手的意义。

皇宫里的慈禧平静地接到了翁同龢离京的消息，她的心里也不好受，不是为了翁同龢或李鸿章，而是为了变法。下了这么多命令，都是源于她内心里的秘密。

慈禧的心理

在变法进入实际程序后，问题可以说是千头万绪。但谁是变法的真正支持者，谁是变法的继续观望者，这才是变法的首要问题。

而在这其中，慈禧的真实心态是最重要的。皇宫里的光绪也许并没有意识到这个问题的重要性。毕竟一个退休老女人的心理和心情有什么值得去关注的，但是，"人治"社会的特色，很多时候，就是看心情。

慈禧到底是怎么想的呢？

要分析或者回答这个问题是比较有难度的。但是，从慈禧一连发布的四道命令来看，我们还是可以分析个大概，这就是破解一个人内心秘密的根本方法——听其言观其行。

慈禧的第一个心态是矛盾。在她内心的最深处,她是不愿意变法的,"维护社会稳定"才是她的第一需求,社会稳定,也就意味着权力稳定,现有的权力平衡就不会被打破,她就能继续做老大,这一点慈禧比谁都清楚。

但是,作为政治家或者国家最高领导人,慈禧更加意识到变法势在必行,原因前面我们已经说了,谁也无法阻挡这个潮流,不仅阻挡不了,还要拿出切实行动,不然各地只怕要造反,自己的统治也不会长久。所以我们说,慈禧是在极大的矛盾心态中"不得不首肯"了变法。

第一心态引出了第二心态:旁观。变法的事情由光绪来干,名义上是光绪已经亲政了,而实际上是老女人并不想干。虽然由她这个掌握着朝廷最高权力并且有着最广泛权力基础的人来主导变法,办起事情来方便一些,政令出紫禁城也快一些,下面的官儿也听话一些,但慈禧既没有那个心情,也没那个能力,更不想去折腾——最重要的是:她不想承担这个风险。

几千年以来的事实无数次证明,对于政治团体来说,变法虽然有很大的利益,但有更大的风险。实际上风险才是第一位的,被五马分尸的商鞅肯定同意这一句。对于慈禧来说,她已经掌控了最高权力,实在没必要再去冒这个风险,所以对于这一场变法,她宁愿躲在幕后。一句话:要变你们去变,我是不会去变的。我是唐僧,你们当孙猴子。

她的第三个心态是等待,或者叫静观其变。政治家最基本的素质就是经得起等待,在这漫长而纠结的等待过程中,最重要的一条就是不预判事务,在那个最后的结果到来之前,慈禧不会认定变法一定会成功,也不会认定就一定会失败。她在平静地等待这个结果,但不会被动地接受这个结果,她要做的就是躲在幕后,隔岸观火,将来变法成功了,大家高兴,此时她出来领功,宣布一下大家辛苦;如果不成功,那也不怕,她就会出来收拾残局。

她的最后一个心态就是担忧。而慈禧最大的担忧,并不是变法成功或者失败，而是权力平衡是否会被打破。作为权谋家，第一位的永远是权力，而变法才是第二位的。她希望变法最后能够取得成功，让政权得以延续，但她更希望所有的变法都是在她的权威下进行的，睡几觉醒来，法变了，而大权仍然在她的手上。尽管已经清除了翁同龢，但她仍然比较担忧是否有人会浑水摸鱼，威胁到她的权力！

那四道命令就是一系列老练的杀着，是为了保障权力安全设置的防范措施，慈禧自信，有了这些作保障，可以永保大权在手，将来万一出现不利情况时，能够迅速收拾残局，恢复"稳定"！

好吧，游戏的大幕已经拉开了。走掉了翁同龢，光绪必须亲自出马，但所有的事情不可能都由他去干，他最需要的是一批人，一批能为他冲锋陷阵、将变法推行下去的人——帮手。

光绪的新帮手

光绪要去找帮手了，等到真正开始做这件事情的时候，他才发现这是一件有难度的事，天子富有四海，四海之内皆同志，但当光绪把目光投向庞大的官僚系统时，他最想说的一句话估计是：同志们，你们在哪里啊？

60年前，光绪的爷爷道光皇帝也曾碰到这样的难题。

当时广东鸦片为患，道光皇帝每天都要接到来自两广总督的八百里加急，此时朝廷已经三令五申禁烟，道光朱批的禁烟令发了一道又一道，而鸦片屡禁不止。在京广之间的道路上，出现了一个有趣的现象：一边是广州发来的报告烟患的八百里加急，一边是紫禁城发出的禁烟圣旨，传递文件的人经常在半路上遇见。送来送去，都是这个结果。

原因只有一个，那就是鸦片并不是只有洋商在卖，地方官员也参与其中，然后从中分红。有的官员在烟行中有股份，胆大的甚至自己当老板，在幕后指挥贩卖。从表面上看，这些官员与商人勾结，实际上，官员之间形成了互相保护——官官相卫。所以，中央的政策（圣旨）下来了，总是上有好政策，下有好对策。

洋商们开始公开嘲笑："你们连自己基层的地方官员都管不住，又如何能管住外国人？"

这种情况下，林则徐出场了。他手持尚方宝剑，代表道光去把鸦片一把火烧光。

经过60多年的发展，这一支基层官僚队伍更加腐败了。大小官员早已习惯了自己角色的利益定位，他们虽然"同情"变法，但要让他们自己去做是比较没空的，比较有空的是捞银子。

而光绪连自己的钦差大臣都没得派，宫廷权力一直是慈禧把持的，光绪在朝廷中并没有权力基础，在中高层很难获得实质上的支持。

不过，变法毕竟是朝廷的大事，太后也是点了头的。于是有几个人表示要支持变法，我们来认识下这几个人：

礼部副部长（礼部侍郎）徐致靖徐大人；财政部副部长（户部左侍郎）张荫桓张大人；礼部处级干部（主事）王照王大人；监察御史杨深秀杨大人。

当然，他们也不会比其他在继续观望的官员们傻，他们的工作是向光绪推荐合适的人，也就是说，做"猎头"的工作。

对于变法来说，什么是合适的人？

这是有要求的。

首先，他们必须是在行政系统之内，能保证基本可靠并有基本的行政才干；其次，老官僚不要，必须是新人，最好是什么候补官员之类，他们还没有受到官场的腐蚀，也没有受到利益集团的拉拢，比较能放开手脚，激起斗志；另外，由于不是某个利益集团中的一员，让他们出面办事也不至于引发各利益集团之间的直接对抗。

找个人是很难的啊。同志们！而这才刚刚开始。

第一个站出来支持光绪的是徐致靖。

礼部相当于今天部分的外交部和教育部，主要掌管教育考试、外交礼宾等事项，这是一个容易出书呆子的部委。徐致靖就是这样一个人，在其他封疆大吏、省部级高官都在手搭凉棚观望的时候，徐致靖第一个站出来，公开表态支持变法，然后他上了一个折子。

在《密保人才折》里，徐致靖共向光绪推荐了五位人才，其中最著名的是江苏候补知府谭嗣同。在徐致靖的带头下，内阁候补文员（侍读）杨锐、公安部候补处级干部（刑部候补主事）刘光第、内阁候补秘书（中书）林旭等人先后受到推荐。

从年龄和身份上看，这些人完全符合理想人选，他们都很年轻（最小的林旭才22岁），又都是多少有点行政经验的省部级机构里的候补官员，有利于变法工作的开展，也有利于光绪建立自己的嫡系队伍。光绪亲自接见了他们，一番交谈了解后，光绪将谭嗣同、杨锐、刘光第、林旭统统转正，提拔为四品"军机章京上行走"。

军机就是军机处，章京相当于大臣的秘书，所谓行走，是朝廷中不专门设置的官职，属于临时抽调来帮忙的性质。也就是说，这四个人一下子成为了朝廷最核心的权力部门——军机处的兼职秘书。

如果不是因为变法，这些人的级别是永远不够见皇帝一面的，更别说让皇帝给他们转正升职了。而在徐致靖等"猎头"推荐的人里，有一个人，虽然他的名头很大，虽然人们对他的期望很高，但他在受到光绪的接见和交谈后，并没有升职，他就是：建设部候补处级干部（工部候补主事）康有为。

康有为的上书之路

在入宫见到光绪之前，康有为的经历可以说是——十分复杂。

广东人康有为出生于读书世家，和别人一样，早年他一头扎进八股文的迷宫里。孔孟之道、四书五经都是他攻读的内容。他梦想着有朝一日能高中状元，光宗耀祖，封妻荫子，紫禁城跑马，八抬大轿进家门。

那个年代读书是唯一能改变命运的道路，正是因为这是所有人的唯一，所以所有人才觉得艰难。科举考试分三级，第一级为院试，院试并不是所有的人都能参加的,读书人必须先通过知县老爷主持的县试和由知府主持的府试,取得"童生"的身份,才能参加院试。院试由每省的学政主持,院试通过后,你就是朝廷的学生了——称为生员。当然,它还有一个著名的称号叫秀才,以及另外一个更著名的称号——相公。

成为相公就有名额限制了,三年考两次,每次全国录取2.5万名,这听起来不少,实际上不是每个人都有机会。

考上相公后,就可以考举人,这个级别的考试叫乡试,在各省的省会举行,三年一次。而举人的名额更少,全国每次约录取1400人。可见考举人比考秀才难度又增加了许多,考中举人后虽然不是正式的国家公务员,但已经纳入了公务员系统,有了做官的资格,或者成为候补官员,所以这对读书人的刺激也更大,具体事例参见《范进中举》。

最后一级考试就是会试和殿试,也就是常说的"进京赶考",全国的举人每三年集中到北京参考,录取名额为300人左右,录取者称为贡士。贡士最后参加皇帝主持的殿试,这是最后定名次的,选取"天子门生"。一甲三人,状元、榜眼、探花,直接授翰林院编修这样大有前途的职位;二甲、三甲经简单的学习培训后也包分配,留在中央的,可以进入翰林院当庶吉士、六部主事和内阁中书,分到地方的可以去做知县。

朝廷之所以严格控制科考的流程和名额,实际上是为了控制一样每个人都向往的东西——机会。行政体系就这么大,官员的名额就这么多,当官的机会也就这么多,需要百万计的读书人去争。所以,如果在某一年,皇帝因为大婚或者大寿或者心情很好,允许多增加一次科举考试,这就是给所有读书人的一个恩赐的机会——恩科。

康有为同学天赋不能说不高,不能说不勤奋,但他的秀才连考了三次才考上,考上举人的时间更是可观——用了20年,六考六落榜。在这20年中,有一次考举人的经历对康有为来说是比较特别的,这一年康有为来到了北京参加顺天府乡试,虽然顺天乡试的机会相对比较多,可这一次乡试,康有为仍然名落孙山。

这一年是1888年,康有为先生已经31岁了——过了而立之年。这一年正是袁世凯在朝鲜给他当时的领导李鸿章写回国报告的那一年。如果康有为知道有袁世凯这么一个人，他肯定不会同情袁世凯，而是会相当的气愤，这个连秀才都考不过的家伙，竟然已经是朝廷的三品官员了，而自己还在这里挤破脑袋参加什么乡试。京城满大街上都是出身王公之家的八旗子弟，他们遛鸟狎妓，玩物丧志，级别却比袁世凯还高，这更让考得两眼冒星的康有为十分愤怒。

我只要机会平等。每个人生下来，不论他们出生在贫穷之家还是富有之家，不论他们出生在城市还是乡下，不论他是否有一个富爸爸或者贵爸爸，在面对进入国家行政系统这样机会的时候，在面对原本应该公平竞争的时候，他无法说我爸是谁，只能说我是谁。

王侯将相，决于爸乎？

和袁世凯一样，此时的康有为也是一个奋发向上的有志好青年，他也盼望着人生和事业的突围。多年的科举之路使他对人生对社会有了这些不一样的认识，他即将把这种认识转化成行动！

在北京破落的小旅馆里，康有为奋笔疾书——他给光绪写了一封信。在这封信里，康有为委婉地表达了自己作为一个读书人对机会不均等的不满，而造成机会不均等的原因就在于朝廷的政治体制，希望朝廷能够变法维新，万一要变法，也别忘了他老康，他是愿意并且可以为朝廷去做点事情的。

康有为想象着这封信到达光绪的案头，光绪看完后万分激动，一掌震飞了御桌上的笔筒，大叫一声"快宣此人觐见"。于是，有两匹快马来到旅馆门前，说求见康先生，康先生大摇大摆地出来，去了紫禁城。

可是，在旅馆里盛装打扮等待召见的康有为最终失望了，门口不仅没有马，连驴都没有，倒是有几个卖火烧的。

这封信并没有到达光绪的案头，它的去向不明，最终也许是躺在某个衙门的垃圾箱里，甚至可能没有人拆开过。康有为回到了广东。这一年的冬天萧瑟，南方虽然看不到雪，但康有为的心里比雪后的泥街更加凄凉。

这是康有为一生中的第一次"上书"。

回到老家后,康有为仍然要复习准备考试,但毕竟已经是30多岁的人了,还需要找点事干,于是他以秀才的身份在家乡开了一间私塾,教教学生,顺便收点学费,康有为也变成了"康师傅"。其中最著名的弟子是广东人梁启超,在科举系统内,梁启超的级别比康有为还高——他已经是举人了,而康有为还是秀才。但是梁启超仍然拜倒在康有为的门下,因为康有为在业余时间还写了几本书,已经是小有名气的新锐作家和言论家。

而科举之路还在继续。1893年,36岁的老秀才康有为在广东乡试中,终于战胜了那些年轻的相公,高中举人。从16岁成为秀才开始,20年的时间已经过去了,这20年只是为了获得一个做官的资格——举人文凭。康有为的故事也够精彩的,绝对可以写一篇《有为中举》了。

两年后(1895年),康有为来到北京会试,这次又老当益壮,运气比较好,高中进士,被任命为工部候补主事(六品)。虽然没有一举中状元,也算是光耀门楣了。

当梦想实现的时候,康有为却并不怎么兴奋,几十年的科举之路,他已经乏了、厌了,他认识到科举其实并不是自己的人生方向,自己的人生方向应该是另外一条道路。

这就是社会活动。

1895年正是清日战争结束的时间,清国惨败,朝廷正准备签下《马关条约》,消息传来,全国的读书人都激动了,群情愤慨。康有为又想起了他的那个老行当——给皇帝写信。

北京破落的小旅馆里,康有为又一次奋笔疾书,用了一个晚上的时间将上书写好了,全文一万多字,名字叫《上今上皇帝书》,主要内容仍然是呼吁朝廷改变现状,变法维新。和几年前相比,"这个国家需要变一变"已经成为了社会上大多数人的共识,很多人即使无法说清楚他的观点,也有这样的感觉。既然已是社会舆论,和之前上书相比,康有为的语气激愤了很多。他冒死警告光绪皇帝,如果再不改变,到时候您别说做皇帝，只怕做一个普通百姓都不可能（求长安布衣而不可得）。

几年的教学、出书、上书已经让康有为积累了丰富的社会活动经验。这一次，他学聪明了，不再是一个人单打独斗，而是联合全国18个省的举人共同签名，然后发动这些举人在京城里到处找大官们投递，以示这是天下读书人的心愿。

投递的结果是，有些大官收了，有些大官没收。这都在康有为的预料之中，但有一件事情是他没有想到的，那就是——媒体报道。

亲爱的媒体工作者们应该都知道，康有为发动这样的事情是很受媒体欢迎的，因为它伸张的是"民意"，而媒体就是表达民意的。于是某份报纸在报道京城举人投递上书的时候，用了一个后来我们熟悉的标题——公车上书。

如果我是这份报纸的总编，我一定会夸奖想出这个标题的编辑：你干得很好！

自古以来，基本上每一个朝代的皇帝都是比较礼遇读书人的，这不是因为他们尊敬读书人，而是知道读书人不好惹。

要知道读书人是喜欢发牢骚的，而读书人的牢骚又并不只是发发而已的，搞得不好，它会成为社会动乱的源头，甚至是农民起义的理论指导，对社会稳定危害极大。事实上即使不影响稳定，这种牢骚也很恐怖，因为它比唐僧念的经还要坚韧，一有机会就会在你耳边嗡嗡叫，所以自古的皇帝们都很敬畏读书人的那张嘴。为了在源头上消灭这张嘴的非正常运动，皇宫会派出一辆辆牛车驰骋于城廓乡间，专门收集读书人的意见，由于这种牛车有专门的经费供养，所以叫公车，由此产生的消费叫公车消费，后来，"公车"也能代指关心天下大事的读书人。

可见"公车上书"这个词语做标题，很有古香古色的味道，文笔很好。

媒体热炒，在康有为看来，这自然是他的功劳。文章是他写的，花了一个晚上，他不仅是作者，还是"领衔公车上书"的人，康氏成为了"公车上书"的代名词，后来康有为和梁启超写回忆录的时候，不断地强调这一点，很多的历史书也强调这一点，但这种看法在历史上是存在疑义的。

因为当时的媒体着重报道的是"公车上书"这种现象，而不是发起人康有为。签署《马关条约》的消息传来，全国都震动了，当时除了康有为的上书，在北京参加会试的其他举人们的上书达到了十几起，更厉害的是，还有官员参与上书，"公车上书"指的就是这个现象，而不是单指康有为版本。后来人们一说到"公车上书"认为说的就是康有为，这个说法来自于康有为和梁启超的回忆录，是并不符合历史事实的。

甚至还有一种史料认为，就连康有为版本的"公车上书"，康有为也没有最后参与。正当他写完文章后的那一天，他听到了自己已经考中进士的消息，而带头搞这样影响社会稳定的上书很可能对将来的仕途不利，所以康有为虽然起草了文章，但最终没有在文章后面签下自己的名字。

总之，"公车上书"强调的并不是康有为，此时的"康师傅"绝对是一位热血青年，但是我们不能因为宣传康有为的需要，就只采用他回忆录里的说法，对历史人物需要尊重，而尊重的方法就是把真相还给他们以及读历史的人。

虽然经过了媒体的报道，康有为这次的上书仍然没有到达光绪的案头，"康师傅"辛苦一夜，光绪只字未见。

媒体报道之后，"公车上书"甚至没有在官方引起轰动。当时官方就在酝酿变法，原因前面讲述过，清日战争的惨败对朝廷打击太大，首先做出反应的并不是读书人和民间，而是整个官场，大家都清楚，再这么烂下去，总有一天会彻底烂掉。由于官员们有了变法的"共识"，"公车上书"虽然很热，但在朝廷看来，这些都是意料之中的民间正常反应，并不值得大惊小怪。法是要变的，但变法不可能由这些毫无行政经验、无实权又不懂得体制运作的读书人去完成，即使政府相信他们，老百姓也不会相信他们（无权威）。可以肯定的是，"公车上书"事件虽然很特别，对康有为对整个清国都算是一件大事，但并不是1895年的"公车上书"

造成了1898年的变法，变法是朝廷的主动选择。

但是对于康有为来说，"公车上书"事件对他的影响并没有完，决心要搞搞社会活动的他已经灵敏地发现了一个十分有利的东西——媒体。

必须利用好媒体！康有为发现了一个新大陆。

这个想法在现在是一点都不奇怪的，所谓信息社会，干什么都要发布一下，炒作一下，对于立志成为社会名人的人来说，结个婚，生个崽，都是需要曝光的。但在那时的清国，虽然北京、上海等地已经有了报纸，但总体来说还是稀罕之物，能够意识到"笔杆子"力量的人还不多，而康有为发现了这一点。

他自掏腰包，将没有传递到光绪手中的上书自费刊登在上海的一家报纸上。要知道，"康师傅"需要的就是这样一个传播平台，因为他的文章是很不错的，激情四射，忧国忧民，敢直接质问皇帝。这一招果然很灵，康有为几乎一炮打响，一夜之间，他成了大家共同的"老师"、民间著名的"意见领袖"以及著名的公共知识分子，甚至连"康圣人"的名号都喊出来了。

最早的炒作达人，看来非康有为莫属啊。

在接下来的三年里（1895—1898年），康有为越战越勇，他的主要工作就是奔走于各大城市，写写文章，搞搞演讲，走走穴，不断在媒体上曝光，名头越来越响。1895年之后，朝廷对民间结社管控稍微松懈，康有为抓住大好时机，成立了一个打着学术名号的政治团体——强学会。

康有为的名头终于更响了，通过一系列的动作，官场不得不注意到他，很多高官们都明里暗里表态支持康有为，这实际上是支持他们自己，因为这三年中朝廷高层一直在酝酿变法，官场的下一个主题就是"变法"二字，一些人亲自加入了强学会，就连李鸿章也想加入，却被狂妄的康有为拒绝（李是"卖国贼"）。老到的袁世凯虽然没有亲自入会（他还在观察朝廷风向），却向强学会捐了自己半个月的工资——500两银子。而当康门弟子梁启超到武昌时，湖广总督张之洞打开总督府所有的大门，还准备放礼炮迎接梁启超,这原本是地方大员迎接钦差大臣时才使用的礼仪,梁启超真是受宠若惊。

在做着这些社会活动工作的同时,康有为并没有放弃他的老本行——上书。他又连续给光绪写了两封信,结果仍然是石沉大海。与皇帝搭上线,这是古往今来多少读书人的梦想,以为影响了皇帝就能改变天下,康有为也不例外。但是天抬头可见,天子却只有一个,想让皇帝认识你,并不容易。

就在康有为苦恼着如何才能去影响皇帝的时候,徐致靖注意到了他,在密折里向光绪推荐。

对于康有为来说,这是真正的人生曙光,之前他搞了那么多次上书,就是因为没有一个中间人,没有一个介绍人,现在由一个部级领导向皇帝推荐,这才是打通通向皇宫的道路!

光绪决定召见康有为。

康有为终于实现了他的梦想了。他可以见到皇帝,亲自阐述他的观点,去"影响皇帝"。从而立之年给皇帝上书开始,他如今已经走到了不惑之年,到了这个岁数,人生真正"立"起来的事情似乎很少,真正"惑"的事情似乎也越来越少,不是它们不存在,而是没有心情没有兴趣再去探究明白。当年的热血和冲动已经变成了一种沧桑,中年的大叔不过是在沧桑中,为了那个埋藏在心里不再说出来的梦想,继续向前行走。

康有为来到了紫禁城外,他抬头仰望了一下天空,再想了一遍与光绪可能出现的对答,练习了一下脸上的笑容。等这些准备工作都做好之后,康有为整了整衣服,进入皇宫。

这次会谈并没有在宫廷档案中留下任何记录,所以我们无法确切地知道他们谈了些什么。康有为后来的回忆录记录了这次谈话的内容,但由于是"孤证",把他自己为自己贴金的这些对话搬上来是没有意思的。可以肯定的是,尽管这次召见的时间比较长(两人密谈两小时十五分钟),但在召见后,光绪并没有重用康有为。

召见之后,光绪任命康有为为"总理各国事务衙门章京上行走",

也就是说光绪把康有为从建设部的候补处长调到外交部秘书处去兼职，康有为的级别也并没有提升，还是六品。这跟谭嗣同等其他四人受召见后任命为"军机章京上行走"是不同的，"军机章京上行走"是四品。

这就意味着以后康有为在公开场合见到皇帝以及上折子的权力都没有得到——朝廷四品以上的京官才能上朝。

看来，在徐致靖等密荐的人中，康有为并没有受到光绪的重用。对于这个结果，康有为很是想不通。原本以为凭着他的名气和"社会影响力"，光绪一定会把领导变法的重任交给他，让他在官场叱咤风云。但光绪却并没有这么做，没给康有为相应的权力，也没给康有为相应的平台，这是骄傲的康有为不能接受的。

而令康有为更想不通的是，光绪不仅这次没有重用他，以后也没有。在"猎头"们推荐的人里，康有为是最早受到召见的人，却也是最没有受到重用的人，这是康有为第一次见到光绪，竟然也是最后一次！

自此之后，他再也没有受到任何召见。

而康有为无法想明白的秘密，隐藏在另外一次有记录的谈话里。

康有为与荣禄的一次谈话

这是康有为和荣禄先生的谈话。

荣禄是慈禧绝对的心腹，是被慈禧刚刚任命的直隶总督兼北洋大臣。当荣禄见到康有为时，两个人谈起了变法。

荣禄是慈禧的人，康有为是知道的。他知道跟荣禄说话也就相当于在跟慈禧说话，荣禄一定会把他们的谈话去告诉慈禧的。他想当然地把荣禄和慈禧当成了反对变法的人，却不知道变法是经过慈禧首肯的，也是荣禄等"顽固派"大员关心之事（要不然就不会来问了）。在潜在的反对者面前，康有为决定抓住机会，慷慨陈词，一定要说服他。

"时事维艰，不变法不行啊！"康有为说道。

荣禄显然不想听这样的废话，谁都知道法要变，问题是怎么变。

"法是要变，不过几千年的祖宗之法不是一下子就能变过来的吧？"荣禄问道。

实事求是地说，荣禄这句话说的是实情，是一种从实际情况出发的忧患考虑。荣禄先生的这句话并不是要反对变法，而是询问他康有为有什么办法，希望康有为能给出一个建设性的意见。

康有为知道真正厉害的问题来了，这个问题如果回答不好，那些"顽固派"们就会见不到变法派坚定的意志和决心，必须拿出一点雷霆万钧的手段让他们瞧瞧！

于是，康有为大手一挥，用慷慨激昂的语气说道："这有何难？杀几个一品大员法不就变了？"

四周一片安静，康有为突然察觉有什么不对，但具体哪里不对他也不知道。荣禄并没有再说什么，他内心一定在翻江倒海，但这在表面上是看不出来的。荣禄"嘿嘿"干笑两声，说了句"康大人请"，然后转身走了。走的同时摸了摸自己头上的顶戴。

康有为说出这句话是很平常的，就跟以前在很多的演讲集会场合对粉丝们说的一样，意气风发，正义凛然，一腔热血，说完之后场下欢声雷动。但是，康有为忘记了，这是在皇宫。

这样的谈话如果正式一点，就相当于朝廷高官在就如何变法问题，向康有为这个"专家"来请教，是政府高官和智囊之间的座谈会，而康有为给出了这个答案。

很显然，康有为嘴下的一品大员就是指贪腐的高官，出于对腐败官僚的憎恨，人们常常会发泄情绪，以为杀贪就能正道，这是可以理解的。"杀几个贪官就能变法"，这正是那些不懂变法的人才会说的话。如果变法真的只是杀贪就好，那历史上的那些变法就不会无比艰难和反复了，大家去磨刀就好了。

别人说说这话还是可以理解，而从康有为你这个"专家"嘴里说出来，就显得浅薄了。不仅浅薄，简直是太过书生气和器量狭小。

像变法这样的大事难事，当它还在发起和鼓吹阶段时，确实需要用热血去鼓吹，用慷慨激昂去鼓劲，这并没有错。但是，当它已经进入马上要实际操作的阶段之时，它需要的不再是这些，而是另外的一些东西。

这就是政治家的现实精神。具体来说是两个方面——冷静，坚忍。

唯有冷静，才能思考并制订出完整可行的方案。

唯有坚忍，才能战胜苦难，朝这个目标努力，实现这个方案。

康有为先生没有意识到这些，这是因为他恰恰缺少一个最致命的条件：做官的经历。

康有为虽然是工部候补主事，后来又被光绪帝调到总理衙门，但他一直忙着社会活动，努力打造"公知"形象，从来没有去政府上过一天班，甚至连去工部和总理衙门报个到都没有做。他一直在进行他的社会活动，处于官场的边缘。这样的人不仅无法了解朝廷高官真正的心理状态，对如何通过体制内的力量去办事也一无所知。

变法就是要通过体制内力量去办事，要去争取人心，这时候的人心不仅包括民心，还包括"官心"——特别是当民心的力量还不足够强大的时候，需要争取尽量多的"官心"，把他们对变法脆弱的"共识"转化为实际支持。比如荣禄大人，这也是需要争取的，从北京皇宫开始的变法，将来无论如何也需要荣禄这个直隶总督的支持。

当然，争取也是很难的。这个世界上最艰难的一件事情莫过于建立统一战线了。首先要做的是取得信任，而取得对方信任也很难，如果一时不能取得信任，那么至少要打消对方的顾忌。不能让人家以为你是仇视这个政权，一上来就准备拿他们开刀的，要知道他们最担心的就是这个啊。

一个高明的政治家从来不预设敌人。但康有为一上来就喊杀一品大员，人家又刚刚成为一品大员，你要别人说什么才好呢？

贪官是应该杀的，但也要经过公正的审判后去杀，变法的目的之一就是加强制度建设和法治，避免官官相卫，也避免政治迫害，如果还是喊杀就杀，那跟过去有什么区别，还需要变什么法？再说了，即使可杀，谁来杀呢？你杀吗？你自己还是个六品呢！并且，既然杀几个一品大员就好了，那么就先杀你吧，你不就是未来的一品大员吗？

康有为啊康有为！

这大概是荣禄第一次对康有为有了"乱党"的印象。即使不是"乱党"，也是无实学，书生气，不可用。而且，千万不能让这种人在日后掌了大权！

所谓书生气，就是很容易拿想象去替代真实，越简单的东西越容易被弄得复杂。看似抓住了问题的实质，实际上离实质越来越远。

所谓书生气，就是一个人的脑子里很容易出现"别人不对、现实不对、就我最正确"的浮华或者悲壮，很容易认为靠嘴上标签就能打败一切。

所谓书生气，就是只具聪明而不具智慧。一个聪明但不具智慧的人常犯的错误就是处处只为自己着想，只顾自己的感受。

这个世界上有一种人，他们最重要的才能之一，是在关键性的第一次见面时，有能让对手或者敌人快速了解自己长处的方法和技巧，从而让对手甚至敌人一下子喜欢上自己。比如历史上著名的张仪先生、苏秦先生、李斯先生。他们总能习惯性站在对方的角度来思考和解决问题——也就是常说的换位思考，不仅有很高的智商，还有突出的情商。

而康有为显然不是这样的人。在我看来，康有为不会换位思考的原因恰恰是他没有经历过以上几位的磨难，缺乏做官的经历，缺乏在体制内的磨炼。他成名过巧，成名后又势头太猛，他需要的不是换位思考，而是需要思考换位——去实现自己的野心。尽管去影响朝廷高层和皇帝一直是他的梦想，但是当他终于迎来和朝廷高层对话的机会时，他以为还是如往常那样去鼓动粉丝，而无法真正把握这样的机会。

由于不了解"体制内思维"，不清楚朝廷高官说一套做一套、喜怒不形于色、真实想法藏在笑脸背后的特色，这样的失误，会给以后的他和整个变法派阵营带来更大的灾难！

而谜底也解开了。虽然我们并不知道光绪召见康有为密谈的具体内容，但从他与荣禄谈话的内容来看，康有为也注定不会给光绪留下什么好印象。如果他只是在喋喋不休地慷慨陈词，这在光绪看来并没什么新的东西，这些东西他早就从不同的渠道得到了，听得耳朵起茧。光绪需要得到的是切实而理性的答案，这跟荣禄先生"问计"于康有为的初衷是一样的，而不再是感情用事的口头狂言。

把康有为调到总理衙门，也许正是在面谈之后，光绪只认为康有为这个人的活动能力很强，就让他去总理衙门搞外交，也算是识才。

出师不利，康有为只好自我安慰。他告诉他的粉丝：皇上虽然没给我升官，但给了我"密折专奏"的权力！今后我就可以随时给皇帝传纸条了。

康有为的这句话又是吹牛。宫廷档案和记录中并没有老康的"密折专奏"。事实上康有为所有的奏折都是找人帮忙"代奏"给光绪的，不是通过部委衙门，就是通过官场朋友代奏的，最多的是通过能直接上书皇帝的那批人，比如监察御史宋伯鲁和杨深秀。

而光绪虽然没有重用康有为，却抛出了康有为之前上过的一个折子。

制度局：光绪的人事改革

在这个折子中，康有为提出了那个著名的设置"制度局"的建议。

按照他的设想，所谓制度局，这是一个设在朝廷总揽一切变法事宜的机构，帮助皇帝来决策，是皇帝专门的咨询机构。跟制度局一起设立的，还有法律、铁路、农商、邮政等12个局，制度局决定的事情，交给这12个局分别去执行。

至于进入制度局的人，不能用原有的旧官僚，全部起用新人——那么原来的旧官僚怎么办呢？康有为的办法是给他们朝廷散卿（散学士）的名号，可以给他们加薪晋爵，但没有实权。

谁都能看出来，"制度局"涉及的是人事改革，制度局一旦成立，是绝对的"另立中央"，夺军机处之权和六部之权，排挤掉了旧官僚，基本就相当于另外一个军机处，12个分局就相当于12个新的部委。

康有为的这道折子当时是通过总理衙门代奏的，而光绪反应迅速，当天就做了批示。现在，他又把这件事情重提，催促大臣们快点给出反馈意见。

很明显，光绪对设立制度局很重视，甚至要大过对康有为的重视。

康有为实在很聪明，他抓住了光绪真正的难题。

光绪一直无法真正实现亲政，最重要的原因首先是军权一直被慈禧把控。淮军是李鸿章的，也就是慈禧的，满族王爷也团结在慈禧周围，八旗军也是慈禧的。对于光绪来说，清日战争本来是一个很好的通过战争抓军权的机会，但是，不说帝党系的军队战斗力比淮军还烂，就算他们能打，慈禧也比光绪更老谋深算，在关键时刻让李鸿章出面签署《马关条约》中止了战争，清日战争没有变成持久战，光绪也就再也没有用战争抓军权的机会。

另一个最重要的原因就是官僚系统中人事任免权也一直被慈禧把控，变法开始后，二品以上高官的任免还是必须经过她点头的。光绪没有人事任免权，也就无法建立自己的嫡系队伍，无法在朝中形成权力基础。从大的方面来说，他也无法组建自己的变法班子，解决"帮手"很少的难题。

而制度局一设立，光绪就有机会提拔大把大把的新人。什么建立嫡系队伍，什么形成权力基础，这都是指日可待的事。

所以光绪的真正用意是：借康有为的折子，将官员人事制度改革的绣球抛出来，试探大臣们的反应！

旧官僚的反击

光绪很着急，已经有些迫不及待了。而大臣们的反应出奇一致：观望。

如果说光绪等来了什么，那就是一阵谣言。京城里谣言散开，议论纷纷，说他受到了康有为的蛊惑，设置"制度局"是康党一伙别有用心的想法。康有为这个家伙野心一直很大，一直在折腾，因为他明白，只有折腾，他才有机会。朝廷的哪个高官不是在官场上小心翼翼、辛辛苦苦一步步爬上去的？康有为却幻想通过制度局，坐直升飞机入阁拜相，一步登天。

从事实上说，这些话并非完全造谣，康有为确实一直是个不太安分的家伙。本来按照他的级别，是不够陪伴在皇帝身边的，而设置制度局后，他和他的朋友们都有机会成为朝廷新贵、"制度局里的人"，不必走官场的传统路径，直接围绕在皇帝周围，进入宫廷权力中心！但是，对于这个被旧有官僚形成的利益集团把持得铁板一块的国家，到底要不要尝试着去做某些改变，哪些改变是好的、可行的，如果不好、不可行，要不要拿来讨论一下，没有人真正关心了。反正大家只记得一句话：千万不能让自己吃亏！

光绪失望了，他备受打击。但打击归打击，此时的光绪还必须硬着头皮把事情干下去，他下了一道命令：令康有为前往上海，督办《时务报》。

光绪下这道命令正是向大臣们妥协，把康有为赶出京城，向大臣们表明：官员人事制度改革是我的意见，并不是受康有为这些"公知明星"的影响！

但接下来发生的事情，严重出乎光绪的意料了。

康有为没有遵办这道圣旨。按照规矩，皇帝下达旨意后，臣工必须上个"谢恩折"，然后不折不扣地去执行。但康有为既没有上"谢恩折"，也没有离开北京。半个月后总算上了一道"谢恩折"，但还是没有离开北京。

康有为又一次极其想不通。《时务报》只是一张有朝廷背景的小小的报纸（当时"官报"之一），让他去当一份报纸的总编辑，未免也大材小用了吧？想我老康，一直是媒体笔下的变法"总设计师"和"总操盘手"，皇上我好不容易混到紫禁城，见了您，您既然让大小臣工讨论了我的折子，重视了我的意见，现在变法到了这样关键的时刻，您怎么能让我离开变法的中心？皇上您是不是糊涂了啊？

康有为仍然无法面对这样的现实：他可以是为变法鼓吹的一面旗帜，但实际工作是无法交给他去做的，也起不到真正的作用，只能处于变法的边缘——造势和出点子。对于光绪来说，他确实需要帮手，但光绪很清楚他真正的帮手只有两批人，一批就是前面提到的部级高官张荫桓、徐致靖甚至包括王照等人，他们担任"猎头"工作，在幕后为光绪出谋划策，相当于军师；另一批就是新提拔的谭嗣同等四人，他们是实际办事的人。

当然，对于康有为，光绪还是抱着"用"的态度，毕竟这也是个人才。让他去上海办报，除了要变相地将他赶出京城，缓解一下官僚集团和变法之间的冲突，另外一个方面其实也是看中他的活动能力强，笔杆子突出，没事可以组织一些活动，写几篇文章，用激情四射的文字为变法制造一个良好的舆论氛围，这样一来，康有为也是光绪的一个重要帮手。可惜康有为并不明白光绪的这番苦心。

光绪万万没有想到的是，自己的圣旨大臣们不听，连康有为也不听。

"这真是个彻头彻尾的书生啊！"光绪在皇宫里感叹。

康有为这样的举动要是放在平时，绝对是可以杀头的大罪，抗旨不遵嘛，杀了你一点脾气都没有。但是对于这种书生式的举动，光绪也懒得再去计较了。

光绪要把他的大部分精力用去对付那些大臣。在下旨令康有为离京后，光绪希望大臣们能有所反应，把他之前交代的事给认真办一办。

结果再一次令光绪失望了。高官们紧密团结，高度默契，集体沉默，无声反击。

这种状况其实也是在意料之中，他们都是之前慈禧提拔起来的，当官当得好好的，银子有，豪宅也有，为什么要改？

好吧，既然你们这些大臣没有反应，那我就去找你们的下属。光绪再一次下圣旨，将讨论范围扩大到中层和基层官员，命令大小臣工各抒己见，各部院的基层官员有上奏的，由各部部长（堂官）代奏，普通读书人和老百姓有上书的，可以到督察院呈递。光绪严格规定：无论是官还是民的上奏，必须直达御案，各级机构不得有任何阻挠（毋得拘牵忌讳，稍有阻格）。

可是，光绪等了等，仍然没有什么反应。

于是,光绪只好再一次下旨,这一次他以情动人,声明变法是"不得已"之苦衷,为了朝廷,为了国家,希望诸位大臣体谅和理解。

然而光绪又一次失望了。大臣们看来是要反抗到底了,甚至连个折中的方案都没有提出。

光绪终于遇到了变法以来的最大难题。他曾以为最大的难题是没有帮手,成为真正的"孤家寡人",现在看来,没有帮手的原因正是因为有一个怪物在从头到尾跟他作对,准确地说来是一个组织,一个强大的组织。

所有人都无法感觉到这个组织的存在,它从来没有什么明确的组织架构,也没有具体的组织纲领,更没有清晰的标签,但一旦"有变"(有损其利益),它的成员又能通过利益纽带迅速联接,心照不宣地统一行动,相互呼应,堪称最神奇的组织。

它生命力最强,杀伤力也最强,化道于无常,杀人于无形,你看不见它的阴影,它却能吞掉阳光。它一直存而不倒,打而不死,顽强地存在。一次次的农民起义,朝代改名换姓,但它总是存在,阴魂不散,简直是牛皮糖。

它僵化度最高但也存活力最强,最顽固也最灵活,它总能找到对自己有益的地方,然后在那个地方生根发芽,发展壮大。无论朝廷是变法还是守成,是开放还是保守,这个组织的成员都能跟随权势的走向而迅速调整方向,成为最"适应新形势"的熟练的技术能手。从这个意义上说,他们才是最与时俱进的,利益在哪里,他们就在哪里,这一点是毫不含糊的。

这就是官僚集团。在王朝的统治过程中,它悄无声息地形成了,不动声色地壮大了,成为庞大的既得利益集团。统治者对它的态度是既恨又爱,恨它把持着利益,官员们贪污腐化,捞银子不作为,长此以往损害着朝廷的长治久安;而另一方面,又离不开他们——专制统治,不是皇帝一个人的专制,而是整个体制的专制,专制王朝之所以能维持专制,也是因为有官僚集团啊。

在历史上,曾经出现过一个与官僚集团作对的打虎英雄——朱元璋。农民出身的朱元璋对官僚集团十分警惕,为了打击官僚集团,他绞尽脑汁,耗费巨大的心血。他曾经以为丞相是官僚集团的头领,所以他废除了丞相制度,换来了每天加班加点,别人都睡了,他还在看折子,然后不惜成立监视官僚集团的监察组织和特务组织。

但最后他惊奇地发现,原本监视官僚集团的组织也迅速变成官僚集团的一部分,成为了既得利益的保护者和分享者——只要去收点"保护费"。这样,官僚集团不仅没有缩小阵地,反而扩大了领土。一生南征北战、所向披靡的朱元璋在官僚集团面前,突然发现自己是多么的渺小!

光绪会有新的办法吗?

光绪的杀手锏

光绪终于失去了耐心了。他终于明白,这场变法虽然得到了慈禧的首肯,得到了朝野上下的"一致同意",形成了"广泛共识",但这种共识是脆弱的,只能停留在口头上。大小官员都希望去变别人,不希望来变自己,掌握某种利益的利益集团也只希望自己的利益蛋糕不要被割去,一旦情况不对,什么无声反抗,什么阳奉阴违,什么上有政策下有对策,这都是他们的办法。光绪原本希望通过官僚系统里的"群众运动"来收回自己的权力,建立自己的权威,扩大变法阵营,推进变法大业,但在一再地试探之后,这个如意算盘落空了。

那么,这顺序是不是该对调一下?只有先运用权威,才能发动官员和群众,推动变法?——因为你本来就是皇上啊。

必须拿出杀手锏!

朝廷最重要也最有权的三位总督——直隶、两江和两广总督全部撞到枪口上。光绪下旨对他们一顿大骂(严加斥责)。第二天,光绪再一次下旨,这一次除了继续骂,还要求各地方督抚对交代的事情,每日请示汇报(以前交办各事,必须迅速奏议;以后交办各事,必须依限赶办,并每日请示汇报）。

但大臣们仍然把光绪的命令当成了耳边风，看来不见棺材不掉泪。

光绪行动了，他下旨：一、在中央裁撤詹事府、光禄寺等六个闲散衙门；二、裁撤湖北、广东、云南三省督抚同城的巡抚；三、裁撤不办漕运任务的省份的粮道；四、谕令各省在一个月内拟出其余应下岗的闲散地方官员，严加裁汰。

这些措施仍然围绕着一个中心：人事制度改革。先吐故，后纳新，从中央到地方都有。光绪雷厉风行，铁面无私，此时被裁撤的湖北巡抚，还是谭嗣同的父亲谭继洵。

然而，官僚系统的反应仍然是冷淡的。特别有代表性的是两广总督谭钟麟，他被骂了一顿之后，竟然连光绪以后的圣旨都不看，而且在他的两广总督府里不许谈论变法。当有人问起："你办得如何？"他回答："啥变法？我不知道啊！"

光绪不得不拿他开刀了。但是，要拿这种总督级别的大臣开刀，总要找个动刀子的人，光绪找到了一匹"黑马"，他就是朝廷马匹事务管理局副局长（太仆寺少卿）岑春煊，光绪提拔他为广东省副省长（布政使），安插在谭钟麟身边。

在拿地方大员开刀的同时，光绪的帮手、一直躲在幕后的礼部主事王照也在朝廷出手了。他写好了一道奏折，交给本部的部长怀塔布同志，请他代为转奏皇帝。

按照光绪之前下达的"各部院官员如有上奏，由各部堂官代奏"的圣旨，王照的程序没有错。而光绪在下达那道圣旨的同时，也加了一条：任何人都不得阻挠上奏，看来怀塔布只能把这份奏折交上去了。

而怀塔布同志在看完这道奏折后，惊得大汗淋漓，他是万万不能交上去的，只能扣下来。

王照的这份奏折围绕的是如何变法，主体内容基本上夸夸其谈，没什么新意。问题是他还有一个补充建议，其中提到：为了更好地变法，建议太后和皇上走出国门，去国外参观访问，实地考察了解各国政治经济体制（请皇上奉皇太后圣驾巡幸中外）。

这个建议在我们今天看来是非常好的。不过在当时，这不仅是对慈禧的大不敬，甚至还带有戏弄的成分。要知道慈禧同志虽然是最高领导，但归根结底还是个女人，当时，女人是不能抛头露面的，她连在朝堂上听政都要挂个帘子，又怎么可能出国，在洋人面前抛头露面？奏折如果递上去，慈禧如果追究，这就是怀塔布这个做部长的责任，所以在跟其他副部长商量后，怀塔布私自做主将这份奏折压下来。

私扣奏折的事很快暴露了，光绪勃然大怒，将礼部的全部领导——六位部长和副部长统统撤职，王照升官，赏三品衔。

光绪以抗旨之罪对怀塔布的撤职光明正大，但是在官场看来，这更像是光绪和王照联合起来，给怀塔布下的一个套。因为怀塔布的身份并不简单。

怀塔布是慈禧的心腹，后党的中坚人物，说起来他跟慈禧还有点亲戚关系，算是慈禧的表亲。怀塔布的老婆更是慈禧的闺蜜，没事就陪慈禧逛园子吃饭，聊天解闷。

在撤职事件后，光绪的杀手锏并没有停止。三天后，他再一次下旨令李鸿章今后"毋庸在总理各国事务衙门行走"，也就是免去李鸿章的这个职务。正是从这一天起，李鸿章失去了在朝廷中的一切官职，只剩下一个"文华殿大学士"的荣誉称号——曾经权倾朝野的李鸿章，如今只是朝廷的荣誉公务员了。

你不是收回了二品以上高级官员的任命权么，那我撤职总可以吧？光绪反击的套路已经渐渐清晰了：他没有任命提拔的权力，却有撤职的权力。

光绪的这些行动是十分迅速而斩钉截铁的，他使出了组合拳，拳拳指向慈禧！虽然是拿六部中分量相对较轻的礼部和政治地位本来一落千丈的李鸿章来做试探，但怀塔布和李鸿章的倒台象征意义是不言而喻的：皇上要拿太后的心腹开刀了！

一场人事大战即将来临。

光绪的四大亲信

就在免去怀塔布职务的第二天,光绪提拔谭嗣同、林旭、杨锐、刘光第为四品官,任"军机章京上行走"。

任命四品官,光绪是有自主权的,不需要惊动慈禧她老人家。在京城,四品官是一个不起眼的官职,但光绪提拔他们并不简单。

因为这四个人全部进了军机处。军机处对朝廷的作用,就相当于现在的军委加国务院,军、政最高权力中心非它莫属。军机处里的办事人员分为军机大臣(大军机)和军机章京(小军机),在级别和权限上,军机章京是军机大臣下属(相当于秘书),虽然光绪特意说明"四小军机"在办公程序上要尊重原有的军机大臣,并特意交代"四小军机"要和原来的军机大臣搞好团结,但是,这四个人是光绪亲自提拔起来的,光绪是把他们当亲信看待的,四人奉特旨筹办变法事宜,所有到军机处的奏折,都先由这四个人先看;凡是光绪要下达的圣旨,都由四人拟稿。

光绪的全面反击开始了!

他先是裁撤了慈禧的人,然后升了自己的人。光绪并没有给四位新人二品以上的官衔,所以也就不需要经过慈禧的同意,但却让他们做着一品大员才能做的事:可以阅读奏折和拟旨。光绪就用这四个人架空军机处,他们名义上为军机大臣秘书,实际上却是替光绪掌控军机处的"四只手",难怪连梁启超都评价他们"名为章京,实为宰相"(犹唐宋之参知政事,实宰相之职也)。

听到这个消息,最郁闷的当属一个人——颐和园里的慈禧。

老人家的鼻子只怕都会气歪。很明显,这一招就是专门针对她之前发的懿旨。上有政策,下有对策,原来这一招连皇上也会用啊。

然而慈禧并没有发作,虽然光绪的行为让她很不爽,虽然怀塔布被撤后,他的老婆也整天来颐和园哭哭啼啼,哭着喊着太后不能不管自己的亲戚和嫡系。但慈禧迟迟没有表态,也没有干涉光绪,变法毕竟是得到了她首肯的，按照我们之前的心理分析，她也希望能有一个好结果。为了朝廷，为了大清，为了自己，我且忍忍吧！

在慈禧十分郁闷和难受的时候，另一个人却兴奋得手舞足蹈了。他是康有为。皇帝命令一下，康有为的住所南海会馆里就响起一片大笑之声，他笑得尤为开心。在康有为看来，这四人不仅在皇帝的掌控之中，也可以是在他老康的掌控之中。

四个人当中，有两个跟康有为关系紧密。林旭是他的弟子，谭嗣同虽然没有拜过师，但他很崇拜康有为，自愿认作康门弟子（私淑弟子），更重要的是谭嗣同几乎算得上康有为的精神知己，对康有为交代的事情几乎都遵照办理。刘光第曾经是康有为在强学会后办的另外一个组织——强国会（保国会）的会员，算得上康有为的人。杨锐的情况复杂一点，他曾经担任过湖广总督张之洞的幕僚，是张之洞的得意门生，但他也曾经加入过保国会，对"康师傅"也很尊敬。

朝廷最有权势的四个人都把我当作"老师"，看来我"康师傅"真可以指点江山啊。

而兴奋的康有为并不知道，危险已经悄悄向他临近了。

朝中的明枪暗箭已经全部对准了康有为。他们认为，正是因为康有为提出的设立什么"制度局"，光绪才如此冒进，用"四小军机"变相地成立了一个"制度局"。大伙儿对皇帝是不敢明目张胆地去反对的，但打击康有为是能够做到的，上次造谣没有让他离开北京，现在要拿出更厉害的一招。打击"康师傅"，也就是让皇上知难而退啊。

这一招就是：写奏折。

他们很快弄到了一个奏折，这篇奏折既不是谈赞成变法，也不是谈反对变法，目的只有一个：弹劾"康师傅"和弟子梁启超。而且罪名比较严重：谋反。

谋反是杀头大罪，搞不好还要株连九族。这样的大罪，经常是被用来冤枉别人的，但这封奏折里说的，却是事实。

故事还得从上一年（1897年）说起，那时梁启超受聘于湖南一家新式学校——时务学堂，担任中文总教习。而老梁在批改学生的作文时写下了一些批语：百姓们纳税，只要它（政府）为百姓们办事，人民即使多交一些也不会怨恨啊，但如果不为百姓办事，哪怕你的赋税很轻，人民也会怨恨的。

还有一条更厉害，梁启超以《扬州十日记》提到的当年清军入关后的屠城行为，直接指出"这是独夫民贼的做法"。

真是太反动了，如果说第一条是在骂朝廷，第二条就是连朝廷的祖宗都骂了。看来说图谋不轨一点都没冤枉他。那时候康有为和梁启超根本没想到自己还有能为皇上做事的这一天，所以在社会上的言论都比较反动，以此来吸引粉丝，没想到却留下了把柄。

变法开始后，光绪的工作流程仍然是"事前请示和事后汇报"制度，重大的事情，需要先请慈禧的懿旨，而一般的事情也要事后汇报，汇报的方式就是将光绪批复过的奏折送往颐和园处。变法开始后，光绪皇帝看上去能够"单独"处理很多事情了，事实上只不过是慈禧对他的支持更多了，光绪请示和汇报的事情慈禧一般都会同意，变法中的很多"新政"就是在慈禧的同意下以光绪的名义发出来的。变法开始前，慈禧告诉光绪：只要你不烧祖宗的牌位，不改服饰不剪辫子，随你去变（汝但留祖宗神主不烧，辫发不剪，我便不管）。

但对于这样既攻击制度、又攻击祖宗的大逆不道之言，慈禧和其他满族王爷是无论如何不能容忍的。

小子，我叫你变法，又不是叫你变天啊。

而对于光绪来说，这样的言论他也受不了。

之前光绪已经颁发过上谕：任何机构都不得阻挠上书。这封奏折无疑也是要被光绪看到的。一旦奏折到达光绪的手中，康有为和梁启超麻烦就大了，坐牢不用说，甚至还有被杀头的危险。康有为啊康有为，看来谁也救不了你了。

好吧，折子到了军机处，而军机处的折子，是"四小军机"先看。所谓"看"，并不只是读读而已，还要写下初步的处理意见，供皇上参考。

四个人看完后大惊失色，出了一身冷汗。他们也很为难：如果把折子交给皇帝，康、梁二人只怕必死无疑，而如果私自扣下奏折，一旦查出来，也是死罪，四个人商量来商量去，也没商量出很好的办法。怎么办？

谭嗣同先写下意见：臣谭嗣同愿以性命担保康、梁的忠诚，如果奏折所言属实，臣谭嗣同恳请皇上您先杀了我。

然后刘光第也签了名：如果属实，臣刘光第也请皇上先杀了我。想了想，谭嗣同把奏折中作为证据的附件一把火烧了，只保留了奏折的主要部分。

谭嗣同还是不放心，他知道最好的防守是进攻。清白无法自证，在很多情况下，要证明清白其实没有办法，最好的办法其实就是倒打一耙，让泼你污水的人也沾上污水。于是，谭嗣同又写了一个附折：皇上您是知道的，现在有很多人攻击变法，写这封奏折的人是在诽谤变法，请皇帝杀之，以儆效尤！

光绪看到之后，一眼就看出奏折中所说属实。但他的心里还是想保住康、梁的，因为证据已经被谭嗣同烧了，即使别的王公大臣听闻也可以说得过去。更重要的是，他刚刚提拔的四位亲信里有两位死保康梁，现在正是用人之际。光绪考虑再三，将这份奏折抽了出来，并没有和其他奏折一起送到慈禧之处，自己也没有往下追究。

康有为就这样侥幸逃过一劫了。要不是谭嗣同后来告诉他，他还被蒙在鼓里，但是当谭嗣同告诉他后，"康师傅"立即跳了起来：看来我很危险！请你立即催你那些"道上朋友"到京，片刻都不要耽误了！

谭嗣同的那些"道上朋友"，就是长江流域最大的黑社会组织——洪门哥老会中成员。关于这个组织我以后再详细介绍了。洪门中的一位头目是谭嗣同的结拜兄弟，他叫毕永年，湖南人，手下有一帮行走江湖的兄弟。

谭嗣同有这些黑道朋友，康有为是知道的，之前他就提出过安全问题，于是谭嗣同就给毕永年发了电报，要求他带上人手来北京。现在，看来"康师傅"想立刻就见到这批人。

谭嗣同一直是崇拜康有为的，听"康师傅"的话，按"康师傅"的指示办。当他听说要保护师傅的安全时，他立刻照做了。但是，谭嗣同万万没有想到的是，康有为让这些黑道分子来到北京，并不只是为了保护他那么简单！而是有一个惊天的计划——一切的秘密都将在接下来的事情中揭开分晓。

在康有为他们等待毕永年那伙人到达北京时，皇宫里的光绪也开始行动了。他在按照他的计划打出下一张牌，撤怀塔布等六位部长的职务，提拔"四小军机"，这一切都是围绕着人事制度改革进行的，而他已经没有了回头路，他必须继续干下去。

而接下来的这张牌，它的难度将超过以往任何一次出牌，但它的重要性却是无比巨大。这是光绪梦寐以求的出牌，也是他不得不进行的事情——抓军权。

清日战争那次通过战争抓军权的机会已经失去了。而和平时期抓军权只有一种方法：提拔。

通过大肆提拔军方将领，建立自己的嫡系，让他们来听自己的。那么，谁是可以提拔的人？不对，这个问题应该这么问：谁是可以信赖的人？

正当光绪皇帝为这个问题而苦恼之时，继上次的密折之后，徐致靖徐大人又不失时机地上了一道密折。

看来，有需要的地方就有徐致靖啊。在《密保统兵大员折》里，徐致靖向光绪推荐了一名军方将领。徐致靖介绍，此人目前掌控着一支新军，属于军方新派人物，不仅工作能力强，而且一向有维新变法思想，是可以信赖的干部。

光绪觉得此人很眼熟，立即批复："电寄荣禄，着传袁世凯即行来京陛见！"

不错，这个人，正是我们的老朋友袁世凯大人。虽然我们对他比较熟悉了，但对于宫廷权力中心来说，他还是新人，还属于"小袁"级别，光绪能够想起这个"小袁"来，实在是因为袁世凯在去小站练兵前，给光绪留下了很好的印象。

事实上光绪不仅对袁世凯很有印象，还一直很欣赏他。我们还记得三年前（1895年）袁世凯成为小站练兵统领的候选人时，在清流李鸿藻的推荐下，光绪曾经召见过一次袁世凯，那次除了谈练兵，光绪还给了袁世凯一个命题作文——如何变法。袁世凯认认真真地搞出了一个一万多字的方案，虽然我们知道，这又很可能是他找"枪手"写的，但毕竟这代表他对变法是很有想法的。

在这之后，袁世凯就去小站开始了他的变法之路——编练新军。在这三年的时间里，他不像"康师傅"整天鼓噪着变法，他干的是实实在在的变法之事——军事制度改革。他在小站编练的新军是一支真正的"新军"，从军队编制、管理到训练方法，甚至连军服都是新式的，战斗力大大增强。而袁世凯虽然号称"不问政治"，却也不妨碍他经常发表一下对于变法的看法，比如他主张变法从地方开始，先建立一个政治特区，这和康有为主张变法从中央开始又是不同的。

看来，在变法问题上，袁世凯属于低调实干型。

接到"电旨"（用电报发的圣旨）的荣禄立即通知了袁世凯。在小站每天一身是汗、忙着练兵的袁世凯，就要踏上去往北京的路了。他也是欢欢喜喜屁颠屁颠进北京的，君臣二人注定要欢欢喜喜一场了。

对于光绪来说，他终于有希望得到一个重要的帮手，这个帮手来自军方。本身对袁世凯就有很好的印象，也知道他练兵练得很好，现在心腹徐致靖认为袁世凯可用，光绪简直十分欢喜。

而对于袁世凯来说，在进京之前，他就知道了自己一定会被升官。

这个秘密我们接下来就会揭晓。

而等待他的，将是未知的凶险。

袁世凯的骑墙术

北京报房胡同法华寺，这里闹中取静，晨钟暮鼓，木鱼声声，吃素不妨碍吃荤。关键是离皇宫很近，来到北京后，袁世凯把它当做了下榻的宾馆，住了进去。

两天后，光绪在颐和园召见了他。接见的气氛十分融洽，君臣两人其乐融融。光绪专门询问练兵的情况，袁世凯一一作答，内容充实，详简得当，光绪对袁世凯的对奏十分满意。

回到法华寺的当天晚上，激动人心的消息传来了，圣旨下：袁世凯练兵有功，着由直隶按察使升为工部侍郎候补，仍专办练兵事务！在旨意中光绪还特别交代：对于练兵中的事务，袁世凯"应随时详奏"——这是给了袁世凯专折奏事的权力。

直隶按察使是副省级（正三品），而工部侍郎候补是副部级（从二品），皇帝果然给自己升了官，这一切跟袁世凯事先得到的消息分毫不差。

在用《密保统兵大员折》推荐袁世凯之前，徐致靖派了他的儿子（徐仁录）去小站找袁世凯，这很好理解，官场讲究的是你来我往，我推荐你，至少你要明白我的功劳，大家互相给点好处，所以徐致靖的儿子是去"运作"的，而袁世凯也派了他的幕僚徐世昌来北京"继续运作"。

这件事情在史料中得到了记录。从种种迹象来看，袁世凯并不是被动的，坐等徐致靖方面来找自己，而是他很主动。

事实上在小站练兵开始后，袁世凯并没有忘记他的老本行——继续向高层"勾搭"。荣禄是不用说的，搭上他迟早就能搭上太后这根线，但袁世凯一直奉行的是骑墙的艺术。

具体说来，就是在帝、后两党之间两头不得罪，两头讨好，为将来争取更大的本钱。所以在努力向荣禄表现的同时，袁世凯一直没有忘记积极向帝党集团靠拢。这就需要向当时的帝师翁同龢去"勾搭"，对于翁同龢，认同乡、同岁、同年的勾搭方法都行不通，但还有一招——认同志嘛！翁同龢既然积极鼓动光绪用变法来收回权力，袁世凯积极上书翁同龢来谈变法，但问题是翁同龢对袁世凯不是很感冒，在给翁同龢上过两次书后，袁世凯很有可能就勾搭到了徐致靖这里。

所以，尽管徐致靖的推荐是密荐，但这一切对袁世凯来说并不是秘密。他看上去是偶然成为了徐致靖的人选，但是我们知道，历史上没有那么多的"偶然"。经验告诉我们,偶然之中必有必然,你关心什么,就会遇到什么。常遇到美女,说明你有一双搜索美女的眼睛,遇到帅哥,说明你有一颗神往帅哥的心,经常勤劳奋进,就会得到奋进的结果,经常跑官,就有可能被升官。

不要认为副省级官员就不需要跑官,在以领导拍脑袋来决定事情的人治官场里,跑跑很重要。

现在最后结果出来了,应该激动,应该庆祝,但在激动之余,袁世凯又有另外一种心情——不安。

他突然发现自己可能犯了一个错误:在这个阶段,还是不升官的好。甚至不应该进北京!

不到北京不清楚,到了北京才知道,朝廷的局势只是表面的平静,下面已经是刀斧声声。

想想自从练兵以来,已经被两次提拔了,第一次是荣禄保荐升为直隶按察使,相当于是太后给升的官,现在皇上也不会无缘无故给自己升官吧。

答案很快就揭晓了。第二天,光绪再一次召见了袁世凯,这次,光绪笑着对袁世凯说:"人人都说你练的兵、办的学堂甚好。以后你可以与荣禄各办各事。"

"如能为皇上分忧,臣粉身碎骨,全不怕!"袁世凯当然要及时送上他的忠心。

原来皇帝是要收买自己啊,这句话的意思是要告诉他,荣禄虽然是你领导,但你以后可以不听荣禄的,只听我的,对我负责。

袁世凯猜得没错,光绪给他升官的原因并不只是因为欣赏他,而是有真正的目的。这个目的就是绕过荣禄,直接领导袁世凯,逐步实现抓军权。

对于光绪来说,这只是他的第一步,抓军权这项工作是循序渐进的。光绪也不傻,他也知道,不是给人升了半级官,人家从此就归入了自己的麾下,死心塌地为自己卖命,这是需要时间来进一步考察和检验的。

更何况，袁世凯还并不是自宣布变法开始以来光绪提拔的第一位军方背景的人。

光绪提拔的第一位就是我们前面说的岑春煊。此人出身武将世家，自小就跟随担任云贵总督的父亲镇压云南地区的回民起义，立了不少军功。前面我们说过，因为两广总督谭钟麟带头抵制变法和官员人事制度改革，光绪提拔岑春煊为广东省副省长（布政使），把他成功地安插在谭总督身边，而岑春煊到广东后果然没有辜负期望，他积极收集谭钟麟的罪证，上奏给了光绪。

在光绪看来，提拔袁世凯除了有可能直接掌控对新军的指挥，还能起到岑春煊第二的作用。因为袁世凯的身边，就是另外一位不听话的直隶总督——荣禄。和岑春煊一样，光绪也给了袁世凯专折奏事的权力，希望"小袁"接下来好好表现。

无论是抓军权还是掺沙子，这都是一项长期的工作，只能循序渐进，着急是要坏大事的。光绪很清楚这一点，他并不需要袁世凯立刻就效忠自己（事实上做不到），也不会立即就把袁世凯当作了自己的心腹，这个人和"四小军机"不同，他是官场上的老狐狸了，收买不是那么容易的，就让他继续踩着钢丝跳跳舞吧。

因为不是立刻就收买袁世凯，也不需要让袁世凯去搞什么阴谋，袁世凯的到来就是正常的官员进京活动，光绪连召见他都是走的正常程序——先通过荣禄。然后又在慈禧眼皮底下（颐和园）第一次接见。有人认为袁世凯进京引起了荣禄和慈禧极大警觉，所以在光绪召见之后，慈禧又特意召见了袁世凯打探消息。从当时情况看，这个说法并不能成立，一切都很正常，袁世凯这样"小小的地方官"进京，就算是求见慈禧，慈禧也不一定见他。

正常，基本正常。光绪皇帝完全是在按照他的思路来处理政事，只要再过一些时间，他就能决定袁世凯这个自己欣赏的人，能否成为欣赏的自己人，如果一切顺利，变法班底中将又增加一位生力军，他的作用会比用"四小军机"去架空军机处更大，因为他的下面还有7000位拿枪的弟兄。

然而，有一个人的出现改变了一切，不仅改变了光绪原有的计划，也让多年以后的袁世凯无比地懊恼：我真后悔呀，虽然我喜欢升官，还擅长政治投机和豪赌，但想想那几年的跑官实在是不应该的，如果不跑官，皇上也许就不会注意到我，不注意到我，我就没有机会去北京，没机会去北京，别人也就没有机会在我身上去搞阴谋！

这个阴谋，将是惊世骇俗的。

康有为的惊天阴谋

康有为的身边出现了毕永年。他终于从湖南赶到了，而且还跟康有为住到一起，住进了南海会馆。

是时候把自己的计划告诉谭嗣同和毕永年了。

在康有为看来，慈禧是官僚集团的头头，那些抵制变法的大臣都是慈禧提拔起来的，所以慈禧就是反对变法的带头人。有她老人家在，变法就很危险。不杀死慈禧，慈禧迟早就会杀死变法。总之有她无法，有法无她。

南海会馆里，听康有为说完计划的谭嗣同和毕永年半天没回过味来，他们不敢相信，"康师傅"竟然有这样一个计划，让毕永年来京，原来只是为了方便地实行这个计划，这个他已经酝酿已久的计划。

康有为告诉大家，慈禧这个"老妖妇"一直对变法抱有成见，按照她的政治见解是不会真心支持变法的。现在，朝廷上下已经有流言，"老妖妇"九月（阴历）要和皇上去天津阅兵。这是一个阴谋，那时她会叫心腹荣禄废去皇上，杀掉皇上，彻底扑灭变法大业。为今之计，为了救皇上，也为了自保，只有先下手为强。唐朝张柬之有废武后之举，我们可以效仿他实施斩首行动，让毕永年带领弟兄们刺杀慈禧！

张柬之曾经带领五百名御林军闯入武则天寝宫，逼迫年老的武则天退位，恢复李唐江山，看来康有为想做第二个张柬之！

而"天津阅兵阴谋"是一个故意制造出来的谣言,制造这个谣言的人并不是康有为,而是另外一伙人,这伙人将在以后的故事中露出面目。而对于康有为来说,利用这个谣言,正好是实行兵变的借口。

而谣言不是导火索,只是在这把火上加了把柴。从种种迹象上看,兵变是老康早有的计划,没有这个谣言,他也是要上的。

明白了,以前说杀一品大员,确实就是老康的想法,现在,不仅一品大员要杀,还要杀朝廷的最高领导人——慈禧。

康有为不仅一直无法接触变法的核心,也无法接触权力的中心,甚至也没有在权力场上摸爬滚打过,所以他并不了解慈禧。

对于慈禧来说,变法只是权力的道具。慈禧赞成变法,是因为变法可以消除统治的危机、权力的危险;如果要反对变法,也只有在变法威胁她权力之时。慈禧并不信奉什么主义,在她看来,凡是有助于巩固她权力的主义都是好主义,凡是可能削弱她权力的主义都是坏主义,她只关心她的统治不动摇,维护社会稳定,不改旗易帜,不走邪路。所以到目前为止,慈禧并没有过多的干涉变法的行动,虽然怀塔布的老婆天天在她面前哭,虽然那些旧下属们一有机会就到颐和园来告状,但慈禧都把他们赶出了颐和园,朝廷都还在她的掌控之中,光绪一如既往地"先请示,后汇报",权力安全得很,爱怎么变就怎么变,她是懒得去管的。

以为杀了慈禧就能成就变法,书生之见,书生之气。而后来的事实将证明,康有为干掉慈禧的计划是周密的,他并不是完全为了变法,而是有利于实现他惯有的一样东西——急于进入政治高层的野心。

听到这个计划,毕永年惊呆了。虽然他是黑社会分子,但也没有胆大包天到去刺杀朝廷领导人的程度,这可是灭九族的大罪。更何况,慈禧的颐和园守卫森严,即使武功再高的江湖高手也很难接近,怎么刺杀?

康有为胸有成竹:只用你们这些人去当然是不行的,也不会成功,但是我可以先调集军队包围颐和园,然后你率领百余名敢死队员趁乱杀掉那个老妖妇。简称:围园杀后。

康有为同志一定是史书上的那些书生借兵、武力夺权、巧取天下的故事看得太多了。

那么调谁的兵？这个事情有点难度。很显然，为了调兵的方便，这只能去策反那些驻扎在京郊京津之间的卫戍部队，而其中的一支，在康有为看来是很有希望的。

这就是聂士成的部队，清日战争之后，聂士成率领他的军队驻扎在京津之间，成为卫戍部队。聂士成是王照的拜把子兄弟。而王照算得上他的粉丝，一直对康有为礼敬有加，言听计从，王照又刚刚在罢免礼部六位部长中大出风头，康有为认为说动王照去策反聂士成是很有把握的。

没想到王照这一次的反应却大大出乎他的意料。

王照坚决地拒绝了这个要求。不仅拒绝，据说还把康有为大训了一通。

在王照这里碰了一鼻子灰，不过康有为这个人的人生字典里是没有绝望二字的，拉拢聂士成失败了，而他的脑海里又想到了另外一个人。

这就是躺着也中枪的袁世凯。

袁世凯的新军也是当时的卫戍部队之一，驻扎在离北京不远的小站。而袁世凯又刚刚升官，正在北京，康有为打算想办法去见上他一面，去策动袁世凯！

听到这里，毕永年大惑不解："袁世凯怎么会听我们的呢？"

袁世凯支持变法，他自己也在干着变法的事，这是大家都知道的，他不会干出背叛变法的事。而康有为的手上还有一件神秘的东西。

这是一封袁世凯亲笔写给康有为的感谢信。里面对康有为表示了感谢，并说道：以后但凡有用着我袁某的地方，赴汤蹈火，亦在所不辞！

由于这个官升得实在有点让袁世凯担忧，在离开皇宫后，他又使出了他的那一招：用银子开路，拜访各位王公大臣，平息祸事，打听风声。他和他的银子一起进了庆亲王奕劻的府上，又拜访了如今的朝廷荣誉公务员、已经谁也不待见的李鸿章。这两个人都是慈禧的心腹，袁世凯此举是在向后党示好。

然后，袁世凯也没有忘记帝党阵营。他给康有为写了一封感谢信。

徐世昌在北京给他跑官时，康有为就经常找徐世昌表明他在积极推进徐致靖的保荐活动。如此一来，袁世凯自然要感谢一下康有为。而且康有为是变法的一面"旗帜"，谢了他，就等于把好印象带给了很多人。

多交朋友少结仇，袁世凯不过是在继续他的骑墙政策。

毕永年仍然强烈反对这个计划，他认为光凭袁世凯的这两句话是不可信的，对于袁世凯这样的官场老手来说，别说是他写的几句话，就是要他当面对天发誓又如何，说不定一转身拍拍屁股就不算数了——更何况支持变法和谋反是两回事，这谁都明白。

毕永年认为他至少应该亲自去见见袁世凯，探清楚袁世凯真正的想法。

一听到这个要求，康有为火了：我的判断你还信不过吗？

在大名鼎鼎的"康师傅"面前，毕永年不再争辩，争辩也没有用，没人能够说得过康有为。你说一句，他能说十句，而这十句里有两句是点火的，其余八句都是煽风的。这次谈话不欢而散，毕永年很郁闷，自己是因为敬佩"康师傅"，听谭兄说要保护"康师傅"的安全，这才率领弟兄们从湖南来到北京。只要是为了保护"康师傅"，舍生忘死，他和弟兄们相信都没有怨言的。从湖南出发时，他们并不知道还有一个刺杀朝廷领导人的计划，这个事情绝对无法去做。

带着忐忑不安的心情，毕永年去找到谭嗣同，向他说出了他的担忧：袁世凯不一定可靠，"康师傅"计划的风险太大了！

谭嗣同一开始也不同意康有为的这个计划，但他也说不过康有为。他只好安慰毕永年："我也觉得这件事情根本不可行，但康先生一定要这么做，我能怎么办呢？"

看来谭嗣同也同意了，毕永年建议这事即使要办，也要再叫些人手来北京，于是谭嗣同给在湖南的另外一位结拜兄弟、同样跟黑社会很熟的唐才常发电报，要他召集人马来京！

南海会馆里的气氛空前紧张，一个惊天的阴谋在这里敲定，即将执行。康有为的意思，要在光绪和慈禧去天津阅兵之前先动手，时间比较紧迫。康有为无疑是这个行动的总指挥，一切都听他的了。正在这时，一个意想不到的消息传来：光绪皇帝再一次颁布上谕，要求康有为立即离开北京！

光绪的密诏

跟上一次不同，光绪这次令康有为迅速离京，不容有商量的余地（着康有为迅速前往上海，毋再迁延观望）。就像光绪并不清楚康有为在准备兵变计划一样，康有为也并不清楚这些天皇宫里发生了什么。事情发生在光绪接见袁世凯之前，而性质是比较严重的。

事情开始于光绪去颐和园。按照"重大事情事先请示"的制度，光绪皇帝去颐和园就是向慈禧请示一件比较重大的事情——开懋勤殿。

我们首先来弄清楚懋勤殿是个啥。懋勤殿是一座大殿，位于皇宫内，最早幼年的康熙在这里读书，名字来源于"懋学勤政"的意思。后来继位的雍正、乾隆等皇帝也常常把这里当书房，在读书的同时，他们会叫上一些儒学饱学之士在这里谈古论今，议论大政方针。可以说这是一处历史古迹了，而光绪的意思并不是派人进去打扫一下卫生，清除蜘蛛网，开发这个古迹。"开懋勤殿"就是要把那些支持变法的"英勇通达之才"聚集到自己身边，来参政议政。

大家一定觉得这很眼熟。不错，它就是另外一个换了名字的"制度局"。"开懋勤殿"的主意仍然来自康有为，当然折子是找官场的朋友代奏的。光绪要坚定地推进官制改革，对这样的机构十分有兴趣，而康有为也一直在动脑筋，请官场上不同的朋友（避同党嫌疑）上奏朝廷，先后提出了开议院、议政局、议政处、制度局等等。在都没有下文之后，康有为终于结合丰富的历史知识，把朝廷的祖宗都拉进来，援引他们的事例，想到了懋勤殿这个地方，既没有"议院""制度局"这些新名词让人觉得刺激，又能实际起到作用。

看来多读点历史书是有好处的，那些旧瓶子也是能够装些新酒的。

对于康有为来说，他提出开设"制度局"也好，懋勤殿也好，都是一种"公私两便"的想法。于公当然是有利于变法,这是毋庸置疑的。而于私,也大大有利于康有为这些在官场级别不够的一伙人可以围在皇帝身边,直接进入权力中心。因为在"开懋勤殿"的折子递上去之后,康有为已经叫王照和徐致靖等人开始向皇上推荐"英勇通达之才",其中就有他自己,以及其弟子梁启超等人。

自从朝廷宣布变法开始以来,对于光绪前来请示要办的事情,慈禧还没有拒绝过。但这一次不同了,慈禧不仅明确地表示拒绝,甚至连拿到大臣中去讨论都不行。光绪皇帝语气激动地争辩起来,而慈禧的态度很坚决,都没有商量的余地。

对于康有为那伙的背后操作,慈禧自然是不知道的,但这并不能排除她心里有所察觉,做了老大这么多年,官场上权力争夺的把戏应该是逃不过她老人家的眼睛。但是对康氏一伙的顾忌并不是慈禧拒绝的原因,慈禧之所以明确拒绝,来自光绪准备开设的"懋勤殿"跟之前的"制度局"还是有些不同的。

在开设"懋勤殿"之后,将会出现另外一个人。而这人让慈禧感到了深深的恐惧,这是一个连她也搞不定的人,她也十分忌惮的人。

慈禧拒绝的结果让光绪皇帝十分郁闷,他闷闷不乐,十分不安地回到了皇宫,变法以后太后第一次明确驳回了自己的请求,这个打击确实有点大,而更郁闷的是光绪并不知道慈禧为何要坚决拒绝。

第二天,光绪再次来到颐和园请安,这次是真正来请安的,不谈国事,也为昨天顶撞了慈禧表示歉意。而慈禧的态度十分冷淡,看来正是开"懋勤殿"的要求惹恼了她,她的气还没有消。

慈禧也希望她的态度能让光绪打消这个念头。

光绪再一次失望了,而慈禧的态度又让多年惧怕她的光绪感到一阵的惊恐,他有点手足无措。对于推进官制改革,他的决心是坚定的,但光绪很清楚,如果没有慈禧的同意,这件事又是做不成的,怎样才能让自己既干成这事,又不影响和太后的关系?

唯一的办法——就是想出一个"两全其美"的办法。这看上去虽然是句空话，因为当我们感觉需要两全其美的时候，一定是在左右为难。但这是唯一的选择。

光绪皇帝失魂落魄地回到了他的皇宫，然后召见了一个人——军机章京杨锐。

光绪把"两全其美"的任务交给了杨锐。没想到杨锐这一次却拒绝帮忙：皇上，这是您的家事，臣不能管。

杨锐说的是实情。按照规矩，"皇帝的家事"臣子是不能过问的，也不能评论，管了就是逆天了。最有可能的结果就是换来杀头大罪。

而光绪之所以先找杨锐，一是因为杨锐在"四小军机"中办事最稳重，另外，杨锐还有张之洞的背景，这个人是朝中的老人了，跟慈禧的关系又比较好。光绪很清楚，北京城里有什么事，杨锐是会向张之洞报告的，看来光绪是想借这两人之力。

光绪让杨锐大胆地去管，于是他写下了一道密诏交给了杨锐，表明这是皇帝让你管的，万一将来有人说你闲话，你还可以拿来当证据。

密诏写得很长，摆事实讲道理，有理有据，我们需要仔细看一下。光绪首先说明了一下慈禧对他坚决推进官制改革的反对（近来朕仰窥太后圣意，不愿将法尽变），然后中心意思仍然是表达了既不得罪慈禧，保全自己的权位，又能将官制改革推进到底的渴求（今朕问汝：可有何良策，俾旧法可以全变，将老谬昏庸之大臣尽行罢黜，而又不致有拂圣意？），这里的"圣"，指的是"慈圣"，也就是慈禧。

至于如何想出这个办法，光绪要求杨锐与"四小军机"的其他成员妥善商议（尔其与林旭、刘光第、谭嗣同及诸同志妥速筹商）。皇帝能够真正信任的人，能够成为他真正帮手的人，大概只有亲自提拔起来的这军机四章京了，深宫寂寞。

光绪虽然写的是"密诏"，但并不认为这是件不能光明正大进行的事，在密诏的最后，他规定"四小军机"们想出良策后应该走正常的程序，而他也会稳妥地来处理这件事情（密缮封奏，由军机大臣代递，候朕熟思审处，再行办理，朕实不胜紧急翘盼之至！特谕）。

看来，在最初的惶恐和不安之后，光绪的心情也平复很多，他"紧急翘盼"的，只是一个好的办法。

杨锐感到事情很重大，在走出皇宫后，他并没有把密诏着急给其他三人看，而是决定自己先认真考虑两天，给光绪一个很好的建议。

两天后，杨锐的建议出来了，他的核心意思是劝导光绪不要着急，尤其不要跟慈禧去急：皇上您遇事要顺从太后的意见，千万不要固执己见；变法应该有轻重缓急，着急不得的；提拔新大臣，撤职旧大臣，不宜太急太多。

杨锐提出的这个建议来自他一贯的主张，他的主张和支持变法的"稳健派"张之洞很相近，认为变法要稳妥地推进，不能急于求成。正是出于这个原因，杨锐和康有为的关系比较疏远，康有为嘛，大家都是知道的。在这些大的建议之外，杨锐还提出了一条实质性的建议：现在康有为已经成为了各种矛盾的焦点，大臣们很仇视他，他留在北京对变法不利，皇上您应该让康有为马上离开北京，缓和一下矛盾。杨锐把这一点当做了一条重要的建议，有关史料记载，杨锐甚至认为康有为继续留在北京会使后果变得十分严重（康不得去，祸不得息也！）。

光绪同意了，他比较赞成杨锐提出的办法，也认为必须让康有为马上离开北京，于是令康有为离京的那一道谕旨下了。这是采用"明发圣旨"的方式，公事公办，上谕的颁发是朝廷所有人都知道的。而光绪很了解，只凭这一道谕旨，那个固执的康有为恐怕是不足以认识到事情的紧迫性，不会那么快离开北京的，于是，他又想到了一个办法。

这个办法让人从私底下转达他的口谕，去劝说康有为——老康啊老康，如果你知道皇帝只是为了让你早点离开北京，既发上谕又派人私底下劝你，你的工作作风也该改改了吧。

光绪想到的这个人是林旭，因为"四小军机"中，只有林旭才是康有为真正的弟子，跟他关系最近。于是光绪把林旭找来，给了他一道口谕，要求林旭私下转告给康有为。我们把这道口谕稍微翻译一下：

我命你去（上海）办报，实在有不得已的苦衷，这不是用笔墨能写出来的，你应该速速外出，不得延误。你一片忠爱热肠，我是了解的，现在不重用你，不代表以后不用你，你应该保重身体，争取将来发挥更大的作用，我对你是有很高的期望的。

这段话令林旭也很动容，他决定马上去劝"康师傅"离开北京。这时，杨锐已经把那道密诏交给了林旭等其他三人看，但杨锐这个人确实是很稳重，他把密诏的原件交给了自己的儿子，然后给大家看的是手抄的一份。此时的康有为已经接到那道"明发圣旨"了，但还是没有离开北京。

林旭就这样带着光绪的口谕以及看到的密诏的内容去找"康师傅"。

四人绝密会议

听完林旭的讲述后，康有为立即关起门来召开了一次绝密会议。

参加这次会议的除了康有为，还有另外四个人，弟弟康广仁，两个弟子梁启超和林旭，以及对"康师傅"几乎言听计从的谭嗣同。

康有为的态度只有一个：围园杀后的计划已经刻不容缓了，必须马上执行！

变法已经到了"生死存亡"的关头，要不然皇上也不会写密诏了，不仅如此，皇上还可能有危险！变法一失败，大家就会失去一切，现在皇上第二次下旨，他康有为又不得不马上离开北京，所以时间很紧迫！

先派谭嗣同去策动袁世凯，只要袁世凯同意带兵围颐和园，事情就成功了一大半。于是根据林旭的口述，大家又抄了几份皇上的密诏，由谭嗣同带着去找袁世凯。

康有为认为，这还不够，最好的办法是让皇帝同意这个计划，明确命令袁世凯。于是谭嗣同开始写密折，这道密折是他准备"死谏"给光绪的：皇上请您在袁世凯进宫请训时，给袁世凯一道朱谕，令袁世凯率领新军诛杀荣禄，然后从天津开进北京，一半围住颐和园，一半保卫皇宫，变法大业可成。"皇上如您不听臣策，臣立即死在您的面前！"

康有为估计，皇上顶多会同意令袁世凯兵围颐和园，杀慈禧是万万不会同意的，所以密折中隐藏了计划中最关键的一项内容：诛杀慈禧。而诛杀荣禄虽然没有在最开始的计划里，但他是必须要杀的，否则袁世凯无法带兵进京。

袁世凯进宫请训的时间是在两天后（9月20日上午），这是朝廷的规矩，新提拔的官员在上任之前，需要到皇宫向皇帝"请训"。只要光绪同意了，他就可以将朱谕当面交给袁世凯。

密折虽然写好了，但还不能马上去"死谏"，这样的事情，需要的是"下面的人"先安排好了，才有报告领导的意义，如果连具体办事的人都没有策动，又如何能"策动"皇帝呢？看来，现在的关键就是能否策动袁世凯同意执行密折上的计划！

所有人都在等待夜晚的到来。

谭嗣同夜访法华寺

夜晚。袁世凯居住的地方法华寺。袁世凯还能在这里住两个晚上，他准备在请训完成后回到天津，一切看起来都很正常。

下人突然来报：军机章京谭嗣同谭大人来访！

对于这个大名鼎鼎的官二代巡抚公子，皇帝跟前的红人，袁世凯自然不敢怠慢，他把谭嗣同请入了密室。

谭嗣同的怀中藏有两样东西。

第一样东西他立即拿给袁世凯看了。这就是那道准备"死谏"的密折。

袁世凯吓得魂飞魄散，他不明白谭嗣同为什么要上这道密折，上也就上了，还把他袁世凯往火坑里推。

谭嗣同把那个"天津阅兵阴谋"告诉了袁世凯，表明这是在救皇上。袁世凯迅速冷静下来，看来目前最紧迫的，就是趁着这一道密折还没交给皇帝，阻止谭嗣同去上这道折子，不然到了那时，即使皇帝不同意，他在荣禄和慈禧那边有一万张嘴也说不清，而如果皇帝同意，他袁世凯可真是要变成炮灰了。

正准备说服谭嗣同，袁世凯突然意识到：不对呀，谭嗣同敢写这样的折子，是不是原本就有光绪的授意？

一想到这里，袁世凯又犹豫了。

谭嗣同似乎看出了袁世凯的心思，他说："我雇有好汉数十人（毕永年和他的弟兄们），已电湖南召集好将多人（由唐才常率领的另一批人马），不日可到。去此老朽（慈禧），在我而已，无须用公。只请您做两件事：诛荣某，围颐和园。公如不应允，我即死在公前。公之性命在我手，我之性命在公手。今晚必须定议，我即进宫请旨！"

袁世凯只好试探："此事关系太重，断非草率所能决定。就算您今晚杀了我，也不能决定。况且您今晚进宫请旨，皇上也未必允准呀！""我自有说服皇帝的办法，不会不准我们的计划。"谭嗣同十分坚定地回答。

袁世凯又不得不再犯嘀咕。康有为那种浪荡才子的话还可以不听，但谭嗣同等四人已经是光绪最亲近的心腹之臣，朝廷的四品大员，绝对不会乱跟他开玩笑。如果这是光绪皇帝派他来刺探自己的，自己明确拒绝，岂不是得罪皇上？

想了想，袁世凯只好说："天津的军队还有四五万人，京城里有八旗军数万，我能指挥的不过只有六七千人，如何能办成此事？只怕我军队一动，京内立刻设防，那皇上的处境不就更危险了？"

袁世凯说的是实情。谭嗣同按照他密折中的预备方案回答："您可以在动兵后，立即将皇帝的朱谕给各个将领看，同时照会各国，看他们谁还敢动？"

袁世凯觉得不能在这个问题上纠缠，皇帝的朱谕到现在连影子都没看到，谈论这些根本没有意义，将来还得落人口实。还是先稳住谭嗣同，表表对皇帝的忠心。

袁世凯真诚地说："我个人，死不足惜，只是恐怕一旦泄密，必将连累皇上。您可千万别让皇帝给我朱谕，一经纸笔，便不慎泄密。您先回去，容我熟思，布置个十天半个月，再告诉您我准备怎么办，好不好？"

对于这种官场上惯有的踢皮球方式，谭嗣同还是知道的。看来必须让袁世凯进一步相信这是光绪的意思，于是，谭嗣同拿出了他怀里的第二件东西。

这是光绪给杨锐那份密诏的抄本。谭嗣同说道："皇上很着急，我有朱谕在手，必须即刻定准一个办法，方可复命。"

袁世凯看了一眼那份密诏，心里差点叫道：你们这群办假证的！

"这不是皇上的朱谕。"袁世凯平静地指出。

朱谕是皇帝针对重大或者特别的事件亲自用朱笔写成的诏书谕旨，而眼前的这道密诏是用毛笔写的，如果是没有见过朱谕的人，可能还看不出差别，但是他袁世凯已经是副部级高官了，对于红头文件还是能一目了然的。

这时候，谭嗣同只能说明情况了："这是抄件，我用性命担保确有此朱谕。"

一听这话，袁世凯不得不仔细看了一遍，他发现一个疑问："上面只说让你们去想个良策，并没有诛荣相、围颐和园之说啊？"

谭嗣同回答："皇上这道朱谕内所称'良策'，即有二事（诛荣禄、围颐和园）在内。"

老练的袁世凯很快判断出，光绪的这道密诏实际上只是受了慈禧冷遇的一点刺激，希望四位心腹小将想个稳妥的办法，他密诏中原本就是这个意思，想想他连得罪慈禧都不敢，哪敢去杀慈禧？

不知道康有为、谭嗣同他们为什么想出来一个要兵变的"良策"呢？真是百思不得其解。

袁世凯迅速思考：既然已经基本判断兵变不是皇上的意思，这种事情是千万不能答应的，免得上了他们的贼船。虽然谭嗣同用性命担保皇上给过朱谕密诏，但他拿来的只有抄件，说明皇上的密诏也不是给他的，这就更加能说明兵变并不是皇上的意思。退一步讲，即使真的是皇上的意思，他们连真的朱谕都弄不来，怎么能成事？如果是因为不相信自己，不给看真的朱谕，那就更不能跟他们干了。

总而言之一句话：无论从哪方面考虑，都必须拒绝。

袁世凯主意已定，正考虑着要怎么拒绝谭嗣同的时候，他突然发现谭嗣同衣服里面高耸着一个东西，看来谭嗣同的怀里还有第三样物品——剑。

袁世凯突然意识到自己今晚很危险，谭嗣同可是经常行走江湖，如果明确拒绝，闹翻了，对方恼怒之下，自己很可能会被灭口！他们连刺杀慈禧的主意都想得出来，难道还怕杀个人啊。

看来，这是天上掉下个活阎王，你干也得干，不干也得干，而自己又偏偏没法干。袁世凯哭也不是，笑也不是，拿脑袋撞墙也不是。只有两个字——忽悠，接着忽悠。

"九月皇上不是要巡幸天津（天津阅兵）吗？到时候所有的军队都汇集了，只要皇上一寸纸条，谁敢不遵？何事不成？"

这话说出来连袁世凯自己都不信。果然，谭嗣同回答："等不到九月，他们就要废弑皇上了，形势危险得很！"

"太后既然下达了皇上九月巡幸之命，在这之前，必然不会有意外。"袁世凯考虑片刻后说道，他的话很有道理。

"若九月不出巡，怎么办？"

"不会更改的。为出巡的事天津方面现在已准备妥当，花了数十万两银子。而且我可请荣相力求太后，必定出巡，不会停止。此事在我，您可放心！"

此时的谭嗣同也已经明白，袁世凯这个老狐狸今晚是无论如何不能答应立即行动的，好在他没有明确拒绝，只是把时间推到了以后。谭嗣同决定用话语来激袁世凯。

"袁公，报皇上之恩，救皇上之难，建奇功大业，掌握天下事，在公此举！"说着，谭嗣同看看袁世凯，"当然，如您到颐和园告变今晚之事，杀我，害及皇上，也可得富贵。"

"你以为我是什么人！"袁世凯十分激动，慷慨激昂地放空炮，"袁某三代受国家深恩，断不至丧心病狂、贻误大局！但能有益于君国，必当死生以之！"

谭嗣同从座位上站起，向袁世凯连连作揖，"公真乃千古奇男子！"

带着复杂的心情，谭嗣同离开了法华寺。他的脚步很沉重。不知道谭嗣同是否对自己的冲动而有所醒悟，"康师傅"曾信誓旦旦地说，袁世凯绝对可以信任，只要一跟他挑明，就会立即倒入自己这边阵营中，看来袁世凯的实际表现并不是如此。

策动袁世凯不成，"死谏"也进行不下去了。看来这个计划就这么失败了。

这就是历史上著名的"谭嗣同夜访法华寺"的故事，虽然史料基本来自于袁世凯日记，但根据多方考证和种种材料分析，它是接近于历史事实的。此外还有另外两种说法。

第一种说法是，谭嗣同夜访华法寺的时候，并没有向袁世凯提出要兵围颐和园，只是商讨天津阅兵时如何保护皇上，也就是说，这把主动的兵变变成了被动的防御，否定了康有为有一个"围园杀后"的计划。这个说法来源于梁启超流亡海外后写的回忆性小说，目的是掩盖"康师傅"的阴谋，可能不符合历史事实。

第二种说法比较离奇，认为袁世凯事先就通过在北京为他跑官的徐世昌参与了兵变的阴谋，谭嗣同到访法华寺并不是意外行为，而是由徐世昌带领前来商量如何具体实施兵变计划的。他们认为，如果袁世凯没有在事先表现出一点迹象，谭嗣同不会如此冒昧地去找袁世凯。

这个说法看上去很有道理。但是这个说法的重点是想表现袁世凯后来对变法派的背叛，给袁世凯扣上一顶"叛徒"的帽子。我认为，如果说袁世凯事先有什么"迹象"，就是他原本就是变法阵营中的人，支持变法，自己干着变法的事，又加上跑官的缘故，积极向变法派和皇帝靠拢，皇帝又给他升了官，这给了康有为一个幻觉。

当然，我们也并不能排除袁世凯也有用兵变去获取更大权力的野心，但作为一个官场老手和军事将领，凭远在天津的区区7000人发动兵变成功的可能性会有多少，没人会比他袁世凯清楚。如果说他通过徐世昌知道康有为有兵变的计划，但当时变法势头正盛，为了跑官成功和在帝、后两党之间继续两头讨好等待时机,袁世凯之前并没有明确反对过这个计划甚至还开出过空头支票,这是有可能的。从在朝鲜开始,袁世凯就只有他骗别人的,什么时候让别人骗过他呢。

回来后,谭嗣同把见袁世凯的经过告诉了毕永年。

一听到这个情况,毕永年惊得几乎要跳起来,他感觉如晴天霹雳!

"事情完全失败了!完全失败了!这是何等样的事,能说出口而停止不办?公等恐怕要有灭族之祸了!仆不愿和你们同罹此难,马上就搬出南海会馆,住到别处去。我劝兄也该自谋,你不能为他们白白搭上性命、白白牺牲啊!"毕永年说(毕永年日记记载)。

毕永年当即就搬了家,离开了原先居住的南海会馆,也离开了康有为,住到不远的宁乡会馆,正是这次及时的搬家让他躲过了后来的一场血光之灾,及时逃离北京。四年后,在浙江普陀寺,有一位俗家名曾叫毕永年的僧人平静地离开了人世。

毕永年所说的"他们",就是指骄虚狂躁、野心吞天、不顾一切的"康师傅"以及他的核心团队。经过与"康师傅"的交往,就连他这个黑社会分子也看出了此人对人对己的巨大危害性。他的自以为是和铤而走险,恐怕要成为葬送变法的千古罪人。

而毕永年和谭嗣同都不知道的是,在"康师傅"那里,策动袁世凯的失败还并不意味围园杀后计划的最后失败!如果一个计划只有一种执行方案,那么就不能称为好的计划,制订计划的人也无法享受策划高手的美誉,康有为早已为这套计划设置重重的预备和保险方案,只是他心机很深,并没有把所有的一切都告诉谭嗣同和毕永年。

接下来的故事中,还将有那些隐藏着的阴谋,那些"康师傅"自认为的得意之笔。

袁世凯的惊恐

当袁世凯走上大殿时,他突然察觉:妈的,这气氛不对。

袁世凯是前来请训的，大殿里的气氛却有些莫名其妙的反常，他跪在地上，而应该发表"圣训"的光绪皇帝却很久都没有开口说话。

皇上前两次您还谈笑风生的啊？昨晚没睡好？

袁世凯眼珠飞快地转动，他突然意识到：完了，皇上可能是被人监视起来了！

皇上不开口，袁世凯只好自己开口，他说道："皇上，古今各国变法都不容易，为何要变法？原因不是有外患，就是有内忧，还请您忍耐待时，步步经理。如果操之过急，必生流弊，而且变法尤在得人，必须有真正明达时务、老成持重，比如张之洞这样的人，来帮助主持变法，方可仰答圣意。近来被新提拔的和起用的臣子中，固然不乏明达勇猛之士，但阅历太浅，办事不能缜密。倘若疏误，累及皇上，关系极重。总求您十分留意，天下幸甚！臣受恩深重，不敢不冒死直陈！"

袁世凯这些话并不是说着玩的，在他来之前，他已经给张之洞发了一封电报，说明他会向皇上举荐张之洞来京主持变法大业。这封电报发出的时间正是谭嗣同夜访华法寺的那个白天，那时袁世凯虽然还没有被谭嗣同吓到，但他已经认为如今这些人不足以成事。

张之洞的回答很有文采：本人才具不胜，性情不宜，精神不支，万万不可，千万，千万！

要是电报里能开玩笑，老狐狸估计连"肚子很胀，消化不良"都会列上了。如今敏感时期，即使是他——号称国家梁柱的人，也不想挺身而出，去蹚这浑水了！

袁世凯一阵阵心酸。变法何其难也！皇上何其难也！

袁世凯说的这一切也让光绪尤为动容，欲言又止，想说什么，却没有张口。

他默然地叫袁世凯跪安。袁世凯终于解脱了，两腿都已经跪麻，而就在袁世凯跪安时，光绪似乎毫不在意地扔下来一样东西。

这是一封普通的奏折。皇帝扔给大臣奏折，并不用多说话，意思就是让大臣按批示去办理即可。

到这个时候，袁世凯心里的一颗石头"咣当"落地了，看来谭嗣同是吓他的，皇上并不会给自己一道带兵杀进北京的朱谕。担心解除了，袁世凯脚步轻盈地走出了大殿。

可是当袁世凯把这道奏折从头到尾仔细看一遍后，他大叫了一声："不好！"

连同这封奏折一起的，还有个"附片"，附片的名字比较长，我这里就不抄录了，上这个附片的目的和朝廷一个神秘传说有关。

这就是"圆明园宝藏"传说。

话说当年的雍正爷和乾隆爷在修建圆明园时，曾经在圆明园的一些地窖里埋藏了无数的金银财宝，而这些地窖是极其隐蔽的，大概只有皇帝知道。所以大家也一直把它当作一个传言，传了几代大家也就忘了，直到一件事情的出现。

这就是1860年英法联军火烧圆明园，当时他们真的在某个地窖里挖出了价值不菲的金银锭！于是传言的可信度又进一步增强了，大家又相信在圆明园的地底下，真的有宝。

附片正是请求皇上同意去圆明园发掘宝藏，如果能挖出来，就充作袁世凯编练新军的费用（袁世凯军费吃紧）。

军机四章京写的处理意见是：既然此事和袁世凯有关（挖出来的宝藏要给他作军费），而且皇上您不是就要召见袁世凯吗，就把这事交给袁世凯去办好了，让他带一些士兵去圆明园搜索一番，能发现宝藏自然是好事，不能发现也没有损失。

毕竟只是个传说，而且也不是专门上的一封奏折，是附片说事，估计光绪对此也没多大在意，于是他在这些意见后面朱批了"照办"二字。也就是说，皇帝要让袁世凯带兵去圆明园"寻宝"。

光绪并不知道的是，袁世凯在得到这个奏折之前，已经被谭嗣同告诫：皇上会有让你带兵进京的朱谕给你！

要是在平时，袁世凯会觉得这没什么，能挖到宝还是好事。然而经过谭嗣同大人在那个晚上一闹，他已经有心病了——吓的。袁世凯现在的心病是：对于所有让他带兵进京干点什么的事情都十分警觉！

是的，这虽然不是朱谕，只是皇上批复的一道普通奏折，虽然上面没有说是让自己带兵去颐和园。但是皇上没有给我朱谕，莫非是恰恰因为可能受到监视，才改为扔下这道普通奏折的缘故？而虽然没有明说兵围颐和园，但是在袁世凯这个官场人物看来，这比明说了更加严重。

要知道官场上的很多事情都是不能明说的，也不会明说，特别是那些高层领导交代办的事，很多是要靠下属去"体会"，去达成"默契"。于是"悟性高"的下属能从领导的一个动作，甚至一个表情就能判断出领导真正希望自己干的是什么，不希望干的是什么，正是因为这样，很多领导对于他比较难办的事也不明说了——我暗示你！

更何况，即使是真的挖宝，只要带兵进京，谁知道还会发生什么事？皇上啊皇上，您别玩我了行不？我已经差不多被老康他们玩残了，再这样下去，我迟早要疯啊。

仔细一想，袁世凯又怀疑皇上被人利用了，但悲催的是，他总不能再跑回去，问一句：皇上您是不是被人利用了啊？

袁世凯心乱如麻。但他并不知道，玩他袁世凯的，并不是光绪，还是那阴魂不散的冤家——老康啊。

上这个奏折的是御史杨深秀，而出主意的是康有为。康有为以他丰富的历史知识，先让杨深秀写了奏折，然后让军机四章京写了那个意见。

袁世凯猜测得并没有错，在这平静的文字下，隐藏着巨大的凶险：

圆明园的旁边，就是颐和园！

康有为的真正计划是：只要光绪把奏折给袁世凯，而袁世凯执行光绪的命令，以"寻宝"为目的带兵入京，到了圆明园，就算袁世凯对执行"围园杀后"誓死不从，就由毕永年、谭嗣同伙同民间特种部队——黑社会分子胁迫袁世凯，解除他的武装，接管部队。然后迅速包围颐和园，杀掉慈禧，到那时候，诛杀慈禧的事实已经造成，权力掌握在变法派——准确地说是他康有为的手里，直取帝国权力中枢，接管中央领导大权，连光绪皇帝也不得不听他康有为的！

天才，天才般的计划。在这个计划中，从袁世凯到毕永年、谭嗣同到光绪皇帝本人，都只是康有为要利用的棋子，世界上竟然有如此精深的算计和机巧的心思，而这一切又是通过堂堂正正地向领导打报告来实现的，人才啊。

"你在这世界上最不能相信的，就是奏折。"——孝庄皇后。

袁世凯自然是不知道康有为的这些秘密的，现在这封奏折成了烫手的山芋，他丢也不是，留也不是，执行也不是，不执行也不是。袁世凯一直在思考这个问题：要不要把围园杀后的计划向朝廷检举告发？

对于袁世凯来说，告发还是不告发，都已经是欺君之罪。不告，欺的是慈禧这个"君"，而且将来万一事情败露，自己包庇重犯肯定死罪；告，万一这个计划真的是光绪参与过的，那么"欺"的就是光绪这个君。

难办啊！难办！如此难办之事，皆因为这个朝廷有两个婆婆，而自己夹在中间。

考虑良久，袁世凯决定还是不告。第一是这个事情太过于天方夜谭，只要自己不参与，料想谭嗣同他们也无法行动起来，事情也许就会不了了之，当作他袁世凯的一个秘密。

另外，目前局势不明，光绪虽然没什么实权，但他毕竟才是名正言顺的皇帝，而且也正在通过变法逐步收回权力，自己还是需要静观其变，继续骑墙吧，把墙当成马骑。

最后，告发对已经开始的变法很不利，这一点也是属于变法阵营的袁世凯必须想到的。

袁世凯决定先回天津见荣禄再说。之前袁世凯接到了荣禄大人的电报，要求他在请训完成后立即赶回天津面见，理由是大沽口外的外国军舰有异常举动，袁世凯必须回天津布防。

荣中堂叫自己立即回去，难道仅仅只是电报里说的那个理由？袁世凯忍不住又开始怀疑了。

毫无疑问，欢欢喜喜跑来北京升官的袁世凯并不是欢欢喜喜地回去的。

　　他从来没有像这样感到左右为难，进退不得。两派都在向他发力，两派都在利用、拉拢、收买和防备他，步步惊心，步步被人算计，可是谁都没有个明确话。谁都有一个在表面上堂而皇之让你不能不拒绝的理由——把我当面团捏啊。

　　袁世凯知道，造成这一切的原因正是在于他没有一个明确的立场，袁世凯终于体会到作为一个骑墙派的苦恼了。也许形势的发展很快就会容不得他再态度暧昧下去，再骑墙下去。如果形势逼迫自己不得不选择，自己该倒向哪一边？

　　而就在袁世凯走出皇宫之时，另外一个心事重重的人走进皇宫了。

第四章
戊戌变法失败的根源和秘密

伊藤博文介入戊戌变法

半个月前,几乎在徐致靖密荐袁世凯的同时,光绪另外一个智囊张荫桓也向他推荐了一个人,准确地说是一个日本人——伊藤博文。

在几个月前(1898年6月)日本国内的一场政治风波中,伊藤博文被迫辞去内阁总理,成为了日本的前首相,著名的下野政治家。而伊藤博文不上班后的第一件事就是来到清国,进行参观和访问。

伊藤博文为什么要来清国?如果是因为不用上班了有时间旅游,相信这个原因是无法令大家信服的,他可以留在日本去夜店泡歌伎(他好这一口),也可以去别的国家旅游,为何一定要来曾经交战过的国家——清国?

相信大家和我一样希望搞明白。

而要搞明白这个问题,需要从两个方面的原因去分析,这就是我们常说的国内国际形势(包括日本的),以下的分析有些简略,有关故事的详情我会在以后的时间进行讲述,现在让我们回到1895年清日战争以后,这之后发生了很多的事情。

1895年战后,一份媒体(《纽约时报》)的评论代表了西方各国对清日之战的普遍看法:"日本人打开了世界的眼,让人看到了清国真正的无能。"

一年后（1896年），西方国家中又开始大肆流传一种观点，这个观点在我们现在看来很陌生，在当时却是十分的有名，这就是"黄祸论"。

"黄祸论"的意思是：黄种人是世界的邪恶轴心，世界上的西方白种人必须联合起来，战胜黄种人。

"黄祸论"在西方国家中流传的原因虽然很复杂，但跟清日战争也有很大的关系，它正是瓜分清国、把清国变成殖民地的理论基础之一。

最先行动的是两个国家——德国和俄国。这两个国家勾结在一起，暗自支持，达成默契。俄国在1897年支持德国占领青岛，建立他们在亚洲的第一个海军基地；而德国支持俄国占领了辽东半岛的大连湾、旅顺。

日本人无比愤怒，辽东半岛正是俄国迫使他们从《马关条约》中吐出来的。而对于日本人来说，更加恐惧的是，他们也是黄种人。如何选择一条适合自己的道路，成为日本迫切的问题。

前面我们说过，这一时期的日本是一个奇怪的国家，它在政治体制上走的是开明专制。而奇怪的不只是政治体制，还有一个根本的东西——文化。

明治维新之后，日本国内有两种观点，一种以福泽谕吉为代表，主张"脱亚入欧"接受西方文化，全盘西化。福泽谕吉等人认为，日本只有成为一个完全西式的国家，西方国家才会"以兄弟之国待之"，不仅可以从此免受西方人的侵略和歧视，打破"黄祸论"，将来还能参与西方帝国主义阵营，分几块殖民地蛋糕。

而另外一种观点历史悠久，那就是"中华情结"。

千百年以来，日本都是以中华帝国为学习对象，强大的中华文明和威武的中华帝国彻底征服了这个民族，他们向往中华文化，崇拜中华制度，完全以中华为师。虽然进入近代以后，由清政府统治的中华帝国衰败了，但这并没有改变这种"中华情结"，而是产生了变种。

从表面上看,"中华情结"和"脱亚入欧"是完全对立的,但厉害的是这些人虽然思想对立,却都知道无论哪一方都只有一个根本目的——强大日本。表面上的观点之争,实际上是如何强大日本之争。

这个变种就是"驱除鞑虏,恢复中华",先用武力征服清国,然后由日本人来统治清国,改造清国,所有的黄种人联合起来,去对付白种人,这就是后来我们熟悉的那个词——大东亚共荣圈。

"脱亚入欧"在日本政界很火,"大东亚共荣"却在军部大受欢迎,因为这为他们侵略朝鲜和清国提供了方便,能够把侵略行动转为"正义",获得强大的思想武器。粉丝有间谍荒尾精、宗方小太郎,与军部关系密切的黑社会"共主"头山满,军部的实权人物山县有朋、大山岩、东乡平八郎等等。这些人酷爱中华文化,没事就读读《三国演义》《孙子兵法》、四书五经,东乡平八郎甚至做了一块崇拜王阳明的牌子挂在身上,时不时就翻出来展示一下。

这些人都是和军部有直接关系的人,而有一个人,他虽然不是军方人士,属于政界人士,却对"大东亚共荣"深深迷恋,他就是伊藤博文。

在伊藤博文来清国之前,他拜会了睦仁,两人秘密谈了三个小时。这三个小时会谈的内容,并没有在史料中留下记录,但很显然,伊藤博文的清国之行,"怀有不可告人的目的"——让日本的国家势力向清国朝廷渗透,为将来实现"大东亚共荣"打下基础。

而俄国和德国在清国的活动,也严重影响了世界老大——英国在清国的地盘和利益。根据国家利益的需要,日、英两国正逐步走向同盟。在日、英两国看来,为了对抗俄国,必须扶植清国朝廷中自己的利益代言人。

而朝廷掌握实权的后党一派,此时已经投入了俄国的怀抱,"向俄国一边倒"。

在《马关条约》签署时,俄国强迫日本向清国"归还"了辽东半岛,这在实际上给了李鸿章帮助,而给李鸿章帮助,就是给慈禧帮助。后党的朋友们从此开始对老毛子感恩戴德,抱着大树,涌泉相报。一年以后

（1896年）两国之间竟然还签订了一份极其绝密的《密约》。

按照这份《密约》，清国和俄国结成秘密的军事同盟关系，共同防范和对付日本，以后日本无论进攻哪一国，另外一国都要出兵。

这份《密约》是李鸿章亲自去签的，签的过程极为保密，当时朝廷只有极少数的人知晓。签好的文件装进保险柜，直接放进慈禧的卧室里。

《密约》看上去很完美，在朝廷看来，终于找到了一个大哥来防范日本再一次发起战争。不过，这份《密约》才是俄国人真正的阴谋，在签署这份《密约》的过程中，李鸿章上了俄国人的大当。在《密约》签署一年以后，俄国就露出了真面目，在德国的暗中支持和配合下，趁机侵占了清国辽东半岛的重要港口旅顺、大连湾。

朝廷吃了哑巴亏，但已经是骑虎难下，只好吞下苦果，外交政策还不得不继续向俄国倾斜，只能寄希望于将来能摆脱这位既蛮横又狡猾的大哥。

对于前来插一杠子的日、英两国来说，由于朝廷后党已经投入了俄国人的怀抱，必须扶持帝党，扶持变法派。变法派虽然目前实力较弱，但在青年官吏与知识分子中拥有大量信徒，这很有扶持价值。

而帝党也很需要日、英两国，这是怎么回事呢？

清日战争之时，帝党是极力主战的，也就是说日本是他们眼里的头号敌人，恨得牙痒痒。但是，后党一派也是他们在朝廷中进行权斗的对手，所谓"对手的朋友是自己的敌人，对手的敌人则是自己可能的朋友"，既然俄国已经成为了后党一派的朋友，日本成为了后党一派的敌人，那么，对于帝党一派来说，让李鸿章在和谈中蒙羞的日本以及英国，又从原来的敌人，变成了可能的朋友！

朝廷的权斗不仅波及国内，还漂洋过海影响着国际关系。事实上朝廷的外交之所以没什么规律和章法，就是因为和国内的权力斗争有着紧密的联系。

既然双方都有需求，需求很强烈，很想马上就满足，那么还需要一个中间人，在来到清国的伊藤博文和光绪皇帝之间牵线搭桥，这个人会是谁?

他就是张荫桓。

在朝廷的部级高官中,张荫桓是少数几个"见过外面的世界"的人之一,他曾担任清国驻美国、秘鲁和西班牙大使。纽约自由女神落成仪式时,他有幸成为唯一受邀到场的清国人(1886年),一个人拖着辫子很是拉风。1897年还曾经代表清国在伦敦出席维多利亚女王继位60年的庆典,女王也看他的辫子很帅,给了他个大十字骑士勋章。张荫桓的英语说得很流利,向往西方世界,和英国驻北京公使窦那尔关系密切,在朝廷中是著名的"亲英派"。

亲英就是亲日。虽然三年前签署《马关条约》时,张荫桓被伊藤博文结结实实羞辱了一顿,但相逢一笑泯恩仇嘛,过去的恩怨就不用多说了,大局为重。张荫桓决定把伊藤博文引见给光绪皇帝,交流一下明治维新的经验。

总理衙门把这一天定在9月20日,光绪皇帝在接见前来请训的袁世凯之后,接着接见伊藤博文。

而伊藤博文的到来,也让另一个人"密切关注",他就是康有为。此时的他正在制定"围园杀后"的计划,但是伊藤博文的到来又让他看到另外一个机会。

康有为认为,对于伊藤博文这样的大人物,好不容易来到清国,只交流经验是远远不够的,朝廷应该留住伊藤博文,由他来指导清国的变法——伊藤博文既然能领导日本明治维新成功,也必定能够发扬国际主义精神,帮助清国搞好变法嘛。

而聘任伊藤博文的机构就是懋勤殿。在康有为看来,懋勤殿一开,除了聘请他这样的国内顾问,还可以聘请伊藤博文这样的外国顾问。当然,也不能少了英国人,康有为已经叫他在上海的一位英国传教士朋友(李提摩太)来京"候命",等待入值"懋勤殿"。如此一来,这样国内国际的顾问都有,"懋勤殿"就更加有要开设的理由。他康有为也可以不日在皇上身边办公了。

于是，康有为一边动用他的官场朋友上奏折，要求朝廷开设懋勤殿，聘请国内国际顾问，一边在媒体上大肆炒作。康有为看来，这是值得炒作的，至少要借伊藤博文在明治维新中的影响力，壮大一下变法派的气势。

光绪对于开设懋勤殿和聘请伊藤博文都十分有兴趣。开懋勤殿可以继续推进官制改革，而聘请伊藤博文，对光绪来说似乎也是没办法：一场他亲自发动的变法，本国人不支持，请不动本国人，就只有去请曾经的仇敌日本人吧。而更重要的是，如果能让伊藤博文参与，等于取得了日本和英国的强力支持，对自己和对变法都十分有利！

只可惜慈禧比他更精，正是伊藤博文的原因让慈禧严厉地拒绝了光绪开懋勤殿的请求。

接下来的事情我们知道了，光绪皇帝受了一点打击，写密诏给杨锐，接受杨锐的建议，第二次命令康有为离开北京。而康有为他们按原计划实行围园杀后，谭嗣同夜访袁世凯，直到袁世凯进宫请训完成。

而在这些天里，拿伊藤博文来炒作变法的气氛更加狂热，马上就有人上奏称仅仅聘请伊藤博文为顾问是不够的，应该让他担任"相"（国务院总理），然后再有人认为这还不够，为了更好地发挥这些国际友人的作用，清、日两国，或者干脆清、日、英、美四国应该成为一个"合邦"，大家结成同盟，亲如一家，那些外国人也就会真心出力，事情也就好办了。

这些消息严重地震动了颐和园里的慈禧，她感到了一种从来没有的恐惧！

慈禧的恐惧

在慈禧看来，伊藤博文不过是一个探路者，如果变法派和皇帝认为日、英两国真心来帮助清国搞变法，或者真的会与清国结成盟国，那真是太天真了。与俄国结成同盟《密约》的合同就摆在她的床边，没有人比慈禧更清楚，跟这些列强的"合邦"或者同盟，实际上只是会让朝廷接受别的国家的控制，与俄国结盟就是最好的例子。日、英两国只不过也想和俄国一样，试图来渗透势力，捞点好处，甚至控制朝廷。

如果光绪真的采纳这些人的建议，朝廷的外交政策就要做出重大调整，慈禧将不得不承受来自俄国方面的巨大压力，但这还不是她最恐惧的。

她最恐惧的是：至少目前为止，日、英两国的势力并不支持她。这跟俄国很不一样。

对于慈禧她老人家来说，只要有一支还听她话的军队在，国内的人包括皇上再怎么玩，她都还有信心掌控，所以她基本可以在朝廷一手遮天，指东打东，指西打西。变法期间看似光绪当家了，实际上光绪如果采取什么慈禧不能容忍的新政，任用不能容忍的大臣，她发句话即可，光绪就得马上去办——就连翁同龢这样的军机大臣，都是她下一道懿旨就给免职了，但慈禧也有她害怕的东西。

她唯一惧怕的就是外国人。"只要不涉及洋人，就没有我办不成的事！"这是老人家的公开名言。

如果说之前的权斗，不论如何你死我活，都还是窝里斗，慈禧对掌控局面还有很强的自信，那么，她现在很是担心一个她搞不定的外国势力的介入将是对她权力安全的极大挑战，她只能认为到那时自己对朝廷的控制也就到头了——搞不定的外国势力会搞掉她至高无上的皇权。

这是她真正惊恐的地方。

甚至问题的严重性不止如此。在心腹奕劻等人看来，这还将是一场"和平演变"，一旦按明治维新的模式走君主立宪，朝廷权力无疑会被转移到新兴的汉人手中，而那些人只是一些不负责任的政治煽动家，比如康有为。到那时，连光绪皇帝也会被架空，列祖列宗的江山就要变色，

朝廷就要走改旗易帜的邪路，这与改朝换代已经没有两样了！

是啊，这个问题慈禧也不得不考虑。变法的初衷之一是抓紧皇权，而不是要丢掉皇位！

一直以来，慈禧对变法有一定程度的支持，这种支持是建立在她认

为还能对朝政控制——大权还在她之手的基础上,也是建立在列祖列宗的江山不变色——还是爱新觉罗家天下的基础之上的。而光绪这小子玩着玩着,似乎也把自己给玩进去了,难道他忘了他还是爱新觉罗的子孙?就算站在变法的角度,朝廷需要伊藤博文这样的人,但不需要伊藤博文本人。

"我必须要去管一下了。"慈禧对自己说。

而颐和园里早已经是一片热闹。当变法派们利用伊藤博文狂热地制造舆论之时,意识到权力危险的王爷们和大臣们纷纷涌入颐和园,他们开始反击,上奏折的上奏折,哭诉的哭诉,中心意思只有一个:太后您老人家不出山已经不行了。

李鸿章的反击

首先做出反击的是李鸿章。与俄国的《密约》是他亲自签的,一旦朝廷转向日、英,他不仅将彻底遭到排挤,从此靠边站,而且还将遭到调查和清算。

替李鸿章出面的,是一个叫杨崇伊的人,这个人不仅是朝廷御史,还是李鸿章儿子的亲家,他给慈禧上了一道奏折。

这道奏折的核心意思是:形势严峻,皇太后,请您老人家即日起开始训政吧。

而另一伙人开始哭诉,等终于哭完后,擦擦眼泪给太后讲了个故事。这个故事是:皇太后您危矣!日英两国已经联手,在必要时候,会用武力支持伊藤博文掌控清国朝政,再扶持变法派上台,建立亲日英的傀儡政权。传言康有为已经蛊惑了伊藤博文,请伊藤博文命令天津大沽口外的日本军舰派兵进京,包围颐和园,劫持太后送上军舰。伊藤博文同意了,只提出了一个条件:光靠你们说的这些日本还无法行动,必须在皇帝接见我的时候,亲口向我提出这个要求。

按照这伙人的意思,慈禧不仅要立即临朝训政,而且还要废去光绪皇帝。因为康有为"很可能得到了皇上的授意"。

在伊藤博文进宫之前，康有为是去拜访过他（跟皇上没有关系），而伊藤博文的日记里并没有留下上述内容，所以我们只能认为这是在造谣。但是，日记里没有公开记录并不等于这件事没有发生，因为从种种迹象上看，凭空捏造这个谣言也很有难度。康有为既然可以利用袁世凯在京城制造混乱，也可以利用日本人，这不过是日本人版的"围园杀后"，看来康有为为他的计划设计了袁世凯和伊藤博文的"双保险"。

康有为啊康有为，你真行。

慈禧对这个谣传是半信半疑的，不仅因为现在京城里到处是谣言，而且因为她对造谣的这伙人并不信任，这伙人貌似忠心，掌握大权，却并不在慈禧的信任范围之内。他们将很快露出自己的面目。

对于谣传，她需要证实，不信谣，不传谣，这也是一个统治者的素质。但是对于光绪即将接见伊藤博文，她必须监控。局势已经到了十分紧急的关头，如果她再不出手，向日、英等国证明只有她才是严格控制这个国家的主人，以此绝了列强们蠢蠢欲动的那颗心，一切都将变得无可挽回！

所以，必须赶在光绪和伊藤博文见面之前，从颐和园回去看一下情况。

慈禧并不知道，她这一去，就再也没有回头路。

变法无疾而终

按照总理衙门制定的时间表，光绪接见伊藤博文的这一天是9月20日，在接见入宫请训的袁世凯后，他将和伊藤博文会面。

9月19日，慈禧从颐和园动身，回到了皇宫。

袁世凯的猜测没有错，光绪接见他时，御座背后，坐着慈禧派来监听的太监。

接下来接见伊藤博文，慈禧亲自坐到了御座后面。

9月21日凌晨，光绪被太监从龙床上叫起，来到大殿，去参加一场政治高层的小范围会议。

他是来参会的，也是来听训的，说直白点就是来挨骂的，因为他已经犯了错误。

大殿上灯火通明，慈禧坐在御座上，满族王爷、军机大臣等朝廷高层站在一侧，只有光绪孤零零的一人跪在另一侧。

慈禧开始了对光绪暴风骤雨般的痛骂。

光绪又变回了那个惊恐的小孩，只敢跪在地上，偶尔心急争辩几句，但一切无济于事。

骂完了，出完了气。王公大臣们向慈禧跪下，高呼："恭请太后临朝训政！"而慈禧没有说话。

沉默，这个时候绝对要保持沉默，一定要有风度地沉默。

"请太后临朝训政！"光绪微弱的声音传来。

是啊，这话必须等皇帝亲自开口说啊。

结束了。在一场政治高层的小范围会议之后，一切都结束了。慈禧宣布，因为光绪还不足以担当国事，她将重新出山，采取临朝训政的方式来亲自指导光绪处理以后的朝政。

虽然过去很多的书中都把这个晚上发生的事情称作"政变"，但从种种迹象看，这实在不能称作"政变"，权力本来一直在慈禧手里，只不过以前是在风景优美的颐和园，通过光绪的"事先请示和事后汇报相结合的制度"来遥控，现在换了一种方式，以后需要亲自来办公室上班。

对于光绪来说，这对他也改变不大，甚至还可以说是更好，反正以前要请示汇报，现在换成当场指导，不用辛苦跑颐和园，更好。如果光绪夺权成功，那才是真正的政变嘛。

朝廷最高层（宫廷里）的权力斗争终于取得了平衡，皇帝没有多大的损害，太后没有多大的损害，大臣也没有多大的损害，热闹之后，一切照旧，朝廷继续运转。然而政变没有发生，变政却是实实在在发生了，光绪既然犯了错误，那么他推行的变法自然要停止，在宣布变法开始后的103天里颁布的大部分政令要废除，朝廷的大政方针又将回到老路上。只有那曾经令多少人热烈讨论、欢欣鼓舞、雄心万丈的变法，真正受到了损害。

而虽然这个晚上发生的事情称不上政变，朝廷内部却一直存在着一个政变的图谋，主导他们的正是那伙一直在造谣的人，一群特殊的人，关于这些人以及他们的图谋，我们将在接下去的故事中揭晓。

步军统领衙门接到了捉拿康有为和康广仁的命令。康有为的罪名是"结党营私、莠言乱政"，而且以前"屡被人参奏"，即行革职捉拿，交刑部按相关条律治罪。至于康广仁的罪名，因为他是康有为的弟弟。

南海会馆里只抓到了康广仁。9月19日，在谭嗣同夜访法华寺的第二天，康有为在安排好一切后，终于乘火车去了天津，然后在天津乘轮船去上海。在上海，康有为并没有能够上岸，听到消息的英国人将他从船上截下，送往香港。为了防备朝廷大内密探的刺杀，康有为被英国方面安排在皇家香港警察署里居住，躲过一阵时日后，他将去日本，开始漫长的海外流亡生活。

康有为终于用这种方式离开了北京，离开了朝廷的政治舞台，我们再见到他的时候，已经是在海外的场合了。

康有为是一个复杂的人，他有惊世的野心，也能勇敢地立于时代潮头。他常常被认为是一个变法的"激进派"，但所谓"激进"和"稳健"有时也是很模糊的，也很难去把握这个度，稳健的另一个代名词可能是保守，激进的另一个代名词可能是勇敢。事情做成了可能被认为是稳健，没做成又可能被认为是激进。只是，理想激进一点没有关系，但做事情是不能也无法激进的，因为它需要的是踏踏实实的过程，做事情的激进，恰恰是骨子里害怕作长期努力和长期斗争的准备。

而当这些事情是百姓的公共事务——政治时，更需要用程序的正当和正义来保证结果的正当和正义。康有为的很多想法，看上去是都是创新的"建设性意见"，而实质上也只是他翻翻书本、拍着脑袋想出来的，没有经过大范围的征求意见和讨论，没有重视其他人，甚至没有经过自我的科学论证，就急于出炉，这又和以往官僚集团的人治并没什么区别，反而陷入搞阴谋搞党争的嫌疑。

由于不懂得程序正义的重要性，康有为始终没有跳出自己的世界。他一直沉浸在自我悲壮的角色里，他把自己当作民意的代表，而且是唯一的代表，在康有为看来，似乎其他所有的人都反对变法，只有他在为了天下苍生而奔走呼号，受苦受难。在这样的心理驱使下，加上那惊天的野心，很容易做出极端的举动来。

康有为喜欢利用媒体，这本来是一种相对于旧时代的"现代化"的行为，但是他的利用媒体也就是为了实现自我目的的炒作，而没有真正把媒体纳入到普及变法常识，进行"现代公民意识"启蒙的作用中。这一切其实还是来自于康有为对于"现代"并没有深入的认知和了解，他的头脑仍然是旧式的，只不过比那些更旧的新了那么一点点而已。

多年以后，在变法期间被光绪接见过的另外一位大知识分子严复，评价起康有为在戊戌变法中的作为：上负其君，下累其友，书生误国，庸医杀人！

而康有为的可贵或者可爱之处在于他的坚持。他是作为一个斗士横空出世的，他一直在战斗，不怕困难，不怕失败，不为任何人和任何事情所动，如泰山般屹立不倒。流亡海外后的康有为以光绪给杨锐的密诏为蓝本，伪造了一份光绪给他的"衣带诏"，从此在海外祭起"奉旨救驾"的保皇大旗。多年前，他因为鼓吹变法而"超前"于当时的时代，多年后他又因保皇而"落后"于当时的时代。但康有为就是康有为，他相信自己的选择，也坚持自己的选择，哪怕最后众叛亲离，连最亲密的弟子梁启超都跟他决裂了，他仍然怀着至死不渝的战斗精神，为他的选择坚持了一辈子，正确也好，错误也好，他都把它们坚持成了一种传奇。他一直站在那里。

好吧，对于慈禧来说，该处理的都已经处理完了，接下来，该上班的上班，该开会睡觉的开会睡觉。有关史料记载，慈禧在9月21日当天甚至还回了一趟颐和园，朝政又趋于平稳，这场风波似乎已经平息。

由于步军统领衙门报告康有为没有抓到,要求在天津缉拿康有为和防止他从天津出逃的电报发给了直隶总督荣禄,然后,慈禧派出了杨崇伊到天津向荣禄通报北京的情况。

杨崇伊去往天津。而正是这次平常的天津之行,又让原本趋于平静的朝廷局势,再一次掀起波澜,风云突变!

袁世凯的秘密

前一天(9月20日傍晚),有一个人坐着火车,失魂落魄地回到了天津。

他就是我们熟悉的袁世凯同志。

如果这时候有人遇见他,见到的一定是一个目光呆滞、神情恍惚、心事重重的人。事实上从回天津开始,那个问题还在困扰着他。虽然在北京没有向朝廷检举告发,但马上要见直属领导,难道还不该说出秘密吗?

这个问题像胸口揣着一颗炸弹——还是高灵敏度的,折磨着袁世凯。直隶总督府,袁世凯见到了荣禄。他并没有说出那个秘密,虽然袁世凯怀疑荣禄叫自己请训完后立即回津,应该不只是为了"布防英日军舰"这么简单,很可能听到了什么风声。但袁世凯仍然压制住满腹的心事,藏住内心的秘密,在直属领导面前,硬生生地将心头巨石若无其事地憋回去,这需要多么强大的内心啊。

荣禄把袁世凯急着叫回来,就是想看看他被光绪突然提拔后对自己的态度。因为袁世凯是他手下的军事将领,皇上越过自己直接提拔,荣禄大人当然会起疑。不过,消除领导的这个怀疑对袁大人来说并不是难事,要知道在人前表演正是他的特长啊,他的态度比以前更加谦恭,更加表现忠心,这一切都说明他仍然是荣中堂的人。

荣禄十分满意,两人谈了一些"布防英日军舰"的事情,会见结束了,袁世凯走出直隶总督府。一夜无话。

杨崇伊到达天津

杨崇伊的行程和目都是保密的，但是，这一切仍然没有躲过袁世凯的眼睛。从在朝鲜时期开始，他一直都是搞情报的高手，天津城以至总督衙门里，都有他的情报人员。袁世凯终于在第一时间里知道了杨崇伊来天津的目的，也知道了这天凌晨皇宫里发生的变故：太后临朝训政，更重要的是：康广仁已经被捉，康有为被通缉！

这个消息对袁世凯来说简直是晴天霹雳！一旦康广仁供出围园杀后的计划，也供出谭嗣同曾经就这个计划找过他袁世凯，那么，他袁世凯就不仅是包庇之罪，还会惹上合谋的重大嫌疑，到那时只怕没有人能救得了他袁世凯！

所以必须立即向荣禄报告自己在北京遇到的一切！不再做任何隐瞒！立即汇报，全部汇报！耽搁一分钟也不行！

袁世凯马上意识到自己要告别骑墙派的生活了，从此必须坚决拥护以太后为核心的朝廷领导，紧密团结在慈禧的周围。皇上啊，这不能怪我，皇宫里的结果都出来了，我还能骑墙吗？先自保吧。

袁世凯走向了直隶总督府。

当袁世凯来到总督府时，他发现这里的气氛似乎很紧张，总督衙门里增加了许多卫兵。康有为早已经是荣禄眼中的危险分子，当初可是说过要杀一品大员的，现在他有可能逃到天津，荣禄不得不防！

袁世凯跪在地上，向荣禄告发一切。

他首先说起了关于天津阅兵的那个谣言，也就是荣禄会在九月天津阅兵时，按照慈禧的旨意杀掉光绪，袁世凯强调谭嗣同是因为这个谣言，才来找他的。

这样的大罪，即使是莫须有，荣禄也担当不起，必须澄清，果然荣禄大惊失色，立即发誓："荣某若有丝毫犯上心，天必诛我！"

成功了。对于袁世凯来说，这是他的第一步。虽然是根据事实全部汇报，但汇报也是有技巧的啊。他已经成功地把荣禄绕到这件事情里，也就是把领导跟自己捆绑到了一起。接下来自己的洗脱也就轻松一些了。

"求荣相做主！"说完法华寺之夜发生的一切后，袁世凯长跪不起，诚惶诚恐。

"昨天为什么没报告？"荣禄严厉地问。

一听这话，袁世凯大哭，哭得几乎断气，边哭边诉："荣相啊，这个计划是与皇上毫无关系的，如果连累了皇上，我只有喝药自杀了。"（此事与皇上毫无干涉，如累及上位，我唯有仰药而死耳）

袁世凯这话是在暗示他考虑到围园杀后计划可能涉及光绪，所以他才不好处理。这个理由正大光明，荣禄也无法反对。而接下来估计就是向荣禄表表忠心了。

此事关乎皇上、社稷，利害关系极大，说句犯上的话，不是世凯能担当，也不是荣相您一时能方便处置的。好在虽有小人们结党煽动，但世凯决不为其所动，世凯思来想去一夜，虽然觉得那帮小人们翻不了天，起不了风浪，但还是应该来主动告诉您，荣相一定要为我做主！

袁世凯有向荣禄表忠心的本钱，因为他知道，荣禄一定不会真正为难自己的，荣禄一直很欣赏袁世凯的才干，而且把袁世凯当作他的心腹。果然，荣禄让袁世凯站起身来，他表示不再追究，而且就算以后慈禧再追究起来，他也会竭力开脱。

危险解除。在走进总督府之前，袁世凯就知道，说出事实很重要，但更重要的是向荣禄表忠心，现在目的达到了，荣禄大人不再追究，结局很完美。

更重要的是，有了荣禄的保证，将来在慈禧那里也是安全的，如果荣禄不为他说话，根据隐瞒了这么多天的表现，慈禧一定会怀疑他——即使不怀疑他参与合谋，也会怀疑他首鼠两端，两面讨好。而荣禄是慈禧最信任的心腹之一，他开口比什么都管用，甚至比事实还管用，要知道在这个专制朝廷里，越往高层，就越是对人不对事。

真是一个好演员，站起身来的袁世凯拍了拍身上的灰暗自庆幸。

关于袁世凯的告发过程一直是个历史谜案。袁世凯把进北京后开始的这段经历写了一部日记——《戊戌纪略》，以上的讲述也重点参考了《戊戌纪略》，但《戊戌纪略》也有问题，因为它并不是真正的"日记"，而是袁世凯在事后"补记"的。写这些日记的目的有两个，一是给当时的人看——消除慈禧和后党对他的怀疑，二是留下大部分的事实给后来人看，因为他知道：历史一定会同情这场变法，同情光绪皇帝。也许对于袁世凯来说，变法才是正义的，同情变法，支持和推进变法，这才是他袁世凯内心最真实的态度——这些当时不能说，就让后来人去了解吧。

经过多方面的论证，以上的讲述应该是最接近历史事实的。这个历史事实就是：不是袁世凯的告发导致皇宫里事情的发生，而是皇宫事情的发生导致了他的告发。袁世凯同志是在自己有掉顶戴甚至掉脑袋危险的时候走进了直隶总督府，相信这是每一个官场人物在遇到这种情况时共有的选择。我们不能苛求袁世凯为了变法大业连自己的命都不要了，我们不能排除他在告发之前有自己利益的考虑，但无论出于什么原因隐瞒，他都在事实上站在了光绪和变法阵营这一边。

三年以后（1901年），那个将变法大业重新开始，把戊戌变法想做却做不到的事情去变成现实的人，正是袁世凯。

然而，袁世凯的告发虽然没有导致皇宫里事情的发生，却直接导致了另外一件事情的发生，让原本只是骂了骂皇帝、开个高层内部的小范围政治会议，变成了一个更加严重的社会事件——流血。

杨崇伊把这个情况带回了北京。

戊戌六君子

感到恐惧的慈禧马上做出了反应，她下令将光绪身边十多位太监全部抓起来杀掉，这些太监原本就是她安排的眼线，而眼皮底下谋杀的阴谋竟然没被发现，她怀疑这些太监不忠。

然后慈禧命令将有重大合谋嫌疑的光绪囚禁在西苑（今中南海）一

座四面环水的孤岛——瀛台。等抓捕到乱党，审讯查明光绪是否合谋后再进一步发落。

抓捕的范围迅速扩大，第二份通缉令名单迅速增加九个人：

> 户部侍郎张荫桓
> 军机四章京谭嗣同、林旭、刘光第、杨锐
> 礼部侍郎徐致靖
> 礼部主事王照
> 监察御史杨深秀
> 康有为弟子梁启超

王照和梁启超成功地逃到了日本大使馆，在日本人的帮助下化装去了东京，他们将在那里与康有为会合。而其他人员全部落网，加上之前的康广仁，步军统领衙门共抓获八个人。

荣禄来到了北京，他来北京带有一个重大任务：劝说慈禧不要审问这些乱党，立即杀头。

朝廷的嫌疑犯在抓获后，必须送到刑部审讯，按照《大清律》治罪，这是必经的程序。不经审讯就杀头，这可是大清开国以来未有。而在荣禄的劝说下，慈禧竟然同意了，八个人不审不问，直接绑赴刑场杀头。

一切的原因都将在接下来的故事中揭晓。

排在必杀名单第一名的是张荫桓，这并不是因为他的级别最高。慈禧亲自把他列在斩首第一名，张荫桓直接将伊藤博文引荐给光绪，这犯了慈禧的大忌，必须杀掉他。

然而英国驻北京公使窦那尔代表英国政府警告朝廷：必须留下张荫桓，如果慈禧太后坚持要杀，英国将可能会对清国动武！

看来英国要留着这面"亲英"的旗帜。

慈禧忍下了，慈禧只好又一笔划掉张荫桓的名字，改为流放新疆。但这种隐忍只是暂时的，慈禧对张荫桓的心头之恨并没有消除，两年以

后，在一个终于不怕得罪列强的时刻（1900年），慈禧下令将张荫桓在新疆秘密处死。

李鸿章也开始行动了。徐致靖的父亲和李鸿章是科场同年，并且还帮助过李鸿章。当时徐致靖的父亲和李鸿章同场进京赶考，李鸿章在考场上突发疟疾，全身发抖，连笔都拿不稳，徐致靖的父亲在自己交卷后，帮李鸿章誊抄好了卷子，李鸿章这才高中进士。对于这份"恩情"，李鸿章是不能忘的，他要去营救徐致靖。

李鸿章找到了荣禄，请他在慈禧面前求情。荣禄告诉慈禧，徐致靖是个教育部的书呆子（事实如此），他搞变法纯粹就是瞎起哄，也没有参与谋杀阴谋，请太后饶过他吧。

徐致靖的名字也被勾掉了。

斩首名单上还剩下六个人。

当官兵前来抓捕的时候，谭嗣同正在浏阳会馆里平静地等待他们的到来。

谭嗣同是湖南浏阳人，作为湖北巡抚谭继洵家中唯一的儿子，也是唯一的孩子，按常理说，这个官二代完全可以过上养尊处优的生活，驾着豪华马车，在马路上横冲直撞，撞到一个人说我爸是那啥，然后嚣张地扬长而去。

但谭嗣同不是这样的人。他虽然物质条件优越，精神上却一直很痛苦。

谭嗣同的母亲原本还生下过三女一子，但都先后夭亡了。最痛苦的一次经历在1876年春天，那年的北京爆发一场流行性疾病，当时谭家正在北京，五天内一连夺去了谭嗣同母亲、二姐以及兄长三个人的性命，谭嗣同也在昏迷了三天后才醒过来，他的号"复生"，就是指的这次变故。

厄运还没有结束。在谭嗣同结婚后，他的老婆曾经给他生过一个儿子，却也最终夭折，谭嗣同就这样成了只有父亲妻子，没有兄弟姐妹，也没有孩子的人。

频繁失去亲人对谭嗣同打击沉重，但谭嗣同是一个很讲义气、十分善良的人。1884年，19岁的谭嗣同离家出走，采用徒步旅行的方式，游历了大半个清国，一路风尘仆仆、晓行夜宿，只是在偶尔的时候搭搭牛车，宛如一个刻意修行的苦行僧。这次旅行对他来说影响长远。

在游历过程中，他观察风土人情，行走边野乡村，结交民间侠士，和卑微的百姓们无话不谈，他终于发现了"外面的世界"，一个他在北京等繁华大城市见不到的世界，一种和天生富裕不同的草民生活。

当谭嗣同来到自己的世界之外时，他才发现一个不一样的清国，但这才是真实的清国。真实的清国没有它应该有的活力，而是暮气沉沉，洋务运动已经进行了二十多年了，而大部分地方都没有分享到这种成果。大部分的清国人是一群沉默、疲倦和迷茫的人。他们有生存的压力，遭受地方官吏的各种盘剥欺压，但无处伸张。

谭嗣同把这一切归结于——专制。虽然他的父亲是省部级高官，他是官二代，但对专制的批评毫不客气。

在接受光绪的召见之前，谭嗣同以江苏候补知府的身份住在南京，闭门写书——以19岁那年旅行的见闻为基础，整理自己的所思所感，他给这本书起了个好听的名字：《仁学》。

在《仁学》中，谭嗣同将他对腐朽朝廷的愤怒全部指向了专制：

"两千年来，专制制度为大盗之政！"

"专制君主为独夫民贼！"

"若君不能为民办事，亦可共废！"

然后谭嗣同等到了一个机会，这就是徐致靖向光绪保举他成为变法之人，谭嗣同来到了北京。他的内心充满着兴奋，因为他知道这是一个机会，正因为朝廷专制，所以需要改变，需要变法，他必须去实践这样的变法，为变法做一切的事情，哪怕是冒险。

真正参与到变法之中后，谭嗣同才感到了真正的苦恼。他有满腔的热血，他有不懈的精神和坚定的决心，但是，变法需要的似乎并不是这些，现实总让他处处碰壁，那种无法实现理想、突破现实的无力感深深地折磨着谭嗣同。

他把康有为当作了偶像，也当作了救星。康有为学识渊博，又享有名气，谭嗣同认为只要按照康有为的想法去做，变法是一定能够成功的。为了这个成功，他什么方法都愿意去尝试，什么风险都会去冒。在谭嗣同看来，变法只能成功，无法失败，因为百姓们折腾不起。

他带着杀掉慈禧后可以顺利实施变法的愿望走进了法华寺。

当步军统领衙门前来抓捕时，谭嗣同有很多机会可以逃走，他甚至已经去了英国和日本公使馆，却又自己走了出来。他只希望梁启超去出走日本，"没有远走的人，无以图将来"，他希望梁启超做行者，让变法火种薪火相传，而他自己，已经抱有必死的决心。

专制制度，虽为大盗之政，但是它是一时无法消除的，梦想中为了天下苍生的现代政体，一时无法建立，谭嗣同终于明白了这样的事实。事实令人心碎，但是，也激起了他另外的信心和愿望。他相信这一天一定会到来，此时看不到没有关系，总有一天，它会到来。

让我的头颅和热血去祭奠这场变法吧，只有我为变法死，变法才不会因我们而死。让我，让我们的变法成为最深刻的教训和思考留给后来之人！

是的，千年以来，变法的结局常常是失败和流血，但是变法的目的不是流血，而是避免流血，破解变法即失败、失败即流血的千年难题，留给了后来者。

谭嗣同抱着必死决心的第二个原因是因为光绪。"没有死去的人，无以酬圣主"，对于光绪皇帝，谭嗣同有着无可言说的愧疚，当年那个大骂皇帝为"独夫民贼"的人，已经把光绪当做"圣主"了。这绝不是因为光绪重用了他，而是因为一场本来可以做好的事，他却犯下了严重的错误，这样的错误，已经连累了皇上，使皇上被囚禁瀛台，甚至有生命危险，谭嗣同悔之晚矣！

谭嗣同去日本和英国公使馆，并不是为了他自己，而是向外国人说明，即使变法失败，保全光绪对他们也是十分重要的，外国人讲究利益，谭嗣同就说清楚他们的利益,请他们答应一旦皇上有危险时,设法营救皇上——我们将很快看到谭嗣同这种努力的结果。

就这样吧,我已经尽力了。我的理想我自会来坚持,当坚持不下去了,相信也会有后来者,而我的错误只能由我承担。对于每一个我合作过的人,我都会对他讲义气,对于每一个我对不起的人,我都会负责任,哪怕他是皇上。这就是我的选择。

杀身成仁,舍生取义!仁者,对天下人之仁也,义者,对周围人之义也,这不需要多少豪言壮语、多少惊天动地的行动,只需要一种选择与坚持。

他虽然是官二代,但他更关心草二代;他虽然行事鲁莽,但敢作敢为;他虽然性格冲动,但恩怨分明;他或许不是一个天生的政治家,不是一个合格的变法家,但他是一个有烈士气节的人,一个敢于承担结果的人,一个有着自己原则的很真实的人。他可以不死,不死,并不算错,没人可以责怪他,可是死了,却突然凸显了意义。英雄与凡人的分野就在这里,他不仅要为自己总结,也要为天下人总结,为"天下为公"总结。

从某种意义上说,谭嗣同是一个平凡的英雄,一个值得敬佩的人。

谭嗣同的出现给这场变法带来了黑暗中的光芒,这微小的光亮,照过了多少野心与权谋、多少算计与圈套,让它们都在光亮下显得荒谬和渺小。多年以后的人们再次谈起这场变法时,一定会提到谭嗣同,因为他也埋下了勇敢与正义的种子,留下了热血和希望!

"有心杀贼,无力回天,死得其所,快哉!快哉!"

9月28日,刑场上响起了谭嗣同洪亮的声音。

谭嗣同、林旭、杨锐、刘光第、杨深秀和康广仁,六君子皆被杀于菜市口刑场。

真正的政变

行刑完毕。军机大臣、监斩官刚毅的脸上露出了他的微笑。

朝廷里的那伙人终于露出他们的面目了。这是一群特别的人，而刚毅只是其中的一员，并不是他们的核心，他们的核心是一个显赫的人物：端郡王。

端郡王人们常常叫他端王，他是光绪的堂兄，团结在端王周围的是一伙满族王公贵族和八旗子弟。他们组成了朝中最有权势的政治集团——端王集团。

而端王集团的强大不仅在于他们在朝廷中有强大的政治势力，军队中也到处是他们的人。端王本人掌控着朝廷的禁卫军之一——武胜新队。这是一支配备洋枪洋炮的八旗军队伍。对于这支军队大家一定很陌生，但是在一年以后（1899年），这支军队改成的另一个名字我们一定很熟悉——虎神营。也就是所谓的虎吃羊（洋），神灭鬼，专门对付洋人的。

除了禁卫军，甚至整个守卫京城的八旗军都是偏向端王集团的，毕竟大家都是同一个出身的，有共同的利益嘛。

总之，这是一群地位特殊的人，他们在朝中的势力根深蒂固，又有军队做保障。

为了政治利益，端王集团不仅排斥外国人，也排斥汉人，他们认为天下是满人的，只能由满人来分享成果，所以要警惕汉人和外国势力，也根本不要搞什么变法。为了这个目的，端王集团隐藏的政变图谋就是：鼓动慈禧废去光绪，改立端王的儿子为皇帝！

光绪宣布变法开始以后，这伙人也没闲着，他们干得最多的一件事就是——造谣。他们既不是朝廷中的变法派，也不是一般的顽固派，而是属于造谣派。

天津阅兵的谣言，是他们造出来的。造这个谣言的目的是要在朝廷中制造"光绪被废"的舆论氛围，那时候的慈禧在支持光绪搞变法，她是不会废去光绪的，即使要废，大权在她之手，在皇宫就能办成，并不需要多此一举跑到天津去，所以这是一个彻头彻尾的谣言。而端王集团并不死心，他们会寻找造谣的新机会。

机会很快来了。这就是伊藤博文来到北京，野心不死的端王集团又造了第二次谣,那就是告诉慈禧光绪将勾结日本人劫持慈禧,这又是逼迫慈禧废去光绪。

对于这时候的慈禧来说,她并没有废去光绪的心思,但是端王集团的政治和军事势力太强大,连慈禧一时都无法撼动,所以他们的要求慈禧又不得不考虑。事实上对于慈禧这个最高统治者来说,她不得不在各派之间搞平衡,维持朝廷的稳定——原因前面我们也已经说过,只有朝廷稳定了她老人家的权力才稳定啊。光绪不知道的是,之前为了支持变法,慈禧也承受着来自端王集团的压力,现在光绪提出开懋勤殿,引进伊藤博文做外援,慈禧也顶不住了,除了对自身权力安全的考虑,她也需要安抚住端王集团,某种程度反对光绪也是没有办法。

在这样的背景下,慈禧开始了临朝训政。然后围园杀后的计划暴露了,光绪背上合谋的重大嫌疑,这对于端王集团来说,是一个真正的机会!在端王集团的强大压力下,愤怒中的慈禧终于动了废去光绪的心思,默许了端王集团的小动作,由于光绪一向是体弱多病的,于是朝廷以光绪的名义颁布上谕:朕已重病,请各地推荐名医。

在专制朝廷里,皇帝生病本来是高度的国家机密,而皇帝在上谕中公布自己的病情,这更加异常。这一反常事件的背后就是端王要为废去光绪作重要的准备,而这次已经不仅是舆论准备,还有程序上的准备了。

我们需要注意一下的是,颁布这个上谕的时间是9月25日,此时,荣禄进京了。他带着两个很重要的目的。

荣禄的第一个目的是保护袁世凯。

荣禄虽然也是八旗子弟,并且出生于满族八大家族之首——正白旗瓜尔佳氏。但是到他这一代时,家道已经衰落了,荣禄并不是端王集团的人,他只是慈禧提拔起来的绝对心腹。由于荣禄不像端王集团的人那样在朝中有着根深蒂固的势力,他在朝中的权势除了来自慈禧,也需要更多的权力基础。这个基础就是:袁世凯。为了倚重袁世凯这样的官场新星,荣禄在慈禧面前替袁世凯成功地开脱了。

而另一个更重要的目的,就是:保护光绪。

一定要想办法保护光绪，这是荣禄进京之前和袁世凯商量好的。虽然没有证据证明光绪事先知道围园杀后的计划，甚至这个计划是不是原本就来自他的授意，但是，光绪已经逃脱不了重大嫌疑，甚至已经成为了头号嫌疑犯，因为一旦谋杀太后成功，获益最大的就是他。端王集团正等着审讯那些"乱党"，给光绪一个罪名，成功废帝。而荣禄担心的是如果让端王集团以审讯证实了光绪的嫌疑，光绪只能面临被废的命运。

自己不是端王集团的人，一旦光绪被废，端王的儿子上台，这对荣禄绝无好处。

而在荣禄的分析劝说之下，慈禧也冷静下来了，对于慈禧来说，端王集团只是她的政治盟友，而不是像荣禄这样的绝对心腹，心腹和盟友是有绝对分别的。慈禧明白了，一旦废帝，再立新君，端王的儿子成为皇帝，端王成为太上皇，如果他们父子联合起来成为她新的政敌，更不好对付。

慈禧心里也明白：我还需要光绪继续成为我的傀儡皇帝，他只是我手中的棋子而已，虽然这个棋子不听话，还有谋害自己的嫌疑，但我也只能继续去利用他。在他有被废去的危险之时去保护他，作为一个临朝训政者，光绪的存在也是我存在的一个理由，我不能亲手毁掉这颗棋子。

慈禧马上颁布命令：这些抓捕归案的"乱党"们罪大恶极，不用再审了，直接杀头。光绪终于脱离了从嫌疑犯变成事实犯的危险。按照慈禧的命令，他从此继续居住在瀛台，派太监看管，但他仍然是皇帝，皇帝的名号和所有的待遇不变，光绪仍然要出席早朝等其他朝政活动，仍然可以发表自己对朝政的看法（需要看慈禧的脸色行事），除了每天必须回瀛台居住，他仍然有很大的自由。

端王集团的政变企图失败了。但是他们仍然是不甘心的。于是谣言再一次在京城流传，按照当时美国驻北京大使康戈尔的夫人（萨拉·康戈尔）日记记载，这最新的谣言是：

"皇帝病得很重！""皇帝被外国人害死了！"

谣言之中，北京城里很快出现了普通百姓攻击外国人的事件，他们朝洋人扔石子，追打洋人，而当洋人去找清兵时，那些八旗子弟说：你们是洋人，我们保护不了你们。

看来端王先生真是很会造谣，想害死皇帝的明明是他，却嫁祸到外国人头上。是的，仅仅就这个谣言来说，无辜的是洋人，他们恰恰是想保护光绪的。而端王集团造个最新谣言的目的就在于：利用老百姓的民族情绪，再一次寻找发动政变的机会！

野心不死啊。虽然端王集团的政变阴谋暂时被挫败了，但是，凭着我们对这伙神秘人物的了解，我们知道他们一定是不会就此罢休的，他们还会寻找新的机会。从另外一种意义上来说，当通过甲午战争和戊戌变法让帝后两党的权斗暂时落下帷幕之后，朝廷也"需要"他们。因为专制朝廷的一大特色就是权斗无时不在，平衡只是暂时，内斗将是永远。

变法失败的根源

结束了，一切都结束了。大家在看完这个漫长的故事舒展一下筋骨的同时，也是时候来总结一下这场轰轰烈烈开始的变法失败的根本原因了。虽然我们只重点讲述了这惊心动魄的103天，但我认为清国真正的变法从1895年清日战争结束后就开始了。在那几年里，朝廷新修铁路，编练新军，这是洋务运动关于经济变法的持续。而政治上的"变法"也在进行，在过去，民间结社向来被严厉禁止，因为这是朝廷的大忌，不论你有多么正当的理由，在朝廷看来群众聚在一起都有造反的嫌疑，让人睡不踏实。而在1895年以后，民间结社开始逐步开放，言论也进一步自由，这才造成了康有为办的强学会以及各种上书的兴起。

这103天，是变法最为集中的时刻，它留下了很多的"新政"，它兴办了工商，它振兴了教育，京师大学堂（今北京大学前身）就是这103天里开办的，我国历史上第一个奖励技术创造发明、保护专利的国家法律（《振兴工艺给奖章程》）也是在这103天里颁布的，其他还有政治、军事和文化等方面的创举，这些内容教科书里已经总结得很完整，有兴趣的可以去翻书，我这里就不再重复了。

相信大家和我一样，对变法失败的原因是最感兴趣的，接下来的讲述，我们将探索这方面的内容。而根据前面的分析，这些原因是可以找出很多的。

比如现在看来，我们之前强调的官僚集团对变法的"共识"，仅仅是出于对维护政权稳定的一种忧虑，这种"共识"脆弱到经不起风吹草动的打击。

还有谣言，也是变法失败的原因之一。谣言之所以能成为谣言，在于它是假的，但每一种谣言都造成了极端的后果，不是人们特别愿意相信谣言，而是在朝廷信息不透明的体制下，大家只能相信谣言。

但在我看来，这些都只是失败的原因之一，找出根本的原因也许还需要我们真正明白三样东西：个人、社会和政府。

在原始社会，大家都是光着屁股跑，拿片树叶遮遮身子就去打猎捕鱼，寻找食物。人从一生下来就是要在这个世界上生存的，所以每个人都不得不追逐自己的利益，可以说人就是以发财为第一要义，在我看来这也是人之所以成为人的天性——人性的一部分。所谓人性，在更多的时候，也就是指人的动物性。

但是，人和动物毕竟是有区别的，这个重大的区别就在于人和人会结成一个群体——社会。很多的个人结成了社会，从而出现了人的社会性。你发你的财，为了自己的利益，这都没有问题，但必须遵守在漫长的时间里形成的社会契约和规则，不然你打了一只野鸡，抓了一只兔子，其他人不劳而获跑过来把它们抢了烧了自己吃，你只有站在旁边流口水的份儿——人类很快就会因为内斗而自我灭亡。

可见对于一个"社会"来说，最重要的就是某种契约和规则，但总得有一个机构来保障这些规则得到执行。于是在社会出现之后，政府便出现了。由此可见，政府的功能之一是维护这种契约和规则的，它会由此制定相关的法律，守法不会有奖励，但违法行为必定是要受到惩罚的，坐牢、杀头、凌迟等等。政府就是用强制手段来保证社会的正常运转。

但对于广大的人民来说，政府还有另外一个重要的功能：分配资源。

于是就出现了几种类型的政府。专制王朝就是其中的一种，它的特色是普天之下莫非王土，全天下所有的资源都是皇帝老儿的，皇帝老儿通过官员选拔制度（科举）收买一批人来替皇上看管和发展这些资源，这些人就是大臣，他们组成人民的一部分——官僚集团。

问题是专制王朝不是同百姓治天下，而是同官僚集团治天下，由于朝廷恰恰是依靠官僚集团来维护专制制度，所以对官僚集团的制约和监督依靠的是内部力量（监察御史、言官、钦差大臣）以及忍无可忍的部分老百姓的拦轿喊冤。在专制社会，按照人性自私、首先要保证自己发财的原则，在没什么制约和制约不力的情况下，官僚集团肯定要让资源先满足自己的需要，用尽各种办法去发偏财，霸占资源。百姓们常常痛恨贪官，殊不知他们不贪也很难。这就像在路上行走，路边到处是金子，又没有人管，没有几个人能真正控制得住自己。

这并不奇怪，只要制度是这样的，换了谁都一样。

而正是因为制约不力，发展到后期，官僚集团开始从霸占资源升级到垄断资源，官员们也因为共同的利益追求而形成我们前面已经讲述多次的强大组织——利益集团。利益集团不仅侵犯百姓们的资源和利益，也在内部起着同化和僵化作用，比如某人在这个集团内部，想做几件有利于百姓的事，但这些事可能是不符合这个集团利益的。于是这人虽然一身正气，追求正义，也可能遭到排挤，反过来，这人所做的事虽不利百姓却有利于本集团利益，却会得到掩护以及拥护。

这个强大的同化和僵化作用让很多人轻便地得到了利益，却扼杀了多少的人才。有理想有实力能实干的人身处其中之后，便会暮气日深，垂垂老矣。专制体制内并不缺乏人才，而他们的特色是散则明，聚则暗。看他们私下里的文章和言论，让人敬佩，而看他们在任上干的事情，很多时候我们不得不感叹"文过饰非"的含义。

而朝廷统治者虽然出于维护统治的稳定和长治久安的需要，对利益集团也很痛恨，但又离不开他们，最后会越来越拿利益集团没有办法。

每到这时候,有办法的只有一群人——拿锄头的起义者。比如陈胜、吴广、朱元璋、李自成。

可见,对于封建专制型政府来说,虽然统治阶级和官僚集团得到了暂时的好处,却有长期的风险。这个风险是一定会到来的,区别只是你赶上的是专制王朝的盛世,还是末世。

而另外一种类型的政府是现代型的政府,也可以叫民主政府,它规定资源不是你的,也不是我的,而是大家的,如何分配资源,就要由大家来决定,取得大家的同意。而要想取得大家的同意,这肯定是一个兼顾了大部分人的利益、大家都能接受的规则,也是相对公平的规则,而且必定还要通过一定的机构和程序(民主制度)来实行监督和制约。

这看上去很美好,但要实现从专制王朝向现代型政府的转型,并不容易。

在历史的进程中,有两种力量能推动这种转型。一种是外部强力——革命。革命和起义是不同的,这一点我们会在以后讲述。而另一种是内部动力,这就是改革,也就是在封建时代常说的变法。

需要说明的是,这只是两种"可能"的方法,而不是打包票的方法,革命的结果也许可以迎来光明,也许是"所有人都没有得到他们想要的"(托克维尔《旧制度与大革命》),变法也同样如此,这并不是因为变法的方式不可取,而是因为变法实在太难了。

很显然,既然官僚集团已经成了资源的掌控者,既然他们能够依靠这些掌控的资源很方便地发财,如果没有杀招(杀招不等于杀人的招儿),凭什么能让他们停止这种发财?所以变法最终都会遭到来自官僚集团的抵制。从专制王朝的历史来看,太多的变法最后只是让朝廷陷入不变就死、一变就乱的怪圈。精简机构,最后机构却越简越多;减少征税,最后税没减少,不用交税的项目却减少了。太多的新政,都会被官僚集团当作皮球踢回来,或者用太极高招化为无形,搞不好还能撕破脸面公开对抗,最后妥协的只能是朝廷。

可见,变法的艰巨性和长期性一点都不亚于革命啊。鲁迅先生说,改变太难了，"连搬动张桌子都是要流血的"，更何况是要变法？

因为难，充足而扎实的准备显得相当重要，在我看来，比较重要的有两种准备：认识准备和物质准备。

一个现代型的政府，它的建立需要有一个根本的基础——改变了的个人，也就是现代公民。也就是说，现代型的政府是建立在现代公民基础之上的。认识准备就是让大部分人成为现代公民，培育现代的公民意识。所谓培育现代公民意识，在我看来，其中比较重要的一点是建立对个人、社会和政府的充分认识，理顺他们之间的关系。

而一个简单方便的切入点就是他们的根本利益——权利。

个人有个人的权利，称作私权。由个人结合而成的公民群体也有权利——民权。政府有政府的权利——公权。社会是人民和政府之间的一个缓冲地带，也可以看做民权的一部分。

对于权利来说，第一步是形成权利捍卫意识，也就是要明白权利的正常性，生而为人，有权这是正常的，必须要捍卫。不仅要捍卫自己的权利，也要捍卫别人的权利，所谓我可以不同意你的观点，但我誓死也要捍卫你说话的权利，说的就是这个道理。不仅要捍卫私权和民权，也要捍卫政府的公权。

而第二步更难，那就是厘清和严守权利的正当性——权利的边界。当我们说到权利的边界的时候往往会去责难政府，因为他们伸手太长管得太多，而在管的过程中去获取额外的利益，最常见的现象是公权往往打着民权的旗号来事实上侵犯民权，这当然是需要反思和批评的。

但是作为现代公民，也应该反思个人权利的边界。专制王朝的统治造成的一个结果是当私权遇到私权的时候，人们往往只把自己的私权自动扩大，不尊重他人的私权。常见的现象就是我是他老爸、老师或者老公老婆，便可以心安理得去侵犯儿子、弟子或者儿子他妈他爸的私权，以忠孝观念或者情感来绑架私权，由此形成恶性循环，一代传一代。

而私权遇到公权之时，却又往往自动回缩。好民不跟官斗，见官自动降三分，这又是一代传一代。

物质准备是最重要的准备，在我看来，这是一切问题的核心，它无比的强大，它能推动现代公民意识的培育和建立，也能够理顺人民、社会和政府这三者之间的关系，界定这三者权利的边界，甚至几乎能让一切问题迎刃而解。所谓物质准备，对于个人来说就是让大家都发财，去实现财务自由，而对于社会来说就是建立现代经济——真正的市场经济。

所谓市场经济，就是指资源分配基本公平，大家创业、发财的机会基本均等，人们不会因为他的出生地、家庭背景不同而得到的资源和机会不同。不是有些人可以不劳而获，而另一部分拼死累活，最后收获那么一点点。

所谓市场经济，就是经济增长的动力来自民间，不是政府去主导经济行为，甚至去制造经济规律。

所谓市场经济，绝不是只有官富而民穷，也绝不是只有少数人富而大部分人穷，因为少数人的富，一定是建立在大部分人都还比较贫穷的基础上，这就不是真正的市场经济。

好了，为什么说物质准备是如此之重要，我们是可以拿清国的那个"好邻居"来举个例子的。

在我们的印象中，明治维新最成功的地方在于政改（议会、宪法），其实这一切都是建立在成功的经济变革基础上的。事实上明治维新最成功的改革是在于经济领域，明治维新一开始也是从经济领域所做的改革，只是方式和方向与清国不同。

跟清国一样，出于抵御西方侵略者的需要，日本一开始也是从引进军工技术开始经济变革，但是，政府并不惧怕民间掌握这些所谓"高精尖"的技术，更不垄断这些技术，而是从一开始就决定要依靠整个国民的力量，将技术和资源推广到民间中小企业，通过法律扶植民间中小企业发展。甚至国家在建成一些国有大型企业后，会以很低的价格卖给民间企业家，由民间参与国产化的设计和研发，今天我们知道的许多著名的日本跨国企业（比如三菱），它们的前身都是日本军工国企。

这样的结果是：带来了民间经济的兴起和活跃，全民走向共富，因为有经济行为作为联系纽带，整个社会上的人都是你中有我，我中有你，互相服务，彼此需要，也相互制衡。在强大的民间经济对政治的诉求之下，1881年，睦仁发布诏书，承诺推行宪法，实行宪政，并在八年后（1889年）成功颁布宪法和推行宪政，第二年召开第一届国会，成功地实现了政治体制变革——此时距离明治维新（1868年）开始已经有21年了。

而清国的情况有些不同。出于统治的惯性，朝廷不仅没有"全民共富"的想法，甚至对人民根本没有信任。话说秦始皇统一天下后，派人去老百姓家收菜刀，老百姓买卖菜刀被严格控制，最后只能是几个邻居合用一把菜刀，碰上逢年过节大家就排队等着切菜。清国朝廷正是成功地继承了这个收菜刀的传统，朝廷似乎总在幻想全体国民骨子里都是暴民，第二天早晨起来满大街都是起义的队伍。于是在1860年的洋务运动开始后，朝廷不仅不敢把当时最新科技——军工技术下放到民间，甚至在其他民用领域（铁路、电报）等也严格垄断着技术和资源。

这样造成的结果与明治维新截然不同。虽然洋务运动的口号是要建立以市场为主体的近代经济，但是很遗憾，它的根本目的只是为了解决当时外患内乱的政治危机，它的本质是一场防御性的变革，而不是为了国家的破旧图强，更不是为全体国民谋福利。由于老百姓一直没有机会和权利参与政事，经济变革的动力依靠的是官僚系统，最后造成的结果是，虽然通过一再调动，官员们搞洋务搞变革的热情是调动起来了，但谋来的福利也全部被官僚集团霸占。

经过三十多年的变革，大清的行政权和经济权仍然在一起纠缠不清，它们搅合在一起，又被皇权牢牢控制。在商业领域，政府的行政命令仍然大于一切，甚至完全可以去制造经济规律，替代市场行为。清国最大的企业，没有一家不是"官企"：要么是纯粹的"官办"，要么就是"官督商办"，反正都带一个"官"字。至于资产，自然也是归朝廷所有。

对于老百姓们来说，朝廷是看不见的，洋务运动创造的财富真正的去向，就是落入官员们的口袋——官员们普遍富裕起来了。应该说大清国"官富"的现象一直都存在，所谓"三年清知府，十万雪花银"嘛，但真正使"官富"现象达到顶峰的,正是这场洋务运动。

与"官富"相对应的,却是——"民穷"。财富是老百姓们创造的,却被官员们以"朝廷"的名义吸走了,一部分用来养官,一部分用来压民。老百姓们的发财机会都被大大小小的官员们抢走,于是官富者越来越多,而民穷者并不见减少。

情况就是这样了。由于洋务运动的先天不足,它带来了严重的后果,那就是这场经济变革最终成为了一场实现官僚集团利益最大化的运动,政治精英变成了新的政治加经济精英,也就是形成了官员和资本的结合——官僚资本主义;政府部门变成了赚钱部门——它们既创造利益,又把控利益,然后在利益分配的过程中自己监督自己。而朝廷只有两张面孔,一个是傲慢霸道,一个是虚伪做作,因为经济变革的不成功,利益集团越来越顽固和强大,朝廷仍然没有走出那个千百年来的怪圈:只能在延长政权寿命和被形势所逼不得不做出些让步中,左右摇摆。

可见,一场成功的政治体制变革是需要建立在一场成功的经济变革基础之上的,也就是说,成功的变法需要市场经济的力量去倒逼,市场的经济会指向"市场"的政治。

而戊戌变法就是在一场不彻底的经济变革基础上进行的一场不彻底的政改。由于还没有真正兴起的市场经济力量作为班底,戊戌变法显得有些心急火燎而又一厢情愿。最起码,对于一个百姓很穷,还在为他们的生存而发愁的国家来说,这样的变革也太奢侈了。

由此可见,变法光靠喊口号是推不动的,光靠皇帝颁布再多的圣旨,甚至对着祖宗的画像发誓也是推不动的。有人说经济体制变革不能无限制地搞下去,不能回避政治体制变革,幻想"实业救国"是不成功的,但如果连"实业"本身都不成功,真正的市场经济都还没有建立,这自然是无法救国的。所谓"回避政治体制变革",恰恰就是因为经济变革不成功,才有"回避"的空间。

有人说洋务运动最大的弊端是只学习了当时世界的先进技术,却不知道西方先进的政治制度才是最大的"技术",先进的科技都是建立在这个根本"技术模型"的基础之上,但这样的技术模型并不是天生的,抄也是抄不来的,即使抄来也没用——光绪皇帝推进的"制度局"就是一个很好的例子。

只有用成功的经济变革去倒逼政治体制变革,才是有可能走向成功的改革,也才是建立了符合本民族文化以及本国国情的改革,这样既避免在改革中停滞不前,又避免了去急急忙忙地照搬和照抄外来的一切——毕竟我们不能因为是自己病了,就把所有的药都看成是良药。

也许在1898年,更好的变法是另外一种思路:与其有那么多的"新政",不如不那么着急,也不要有那么多的口号和形式主义,先对洋务运动进行深刻反思和真正的总结,改进洋务运动中的各种弊端,调整洋务运动的方向和思路,做好经济上的准备,去让老百姓有发财的广阔平台和公平的机会,总而言之一句话:先让老百姓发了财再说嘛!

这样的要求并不过分,既然洋务运动的口号是"自强"和"求富",反思洋务运动只要求更进一步——去求老百姓的富(共富),而不只是占人民少部分的官僚集团的"富"。

用一句话总结就是:兴一利不如除一弊。因为弊已太深!已经有的"弊",足以吞掉任何新的"利"!

由于利益集团已经形成并且力量强大,这一过程必定无比艰难。即使是纯粹的经济问题,相信也无法用纯粹的经济手段去切入。那么在这一过程中,对"现代公民意识"的培育是必须的,对现代公民的信任(它是力量之源)是必须的,依靠公民的力量,去逐步化解利益集团,让资源合理分配,让机会均等,更是必须的。

要相信,只要财富能为民所共享,制度就能为民所共创!

用一句话来进行总结吧,1898年开始的戊戌变法在本质上是符合时代潮流的强势文明向不符合时代潮流的弱势文明传播的结果,而变法真正失败的原因是弱势文明根深蒂固的弊端对于强势文明的抵抗,变法轰轰烈烈开始之时,清国并没有做好准备——个人没有准备,社会没有准备,政府也没有准备。责任是共同的,也是大家的,只把责任推到政府或者其他某一方都并非全面。

戊戌变法虽然失败了，但它毕竟出现了强国会等民间政治团体以及普通人关心政治权利的上书言事等"新现象"，也就是说，它带来了一个很重要的东西——部分民权意识的觉醒。

光绪的悲痛

瀛台。空空荡荡的大殿寂静无声，每当下朝之后，光绪一个人孤独地坐在这里。

他还是要吃那一百多碗的菜，这些菜跟太后慈禧所吃的是完全相同的，不管他的口味如何，从来不能换掉。这些菜大约要花费100两银子，折合成小米，够一个普通百姓吃上13年。

眼前的美味满席，他已全无胃口，一个人坐在桌子旁边，无比的冷清，而他已经成了冷清的一部分。

真像做了一场梦。梦醒来，一切都走远了。千里江山，已是飘零，满腔热血，化为冰冷。

光绪思绪万千：6月11日，我颁布《明定国是》诏书，宣布变法正式开始，在接下来的103天里，我无比的勤奋，忘我地工作，不停地批阅大臣奏折，不停地思考现状以及未来，平均每两天就要颁布一道诏书。没有人比我更期望变法早日成功，没有人花费我这么多的心血，但是它仍然——失败了。

我只能接受这样的苦果，因为我没有选择。我原本是不必成为一名皇帝的，却选择了一条可以成为皇上的路，而这一切还是因为我没有选择。

也许从那个时候起，快乐也好，幸福也罢，都从我的身体里消失了，我原本就是不配拥有它们的人，所以到最后都应该让我失去它们才对。

"你恨吗，恨她吗？"珍妃曾经问。

珍妃，她曾是光绪皇帝唯一的快乐源泉。

她经常女扮男装，大大咧咧地走来走去，在皇宫里横冲直撞，喜欢照相，喜欢宫里一切时髦的"西洋玩物"。她没有规矩，私下里敢对光绪直呼其名，在照相时甚至大逆不道地穿着龙袍，很显然，按照传统的眼光，这不是一个规规矩矩服侍皇帝的好妃子。

太后一直不喜欢她，光绪知道，在慈禧太后的眼里，只有她的侄女——静芬皇后才应该得到他的宠爱。静芬是正统的皇后，而珍妃不过是普通的妃子而已。

但是，光绪喜欢她！喜欢就是最大的理由，正统又如何？妃子又如何？

在繁忙的朝政之余，他曾经为她做过很多的浪漫之事。他带着她在紫禁城看雪，去颐和园听雨，还许诺带着她去围场打猎。他不善表达，不会说很多的情话，大部分的时候，在珍妃旁边，他也很沉默，他有很多想要说的，却因为羞涩而最终没说，因为口吃而说不明白。

但他有一颗爱她的炽热的心。

有次，光绪问道：珍妃，我是京城公子，你是南国佳人，我来自冰天雪地的北方，你来自草长莺飞的南方，是什么让我们走到了一起？

"选秀。"珍妃说了这两个字，跑去玩了。

从13岁入宫，她如今已经22岁了。

也许这个孩子永远不会长大，也许在她的眼里，光绪不过是她从广州来到北京之后，找到的另外一个玩伴，一个寡言少语的怪人。

一切的事情都在那一天改变了。在光绪离开紫禁城，走向瀛台的那一天。珍妃终于明白，这个人真的要离开自己了，他搬了家，不会再回来。

有一种失败，是"成功的失败"，因为它会为成功积累经验，吸取教训，譬如变法，一定会有后来者居上。但是，也有一种失败是完全的失败，这就是爱情，一朝离别，此生难见。

珍妃偏不信命，她勇敢地跑到慈禧面前，跪地为光绪求情，珍妃以为慈禧会动容的，没想到慈禧大怒："你平时一贯妖媚皇上，皇帝犯错，你也有份！"

钟粹宫北三所。这里以前是老妈子住的地方，离慈禧的寝宫只隔着一条长廊，方便慈禧亲自看管。囚禁在这里的人与世隔绝，屋门被反锁着，每天只有太监从窗户递进一些冷菜剩饭，而每隔几天，还会有一个太监前来"奉旨申斥"，被囚之人只能跪在地上静静地听着责骂。

这就是珍妃新的住处，是求情换来的代价。金碧辉煌的皇宫不会再任她行走，豪华马车也不再为她而备，在离孤独最近的地方，只有两双思念的眼睛在彼此遥望。

珍妃心念：我并不恨谁。是的，太后胜利了，但是她也无法拥有真正的胜利，她也是失败者。这一场变局中没有赢家。皇宫看起来无比广阔，但是它已经落后外面的世界太多。终有一天，我们这些人，包括太后在内，会被民间那些善良的、智慧的、正义的人士超越，我们会被他们抛弃，到那时，他们也许连看都不会看我们一眼，每一眼都会让他们觉得恶心——因为我们现在的恶行！

只有我清楚，太后内心明白，她的任务就是趁她还活着的时候让朝廷的统治延续下去，只要大清王朝不在她的手中毁掉。只要她不背上失去江山的罪名，她可以去做任何事，至于其他的，连她也是无力和无奈了。

光绪对珍妃最后的交代是：要好好地活着。然而，这个愿望很快就要破灭了。

义和团运动爆发前夜

清国社会很快将发生一场前所未有的动荡，这个动荡来自民间。从1894年起，这个国家的人民先后经历了战争和朝廷内乱两件大事，虽然对于过程他们不是很清楚，只是听到了一些流言和目睹了部分的闹剧，但结果却是生硬而冰冷的：清日战争证明了后党不行，戊戌变法又证明了帝党不行。太后不行，皇帝也不行，那么，这个朝廷到底还行不行？

一场大规模的骚乱在酝酿、忍耐、聚集，然后爆发！

这是从北方的一个省份开始。这里原本是礼仪之邦，原本是好客的地方。但清日战争却改变了这里的一切。它是被日军直接攻击的省份，也是受战争打击最为严重的省份之一，北洋舰队在这里覆灭，《马关条约》在这里换约。而整个战争中，家乡来自这个省份的士兵是最多的，阵亡人数也是最多的。这里的人们遭受了战败屈辱和失去亲人的双重打击。战后的形势却不是一天天好起来，而是一天天坏下去，激愤的人群和滚滚而起的烽火终于出现在这里，为了保护自己的切身利益，他们打出了"扶清灭洋"的旗帜——义和团，起山东！

第五章
慈禧亲自提拔袁世凯重启大清变革

李鸿章去世，接班人成各派争夺焦点

1900年的义和团运动给大清带来了严重的骚乱，而"灭洋"也为大清引来了八国联军的滔天大祸，1900年8月15日，八国联军攻入北京，慈禧挟光绪逃出皇宫，一路向西，逃往西安府，一路上，慈禧见到了一个和京城大不一样的西部地区，这里没有繁华，甚至连表面上的繁华都没有，只有实实在在的荒凉和贫穷，连慈禧的伙食都没有保障，老人家还要挨饿受冻，更加可怕的是慈禧之前从来没有在哪位大臣的奏折上发现过这一切。

大清果然是国坏、官邪、民穷啊，但对于慈禧来说，这并不是最紧迫的，最紧迫的是八国联军还在京城里待着，朝廷只留下了奕劻和李鸿章在京城和八国联军谈判，洋人的态度是慈禧可以回宫，但朝廷也必须保证义和团式的排外运动不会再来一次，如果慈禧不表现出锐意变革的开明形象，洋人那里就过不了关，那就只能永远在陕西吹风沙，最好的伙食可能就是羊肉泡馍。

1901年1月29日，慈禧颁布上谕，这道上谕比较长，我们在这里就不摘录了，用一句话来概括就是：各位，从今天起，咱大清要坚定不移地走全面深化变革的道路啦！史上著名的"清末新政"开始了，其实"清末新政"只是我们现在的说法，在民国年代，它被称为——遮羞变法。

够狠。

对于变革，慈禧这一次似乎是大刀阔斧的，4月，她在西安府宣布在朝廷层面成立指导变革的最高机构——督办政务处（简称政务处），这个机构把奕劻、李鸿章、刘坤一、张之洞等大佬全部拉了进来，变革的分量骤然加重，而到了8月份，慈禧推出的各项变革举措达到了高潮，其中包括部分裁撤只能吃朝廷干饭的绿营军等等，慈禧突然发力的原因其实很简单：这个月，李鸿章在京城与八国联军的谈判进入了尾声，在即将签署条约的关键时刻，也就是慈禧可以回到皇宫的关键时刻，她不得不在变革方面有所表示，密集出台一些具有影响力的重大变革举措——对洋人也要讲政治啊。

9月，《辛丑条约》正式签署，八国联军从京津撤军（但俄军没有从满洲撤军），慈禧终于可以长出一口气了，终于可以比较安心地回到皇宫了，赶紧收拾收拾，上路吧。

在北京的李鸿章并没有等到见上慈禧最后一面了，在签完《辛丑条约》之后，79岁的李鸿章一直病居北京贤良寺，俄国人不想从满洲撤军，就指示俄国驻北京公使来找李鸿章施压，希望李鸿章能够代表朝廷答应满洲以后只能先"租借"给俄国，这还是独霸满洲，只是换了一种方式，李鸿章自然无法答应，否则其它列强也会为难朝廷，而俄国公使就守在李鸿章的病床前催促，反正你不签字，我就天天上门来催，说得恶毒点，就是趁着你还有口气，我才来。

11月7日，严冬，俄国公使径直来到李鸿章病床前，要求奄奄一息的李鸿章就俄国提出的条件签字画押，而李鸿章早已经是连笔都拿不起来了，再也无法去签什么字，也再也无法为大清去操劳了，在俄国公使走后不久，李鸿章逝世，逝世时双目依然圆睁，这个大清国最有名的变革领导者和劳动模范，却是一直在与大清的疾病打交道。

"我办了一辈子的事，练兵也，海军也，都是纸糊的老虎，何尝能实在放手办理，不过勉强涂饰，虚有其表，不揭破犹可敷衍一时，如一间破屋，由裱糊匠东补西贴。"——李鸿章李鸿章去世了，慈禧很伤心，但更重要的事是决定李鸿章接班人的人选，这个其实似乎并不需要慈禧操心，因为李鸿章在去世之前已经早做安排了，他已经把自己的直隶总督之位暂交给了周馥代理。

我们来认识一下周馥,他现年64岁，也是安徽人，李鸿章的正牌老乡，自从25岁那年成为李鸿章的幕僚之后，周馥一直是李鸿章的左右手兼心腹，对李家很不错，可以说与李鸿章名为主仆，实为手足，如果说盛宣怀是李鸿章最信任的经济上的助手的话，那么周馥就是李鸿章最信任的政治上的助手，事实上李鸿章一直把周馥看作权力衣钵的继承人，提前进行了安排。

当李鸿章来京与八国联军谈判之时，周馥正在四川做官，李鸿章就奏请慈禧把周馥调为直隶副省长（布政使），成为他这个直隶总督的下级，然后去世之前又让周馥代理自己的直隶总督之位并奏报慈禧，李鸿章虽然没有明说，但一切已经显而易见了：周馥是李大人从他的北洋集团中挑出来的接班人，如果在他死后，周馥能够接任直隶总督兼北洋大臣，李鸿章是比较满意的。

正是为了能够让周馥顺利接班，李大人生前的安排还不止这些，他还为周馥打击了一下那个强有力的竞争对手——袁世凯。

此时的袁世凯为山东巡抚，他曾经作为李鸿章的下属驻扎朝鲜，那时候李鸿章很是欣赏袁世凯，毕竟这家伙办事能力突出嘛，不过甲午战前，袁世凯这小子从朝鲜一回国，就立即抛弃了当时权势还如日中天的李鸿章，寻找新的靠山，给京城里的王爷们送了好几箱金条，原来在朝鲜多年的袁世凯早已经看出，日本必定会对大清动手，而一旦动手，李鸿章必败，大清必败，李大人即使将来不被朝廷拿来当替罪羊，权势也会一落千丈，而对于袁世凯这样深刻了解日本的人来说，他知道日本既可怕又可学，到时候朝廷会"奇缺"军事人才，所以要早做准备，去寻找李大人之外的晋升门路，果然，甲午战后，通过转投到李鸿章原来的政敌——清流派李鸿藻、翁同龢门下，袁世凯最终获得小站练兵的机会，以德、日模式训练新军，李大人对于袁世凯的"背叛"就只有气得不打一处来了,这是他心里的一根刺,曾当众痛斥袁世凯:"袁世凯,尔不知耶?这真是小人!"

当然,从整个事情的过程也可以看出,李鸿章和袁世凯之间也并没有什么深仇大恨,权走茶凉,翻脸比翻书还快这也是官场上常见的现象,只不过袁世凯准确地预判了官场权力走向,相信李大人也是会理解的,只是有些怄气,果然,在成为小站练兵统领之后,袁世凯又把原来的翁同龢等人给无情地抛弃了,新投靠在了荣禄的门下。此时的荣禄已经是领班军机大臣,深得慈禧的信任,正在西安陪在慈禧身边,一旦李鸿章去世,荣禄自然会支持袁世凯接班,李鸿章也明白这一点,于是在去世之前,李大人只好请动与他同在京城的北洋集团的老朋友庆亲王奕劻出面,奕劻在京城亲自表明了他并不支持袁世凯的态度,也算是为李鸿章中意的周馥铺路了。

等李鸿章一去世,接班人之争就不得不达到了高潮,按照惯例,李鸿章应该有一份"遗折"的,也就是死前的最后一折,但李鸿章生前并没有来得及写这份折子,只是在他去世后的第二天(11月8日),才由心腹幕僚于式枚根据李鸿章生前的意思代为写好,然后上奏此时正在回京路上的慈禧,关于这份"遗折",各种说法就冒出来了。

有一种说法是,折子中明确地推荐了袁世凯接班,并且还有一句很有分量的话:"环顾宇内人才,无有出袁世凯之右者",可是,我们在这份遗折里并不能找到这句话,白纸黑字,没有就是没有,甚至连袁世凯的名字都没有提到,那么,是不是这份遗折还夹着一份机密的附片,这句话就出自附片中,被慈禧"留中不发",导致我们现在无法在历史档案中查到这一句话了?

其实,不要说凭着李鸿章生前对周馥的安排他不会推荐袁世凯,即使真的有这样一个推荐袁世凯的附片,慈禧也没有任何理由和必要留中,李鸿章是11月7日去世的,慈禧当天就接到了电报,并在当天就终止了李鸿章去世前作出的周馥代理直隶总督的安排,正式任命袁世凯为署理(代理)直隶总督,而收到于式枚代笔的遗折是11月8日之后了,在慈禧已经任命袁世凯的情况下，如果李大人在生前也有推荐袁世凯的意思，这不正代表君臣一心嘛，慈禧有什么需要特别将这样的"附片"保密的呢，另一方面，在于式枚发出这份遗折之前，他也已经在北京看到慈禧对袁世凯的任命，袁世凯成为接班人已经成为大家都知道的既定事实，如果再写关于袁世凯的推荐语，按照官场上的理解，这并不能表明李大人"和朝廷一心"，而是李鸿章北洋集团的后人在借机向袁世凯"献媚"，让李鸿章显得"掉价"，于式枚实在是没有必要多此一举的。

问题来了，既然李鸿章在生前其实已经选中周馥作为接班人，他为何不亲自写个遗折呢，明确推荐一下周馥岂不是更好？

答案是：这不是更好，而是不能，即使他是李鸿章。

朝廷的大臣几乎月月都要写折子，事情紧急的时候天天都要写，一直写到死，平生千折万折，遗折为最后一折，俗话说得好，"人之将死，其言也善"，考虑了大半辈子的"领导会怎么想"，似乎可以借着快死的这个机会考虑一下"自己怎么想"，猛着胆子说点儿心里话了，但实际情况不是这样的，将死之言比平时要考虑得更多，这不仅只是关系到你死后荣誉的追认，谥号的档次，葬礼的规格、哪种级别的领导来出席你的葬礼以及身后人的待遇等等现实问题，更重要的是因为你死了，你自己就没有挽回的余地，说袁世凯翻脸不认人？那是整个官场都翻脸不认人！

要知道在遗折里指名道姓地推荐一个接班人是要冒很大的政治风险的，如果没推荐准，无疑就会有损李大人死后的声誉和清白，让李鸿章连死了都下不台，其实也就是让慈禧和朝廷下不了台，让人觉得朝廷对一个刚死的大臣也没人情味，最终损害的还是李大人身后人这一方；而如果碰巧推荐准了，就又多少有以"尸谏"来要挟朝廷的味道，要知道天威难测也是朝廷要追求的正常现象，总之，朝廷里的有些事情，可做不可说，对于推荐周馥接班，李鸿章已经做了，就不需要在遗折里去说了，考虑到北洋集团方方面面的利益，把这个问题在纸面上回避就是最佳选择。

位极人臣的李鸿章，就是这样在死前用行动微弱地表达了一下他的愿望，而慈禧在第一时间里否定了他的遗愿，然后给了李鸿章一个无比体面的谥号——文忠。李鸿章时代就算已经结束了，其实李鸿章和慈禧的关系一直还算不错，如果不是"非常之时"，他的遗愿慈禧还是要照顾一下的，至少也不会第一时间里就否定——哪怕是先让周馥出任署理直隶总督兼北洋大臣，过段时间再把他调走，也算是给了李鸿章一个面子嘛，慈禧并没有这么做，因为此时正是她的"非常之时"，最终决定这个接班人的人选的，不是李鸿章、奕劻，也不是荣禄，而是她自己。

慈禧的考虑

当时传言，慈禧决定谁来接李大人的班，其实连她自己说了也不算，是洋人说了算。这个说法表面上是有道理的，直隶总督兼北洋大臣一直以来都是直接与洋人打交道，慈禧必须照顾一下八国联军的态度，她还没有回到京城，那帮大爷是得罪不起的，不过八国联军那边的意见慈禧早就了解清楚了，那就是：他们也挺乱啊。

俄、法是一直支持他们的"老朋友"李鸿章这边的，而这两国的利益相反国英、美、日支持袁世凯，由于山东是德国的地盘，德国人也不希望袁世凯出任直督，但他们担心的只是袁世凯调走之后，再没人能够镇得住山东，又闹起义和团的事件，所以实际上他们是支持袁世凯接李鸿章班的，只是又加上了一个建议：如果朝廷要任命袁世凯为直隶总督，就应该把山东也划给袁世凯兼管，改称直东总督，袁世凯听闻后，惊奇地表示"那怎么可以！"，然后派人把德国人的这个态度"无意中"报告给了荣禄，荣禄大惊失色，小袁你这野心也太大了啊，不仅想成为李鸿章接班人，原来的地盘也不想放过，于是荣禄不得不亲自出面阻止这个传言，让洋人明白这绝无可能，荣禄还忍不住感叹了一句：我死之后，只怕没人可以制得住袁世凯！（《南屋述闻》）

这是一个插曲，不过这也说明在这件事情上洋人那边也复杂得很，也没有一个一致的意见，慈禧选周馥也好，选袁世凯也好，都不会遭到洋人的集体支持和抵制，朝野间流传的"洋人做主"并不真实，一切都要靠慈禧自己拿主意。

而生前的李大人不知道的是，为慈禧签订完《辛丑条约》，让慈禧有了回宫的条件之后，他的使命其实就已经完成了，即使他不死，又多活几年，慈禧也会把他从直隶总督的位子上调走，给李大人安排一个新的工作，而让袁世凯接任！

这一切的秘密，正是来自于那件慈禧不得不办的大事——新政，也就是新一轮变革。

对于慈禧来说，在启动这场变革的同时，她也从当年的那场戊戌变法中吸取了经验教训，她没有像当年光绪那样一头扎进变革大业中，亲自去冲锋陷阵，她先是在朝廷层面成立了办事机构（政务处），把当时所有的重臣都拉进这个班子，班子里分为做主的（督办政务大臣）和助手（参预政务大臣），做主的除了庆亲王奕劻外，其余都是军机大臣和内阁大学士，如荣禄、李鸿章等，助手则是有影响力的总督，如刘坤一、张之洞等，一开始，袁世凯是没有进入政务处的，他只是个山东巡抚，级别还不够（后来调入），这就是说，只要仔细想想，政务处这个指导大清变革的最高"司令部"，其实就是朝廷最高权力机关军机处的另外一块牌子，足见慈禧对新一轮变革的重视和掌控，要知道军机处也是被她直接掌握的。

于是乎，政务处成立之后，所有的重臣都要去考虑如何"办变革"这件大事，慈禧自己却是凌驾在这个政务处之上的，她是一个总揽总管的人，虽然慈禧也是像当年的光绪那样亲自发动了变革，但她有足够的"回旋余地"，没有丧失始终充当仲裁者的地位，将来变革有功了，出来领功，一旦再次出现戊戌年间那样危及江山颜色和她个人权力安全的情况，她又可以出来灭火，即使是在政务处里，慈禧也没有特别指定一个人去办，只要是政务处里的大臣，谁都可以去做，反过来，谁都可以不去做，但如果指定了，别人就会事不关己高高挂起了，所以还是不指定的为好。

关于朝局，老人家已经想得够现实了，但还有一个更加现实的方面，大清的变革总是先由最高层从朝廷发动，然后找个地方来落地，实现最高层关于变革的设计，而大清在经历了洋务运动、戊戌变法之后，其它地方想推进变革也不是那么容易了，慈禧虽然只想总管总揽，但也绝对无法像戊戌变法时期那样躲进颐和园去当"甩手掌柜"，必须亲自推进这场变革，时时给予态度上和政策上的支持，当然对慈禧来说也是时时盯住这场变革，让变革推进到她希望的那种状态，这个地方就是以皇宫为辐射的"天子脚下"。

这就是说，从变革的角度，这个人对慈禧来说十分重要和关键——新的直隶总督，同时也将是大清新的变革带头人。

慈禧心目中所谓"新"的直隶总督，是指原直隶总督李鸿章北洋集团之外的人选，所谓"新"的变革带头人，恰恰就是李鸿章、刘坤一、张之洞等这些原大清变革的带头人之外的人选，这又是怎么回事呢。

谁都知道，通过洋务运动，这三位"变革老臣"是大清变革领域的种子选手，具有丰富的变革经验，德高望重，好吧，即使李大人在当时确实已经年老多病，还不知道能够活到哪天，他也在表示会把权力衣钵传给周馥，他死了周馥就可以顶班，而慈禧并不考虑他们以及他们中意的继承人的原因恰恰就是：这三个人具备丰富的变革经验，他们在变革领域的资历实在是太好了。

自从洋务运动开始之后，这三位大人已经在变革领域混了几十年，先后把北洋、南洋和湖广打造成大清变革的"样板地区"，但也就是说，在这几十年里，以这三位大人为核心，这三个地区的大小官员们借"变革"之名，成功地完成了利益的重新分配与垄断，并把模式固定下来，在利益垄断上做到了"与时俱进"，与大清其它晚进入变革轨道的地区相比，这些地方有了机器制造局、电报局、铁路等，表面上的经济一派繁荣，变革显现了巨大的效应，但也打开了新的敲诈勒索、贪污腐化的门路，如果要在这些地区随便进入某个衙门，跟这里的大小官员打交道，就会发现和在别的地方并没有多少区别，老百姓们要想办件事情反而更难——因为这些地方经济好，红包要给得更多嘛。与其它所谓落后地区相比，这三个地区其实并没有积累多少所谓"变革的优势"，甚至由于官员们利益垄断模式是新近结成的，反而在下一轮的深化变革中更加难以打破。

原来，大清的变革进行得越久，积累的不是继续推动深化变革的能量，很可能是阻碍深化变革的负能量，至少变革正能量的积累与变革推进的时间并不是成正比的，李、刘、张等这些曾经的变革领导者，已经被官僚集团吞噬为现有既得利益集团的代表，那些当年很是瞧不起既得利益集团的洋务派、变法派，依靠由新一轮的官僚资本的积累，反倒成为了新的既得利益集团，压制民间经济，反对深化变革，阻挠政治体制变革，即使不那么反对，也不再那么积极了，李鸿章等人在戊戌变法时期的表现就是明证，因为在他们的眼里，变革改到实现他们的利益为止就可以了，他们一直与大清的疾病打交道，直至自己也成为了患者！

这就是官僚集团的威力，也似乎是所有由朝廷发起的、至上而下的变革的宿命，李鸿章等这些变革带头人，他们在洋务运动中打造的那些变革"样板地区"，就在变革推进中被他们自己给抛弃了，当然，在慈禧这个现实的人的眼里，这些变革老臣和他们代表的利益集团不仅已经是变革的阻力，还是在大清掌控权势和财富最多的人，当新一轮变革势在必行时，变革又会成为最大的利益蛋糕，慈禧自然不会选他们，从而去增加他们所代表的那些集团的利益和权势，事实上，仅仅在3年后（1904年），又借着这新一轮的变革之名，慈禧是要拿这三个曾经的变革"样板地区"开刀的，而首当其冲的是要夺去它们的人事权和税权，这个事我们放到以后再说。

现在我们知道了，朝廷的变革并不亚于一场战役，对变革带头人的选拔不亚于战场主将的选拔，袁世凯恰恰是因为还不是"变革老人"，不是从李鸿章北洋集团的人才脱颖而出；也恰恰因为不需要李鸿章什么"环顾宇内人才，无有出袁世凯之右者"的推荐才脱颖而出，他还只是个山东巡抚，他的势力成长到能够影响和抗衡慈禧，还需要一段的时间，所以他才可用，这是慈禧选中他为李鸿章接班人必不可少的基础条件，至于能不能干，有没有变革的意愿和能力，那是第二位要考虑的。

如此看来，李大人的面子实在是不算什么了，事实上为了提拨袁世凯，慈禧还破坏了朝廷的一个大规矩，甚至可以说祖制，它说起来很搞笑，这就是年龄，年龄问题对于朝廷来说是很重要的，而此时的袁世凯只有42岁，不仅比周馥还小了20多岁，特别是对于有"天下第一督"的直隶总督来说，也实在是太年轻了，以42岁就担此重任，这应该是大清开国以来绝无仅有的事情，要知道就连当年参与剿灭太平天国和捻军的李鸿章大人也是熬到了47岁才爬上这个位子，而功劳比李鸿章还大的曾国藩同志更是熬到了57岁才成为直督，经常把"祖制"挂在嘴边的慈禧同志，那是用这个框框去框住别人的。

和荣禄一样，慈禧担心的其实也只是袁世凯的野心问题，担心将来还能不能制得住他，袁世凯的手上有一支他亲自训练出来的新军，在军队里的势力不算小，但他毕竟1894年才回国，在大清官场不过混了六七年，政治基础还比较薄弱，军政两界有一处软肋，便可以掌控！

而慈禧远远不知道的是，正是由于她的这个任命，袁世凯才从一个基本上的纯粹军人成功"跨界"，通过接下来在变革领域实实在在的作为和业绩，建立起他雄厚的政治资本，并最终成为他在几年后终结大清朝廷、也压制革命党领袖成为民国总统的资本！

这是一条漫长的路，属于袁世凯的时代就这样开始了，接下来袁世凯应该在变革领域大显身手，做出一番成绩，这也是大众所希望的，而对于袁世凯来说，他眼下最重要的工作不是这些，回宫路上的慈禧一行人已经进入河南，马上就要进入直隶境内，袁世凯的首要任务是做好对慈禧的接驾工作。

钻营和逢迎：袁世凯为变革打下"皇室靠山"

早在几个月前，当慈禧的车队从西安府启程时，袁世凯就派出了军队前去一路护驾，现在，慈禧的车队即将进入自己的地盘，袁世凯派专人先去省界先行迎驾，而他自己率领直隶高级官员在直隶顺德府（今河北省邢台市）跪迎。

对直隶地区的高级官员来说，马上要见到太后了，这是一个比较难得的机会，谁都明白，只要在领导面前好好表现一次，说不定就够得上他们在下面辛辛苦苦干一年，所以对于这次的接驾他们也是有精心准备的，发自内心地期盼和欢迎，早在几天前，他们的脸上就提前准备了幸福的笑容，准备一见到慈禧，就要给她一个乐开了花的表情。

12月26日，慈禧车队抵达顺德府，随即召见以袁世凯为首的直隶地方官，众官员根据预先彩排，都露出了灿烂的笑容，大家都只顾着保持微笑了，却没有注意到署理总督大人有一个让人很吃惊的动作——哭。袁世凯一开始还哭得很小声，做抽泣状，然后跪在地上越哭越大声，越哭越伤心，让人怀疑他是不是肚子疼。

面对这突如其来的一幕，在场的官员们都暗暗捏了一把汗，按照大清祖制，除非国丧（先皇死了），跪迎的大臣是不许在皇上面前哭的，哪怕你小老婆刚死，大老婆一激动又不再允许你再娶小老婆，见到圣驾也应该恭敬为是，摆出一副幸福感油然而生的样子，总之哭是万万不可的，否则轻则治你冲撞圣驾之罪，重则怀疑你图谋不轨，众官员们都大气不敢出，袁大人啊袁大人，您这哪里是来迎驾，简直是来砸场子的啊。

发现袁世凯跪在那里哭，就连龙车里的慈禧也觉得纳闷了，连忙派人去问话。

"始太后蒙尘出外（逃到西安），臣未能追随、警跸（保护您），万分悲悔。今见圣容清减（您瘦了），痛彻肺肝，不觉失礼！"袁世凯跪在那里，大声回答。

原来如此啊，听到这番话，慈禧也不禁两眼发红，也只想大哭一场，她不是不知道袁世凯说的是事实，八国联军攻入北京时，袁世凯也在事实上参加了东南互保，对慈禧抗令不遵，最后只派了3000人到京城，还故意磨磨蹭蹭，没有与八国联军作战和保护慈禧出逃，但别的大臣参加东南互保是把慈禧真给忘了，袁世凯没有，慈禧在逃亡的路上，一路艰辛，满面尘烟，平时那些满口效忠的臣子都不见了，甚至连皇亲国戚也都没人管她，只有一个人始终给过她温暖，这个人就是袁世凯。

如果要让此时的慈禧发表一篇现场感言，标题那一定是"我还记得"。

袁爱卿啊，我还记得，当我逃到山西时，众多官员中只有你上折子，说山西太穷了，你从山东挤出了十万两白银，派军队星夜兼程给我送来；袁爱卿啊，我还记得，当我逃到西安终于有一个落脚点时，你不是送银子了，而是派人送了几百车的各种生活用品，有吃的，有穿的，还有用的和赏玩的，一应俱全，应有尽有，你不过是一个小小的山东巡抚，别人可以说你这是投机，但我却要说你很厚道。

做人很厚道，这就是逃亡归来的慈禧对袁世凯的最终评价。

袁世凯不愧为一个精干之人，他知道，以他自己的情况，在第一次见到逃亡归来的慈禧的那一刻，首先不是积极表现出"热烈欢迎，喜迎领导"，而是消除领导对自己违令不派兵救驾的不良看法，坚决拔掉慈禧心里的那一根刺，于是，他哭了，哭得很认真，哭得"万分悲悔"，通过他的一哭，给了他自己与慈禧一个台阶下，倒让慈禧想起了他的那些暖心往事，君臣之间嫌隙也就消解了，果然，慈禧不仅没有治袁世凯失礼之罪，反而指着袁世凯不停地说："他是个忠臣，他是个忠臣"，一时间君臣两人一齐做落泪状，就差点抱头痛哭了，气氛好一阵小温馨。

要问跪在袁世凯身后的大小官员呢，不用问，他们全哭了，哭得稀里哗啦，声音竟然比袁世凯刚才还大，呜呜呜……望着这些下属，害得袁世凯也比较尴尬，也不好当场发作，唉，你们跟着哭什么啊，太后夸我是个忠臣并不只是当场说的一句话，是说了一个故事，你懂的？

袁世凯赶紧把慈禧迎候到老省城保定，小住三日后，正式欢送慈禧一行继续前往京城回皇宫，在这里，袁世凯精心安排的另一个盛大仪式出场了：

铁路局特备火车一列，共二十二辆，计上等花车四辆，皇上、皇太后各用二辆……车站两旁，扎有彩棚三十座……开驶时，军队擎枪奏乐。

(《西巡回銮始末记》)

说起来这并不是慈禧第一次公开坐火车出行,几天前从正定到保定的路途中,袁世凯就精心安排慈禧坐了一次火车,这次的专列将是直接开到京城的马家堡火车站,袁世凯安排新军在起始站和终点站分别接送,根据袁世凯的吩咐,他们一律不下跪(这在之前是大逆不道之罪),按照西洋军礼背包举枪,行举枪礼,旁边还有一支军乐队用西洋乐器敲敲打打,演奏西洋乐曲,据说在马家堡火车站,袁世凯让军乐队演奏的是激昂的《马赛曲》(法国国歌),所有这些"西洋景",在过去的皇家礼制中别说看见,连想都是不敢想的,而对于袁世凯"出格"地安排的这一切,慈禧不仅感觉很受用,还有另外一种特别的心情——感激。

从西安府启程开始,慈禧表面上是风光回京,但她自己也知道,自从八国联军事件之后,她的威信已经一落千丈,朝野上下都很明白,如果不是李鸿章签署了《辛丑条约》,她是回不了京城的,在这个时候,她任命了袁世凯为"天下第一督",名列疆臣之首,在慈禧的心目中,这个"第一",首先是要带头处处维护她和朝廷的权威,袁世凯已经很好地做到了这一点,而真正让慈禧对袁世凯刮目相看的还是他鼓捣出来的这些"西洋景"。

在通过《辛丑条约》换来可以回宫的基本保障之后,慈禧心中始终放不下的是另外一件大事——变革。但与其说此时的慈禧有多么关心变革,不如说她更关心如何在朝野特别是洋人面前打造开明形象,这不仅关系到慈禧的权力安全,更可以说关系到她的生命安全,虽然签了条约可以回宫了,但难保不出现变数,这就是慈禧光从西安府到直隶就走了将近3个月的原因,她老人家是一直在走走停停观察局势,即便是被袁世凯迎候到了保定府之后,她又小住了三日,这不是一定要给袁世凯这个面子,真正的原因是那几天甘肃又发生了攻击传教士的教案,虽然八国联军已经退出了北京,但慈禧很是担心立即回宫洋人又要找她麻烦,在又观望了三日之后,这才安心地坐上袁世凯为她安排的火车,要不然别说火车,火箭也拉不动她啊。

袁世凯费尽心思弄出来这些"西洋景",正是为了进一步塑造慈禧开明形象,在官场上,袁世凯的这一招用一个词来概括就是——移风易俗。风气向来是被当作政治信号的,这一点倒是中外都通用,具体做法就是让领导带头亲近一下新玩意儿,虽然这些所谓的新玩意儿很可能在民间早就不新了,比如火车在大清就已经出现了好多年,而慈禧公开亲近它们,大家一想到领导竟然也跟我们一样了,"泯然众人矣",就会十分喜闻乐见,乐于奔走相告,领导和朝廷的形象似乎立马也就扭转了。

这正是袁世凯把慈禧"安排"上火车的原因,从事实上说,慈禧回宫的路上也路过了河南,河南境内也是有铁路的,那少根筋的河南巡抚大人就压根没想到这一点,他还是按礼制动用的豪华马车,拉着慈禧同志屁颠屁颠地跑,看来这位巡抚大人也真是够老实的,对比之下,袁世凯同志敢于打破传统的魄力和准确把握局势的"大局观"可见一斑!更何况他的"细节"也不差,新军不下跪而举枪、军乐队演奏《马赛曲》等等,形式上是新,效果上也丝毫不损慈禧的权威,反而能给人一种别样的威严感,到这里,慈禧算是彻底明白了:让她有能够回到皇宫的基本保障,这是李鸿章给的,而让她能够在回到皇宫之后继续驾驭群臣和这个国家,在洋人那里也说得过去,这是袁世凯给的!

有这样一位能够让领导放心和舒心的下属,慈禧不感激袁世凯,她感激谁啊,回到皇宫后不久,她就把袁世凯由署理直隶总督改为实授,正式转正!

袁世凯并没有因为领导离开直隶而中止他的"送温暖工程",他也坐上了那趟火车,一路亲自护送慈禧回宫,总算是弥补了之前"未能追随、警跸"的遗憾,来到皇宫之后,袁世凯仔细检查了皇宫,发现了一个很严重的问题:皇宫很破烂,很多地方都被八国联军损坏了,领导出了一趟长途差回来,连住都住不舒坦,怎么办?

记得哪位名人说过,这个世界上的女人都喜欢不易长久保存的礼物,这意味着你还要再送,但只有一样礼物是例外的,那就是石头,石头的升级版是钻石,而石头的加工版就是宅子,袁世凯啊,你有本事送太后另一座皇宫吧？

袁世凯没这个本事，不过送不了皇宫，有一件事情是可以办到的，那就是对皇宫进行装修。

这件事情落实的难度是装修用的银子，逃亡归来，朝廷是没银子的，内务府也没银子，直隶总督衙门更没银子的，但袁世凯很清楚，朝廷和官府都没银子，并不代表官员们没银子，银子就在他们的手里。

考虑良久，袁世凯决定还是先礼后兵，他把直隶的中高级官员都找出来开会，动之以情晓之以理地告诉了他们有关慈禧的住房问题，这个问题很严重，总不能让太后住危房，希望各位能够奉献一点银子出来，支援一下国家搞建设，本督保证将来归还。

这些人中的大部分都参加了上次的迎驾，当时他们哭得很伤心，现在——他们真哭了。

大人啊，我们也很穷啊，您也是知道的，近年家当货物的银钱啥都涨，就是朝廷的俸禄没见涨……

说完，这些直隶的官员们一脸无辜地望着这位袁总督，那意思就是明摆着：要银子没有，要命您也拿不去，想摘掉我们的顶戴您还得请示朝廷，您看着办吧。

袁世凯一言不发地走出去了，没过几天，他又回来了，重新把这些人叫在一起开会，这次，他还是那么客气，他痛心疾首地告诉大家：各位大人啊，天津的那些票号掌柜（银行老板）实在是太可恶了啊，他们竟然告知诸位在票号里都有巨额存银，各位所知，自朝廷新政以来，整顿吏治、查贪反腐也是我们工作重心，此事事关诸位官声廉洁和前途，本督不得不派人去查验，查验结果证实所言不虚，但本督绝不敢相信那些存银就是诸位大人的，一定是某些不良掌柜冒用了诸位的名义作为户头，以吸引更多的存银，为了惩戒奸商和整顿市场秩序，本督已经下令把那些有冒名之嫌的存银全部封存了，众位大人您看这样处理如何啊？

话音刚落，有人当场一口气上不来，袁世凯说得对，在这个非常时刻，反腐的高压线是不能碰的，大家只好强忍着内心的疼痛，连声说道：大人您封存得对！封存得对！我们可以保证，那些存银绝不是下官的，绝不是下官的！

真的不是的？袁世凯很关切地问。

不是的啊，大人！您看那像是我们的吗，我们一脸菜色……有人站起来，拍着胸脯表示。

那好，我们就把封存银两全部充公，上缴国库！

装修银两的问题解决了，对于袁世凯来说，这下他连还都不用还了，不过从此之后，大清官员们都知道把银两存在票号里是不太安全的，票号也归朝廷管，他们想什么时候拿走就能什么时候拿走，还是要把它们存在朝廷管不到的票号里，比如国外的汇丰银行什么的。

装修开始动工后，袁世凯也回到了天津直隶总督衙门上班，毕竟还有一大堆事等着他，但袁世凯也并没有因为离开了京城而忘记了皇宫里的慈禧，而是把"送温暖工程"坚持下去，坚持把太后照顾得无微不至，袁世凯派人在京城西郊民巷附近开了一家名叫"临记"的洋行，表面上，这只是一家外贸商店，实际上却是袁世凯的秘密驻京办，洋行里会时不时到一批外贸潮流产品，比如巴黎香水、瑞士钟表、伦敦八音盒等等，然后和内务府联系一下，问问太后对这些玩意儿感不感兴趣，如果感兴趣，马上就会有人送到宫里，等到慈禧过生日时，袁世凯甚至还从香港进口了一辆小汽车，亲自送到宫里，它十分先进，最高时速可达19公里，慈禧第一次见到这玩意儿，连忙问：你这又是玩的什么名堂？据说袁世凯灵机一动，用"会跑的轿子"来打比喻，说它是轿子改装的车，名曰轿车，从此"小轿车"这个称呼就流传了下来。

连太后你都敢哄，胆子不小。

后来，慈禧要去西陵祭祖，这可以说是朝廷大事，但也可以说是慈禧个人私事，从京城到直隶境内的西陵原本是不通铁路的，为了让慈禧避免长时间坐轿子的辛苦，袁世凯请了一个名叫詹天佑的人修了一条40多公里长的支线铁路，名叫西陵铁路，它也成为了我国历史上由国人自主设计和修建的第一条支线铁路，几年后，在袁世凯的聘请下，詹天佑又成为总工程师,成功地修建了第一条由国人设计并修建的干线铁路——京张铁路。

回天津后,袁世凯的眼睛并不只是盯住慈禧的,除了慈禧身边的太监、宫女需要打点,还有老靠山荣禄大人自然也要送银子,1903年,荣禄病重,"临记"洋行里的眼线立即打探出,宫里已经传出消息,接替荣禄成为领班军机的很可能是庆亲王奕劻,袁世凯没有丝毫犹豫,立即决定:派人携带十万两银票进庆亲王王府!

一直以来,袁世凯和这位庆亲王之间虽然没有什么深仇大恨,但也算不上融洽,这位王爷有一个特别突出的爱好——银子,所以他和李鸿章的关系很深,能从李鸿章的北洋集团中拿到不少银子,当袁世凯不断给荣禄送银子时,奕劻还曾经酸溜溜地说过:"袁慰亭只认得荣仲华(荣禄),瞧不起咱们的!"但现在,袁世凯相信,十万两银票一定会敲开庆亲王王府的大门,一定会让他和这位王爷之间冰释前嫌。

在听到自己即将取代荣禄成为领班军机时,奕劻在他的王府里紧张地思考着今后该要走的路,大清自开国以来,在慈禧之前,亲王一般是不能进入军机的,更别说成为领班军机了,不论是你有才没才,各位亲王才是皇帝重点戒备的对象,如果让他们既位高又权重,那么和皇帝也就差不多了,但慈禧的情况有些不同,她擅长权谋,在局势面前很精细冷静,驾驭人的手段极其厉害,拉和打都很有一套,但她对具体的行政事务没有兴趣,再加上毕竟也是个女人,从精力、行政才干方面都需要一个男人在前面顶着,当必须有一个男人在前面顶着的时候,她还是宁愿相信爱新觉罗的后代,而不是曾国藩、翁同龢、李鸿章,于是乎,从当年的恭亲王奕䜣开始,亲王进入军机处并成为领班军机在慈禧这里几乎成了惯例,中间只被一个出身于满人平民之家的荣禄打断过,害得朝野间也不断传她跟荣禄的男女八卦,而现在,荣禄大人即将离去,终于轮到奕劻了!

从1894年受封起,奕劻已经当了近十年的"庆亲王"了,这是他第一次进入军机处,就成为领班军机,"位"和"权"一肩挑,将成为大清真真正正的二号人物，但对于自己有几斤几两，奕劻还是比较清楚的，对于处理朝政，除了常年在外务部积累了一些与洋人打交道的经验外，其它的都比较平庸，对于搞权谋，连想都不用想，那绝对不是慈禧的对手，不过奕劻很清楚，正是因为他不像当年的奕䜣那么能干和厉害，这才进入了慈禧的法眼，慈禧已经老了，再来一个奕䜣那样的人，她可受不了，绝对不会让他成为领班军机，所以，归根结底，在慈祥的眼里，奕劻的"忠心"是比能干更具价值的，把朝廷的第二号宝座交给奕劻，是慈禧愿意去相信他的"忠心"，但正因为相信，不管奕劻将来会不会犯错，慈禧都是会打击他的"忠心"的，这确实是一个悖论，只有在这个专制的王朝磨成的一个老臣才清楚。

于是乎，站在慈禧的角度，奕劻很快就明白了今后的路：只有紧跟慈禧，不犯事关忠诚的"原则性错误"，哪怕"小错"不断，也能最终保平安。在军机处，自己能不能做到把表现对太后的"忠心"放在处理朝廷和国家大事之上？在朝堂上，能不能做到处处带头自觉维护慈禧的权威？至于自己那点贪银子的爱好，只要是在朝廷谁的银子他都收，谁的银子他都爱，只贪财，不结党，不妄图威胁慈禧的那个宝座，就已经不是慈禧眼里的原则性错误和路线问题，甚至就是主动给慈禧送上的敲打自己"忠心"的武器，千百年来，多少二号人物就是以这种自污来换取专制君主的放心，免得君主要打击你的时候，他还一时找不到把柄。

而"政治正确"的第二条就是要笼络好袁世凯，也就是替慈禧笼络住袁世凯以及他手里的新军，成为保护慈禧权力安全的枪杆子，这件事情原本是前任领班军机荣禄做的，现在荣禄走了，必然会成为他这个继任领班军机不得不去做好的事情，这是接任领班军机理所当然的事情——绝对不以他奕劻的个人意志、爱好和今天有没有吃饱为转移，当然，对于奕劻大人来说，这也是求之不得的，袁世凯成为了北洋集团新的带头人，他那个贪银子的爱好就很需要袁大人，袁世凯需要办的事，他会在朝廷中帮衬，而他不方便敛的财袁世凯自然会替他来敛，奕劻担心的其实只是袁世凯还会不会还像当年李鸿章的北洋集团那么大方，毕竟自己从那里拿习惯了,再拿总要方便些,这才酸溜溜地说了不少"醋话",现在看来,这种担心是完全多余了,要论对皇室搞行贿送银子这一套,看来是袁世凯这个人最生猛,这不,还没等自己开口,十万两银票不就送来了?整整十万两啊,慰亭你真是太大方了。

庆亲王府,奕劻把那张银票推辞了好一阵,实在推不掉也就只好收下了,正是从还没正式进入军机处这一天起,奕劻大人就已经在成为"朝廷第一巨贪"上一路狂奔,很快就到达了他曾经梦寐以求的境界:谁的银子他都能收,朝野上下把庆王府私下里称作"庆记公司",奕劻本人也在汇丰银行里存有几百万的银子,当然,送钱最多的还是袁世凯方面,对于这个习惯用银票来说话的人,奕劻简直十分喜爱,差点叫他一声大哥,后来发现自己比袁世凯足足大了21岁,叫大哥实在是不合适,就让自己的儿子载振与袁世凯结为拜把子兄弟,袁世凯的事,就是他的事,袁世凯的钱,也大部分是他的钱,大清的朝臣和疆臣、军机处和直隶总督衙门、皇族权贵和变革阵营,就这样达成了那种权钱交换的高度默契,结成了彼此需要的利益共同体,历史上把他们称作庆袁集团,当然,对于在慈禧和袁世凯之间把握准那种微妙的关系,奕劻相信他的心里还是有数的。

就这样吧,在短短几年时间里,新任直督袁世凯同志,被朝野寄予厚望的李鸿章接班人袁世凯,就把钻营逢迎、行贿拍马的本领发挥到了极致,先后稳住了朝廷的一号人物,搞定了朝廷的二号人物,在大清最需要变革强者的时刻,历史似乎选择了一个只会耍官场阴暗手段的人,但我们知道,袁世凯绝不是一个这样的人,事实上就在这些溜须拍马、行贿逢迎的同时,袁世凯也一直在直隶总督衙门锐意变革,那为什么要变革,就要先行贿呢,或者是边变革,边行贿呢,其实这件事情对于袁世凯来说,是比较正常的,甚至根本不在他的考虑之内,因为他是一个很现实的人。

当慈禧从戊戌变法中吸取经验教训的时候,袁世凯也得到了他的想法,几年前的戊戌变法开始时,变革也是大清朝野最广泛的共识,也是人心所向大势所趋，他袁世凯还没有直接参与，却差点连命都没了，现在，局势让他走到了前台，这是他的意愿，也是他的别无选择，就更不想因为这新一轮变革把自己的顶戴给改没了，甚至把脑袋给革掉了，当大清需要变革的时候，其实已经病入膏肓，朝廷已经存在普遍而有系统的贪腐，想避开这种贪腐"洁身自好"地去变革，袁世凯认为他办不到，那不是他认为可以在现实能够做到的事情，依据多年在官场磨炼出来的技能，袁世凯反而认为这并非坏事，因为他擅长这一套，他也需要为他自己钻营，为变革寻找最强最硬的靠山，这也是变相增强了变革阵营的力量，扩大了变革的舞台，至少，如果将来有人想过河拆桥，也要让他们成为桥本身！

　　大清新一轮的变革舞台就这样搭建了，而袁世凯也即将交出他的变革答卷，他在甲午战前处心积虑地回到大清，又处心积虑地闪转腾挪，最终走到了大清变革阵营的最前沿，走到了扛起了大清变革旗帜的这一天，对于袁世凯来说，他终于有机会实现早在驻扎朝鲜时代的那个愿望了，他一直把日本当作一个可以学习的敌人，接下来的袁世凯并不像当年的康有为，他不批判旧的，只做新的，他正是以明治维新为榜样，在短短几年的时间里，不仅把当年那些变法派们想做而没做成的事情，一一落实到了实处，还做好了更多的事，也由此开启了他与慈禧从亲密合作走向严重分离的序幕，袁世凯，属于你的那张十分出色，足以在史上占据不可替代地位的变革成绩单，已经徐徐拉开了！

第六章
努力学习明治维新：袁世凯最终将大清引向立宪改革

袁世凯用实干成为大清变革"第一人"

从事实上说，袁世凯的这张变革成绩单是很了不起的，他开创了一项项的变革纪录，以致于我们在接下来的讲述中，不得不出现很多个"创始人"、"创办人"、"鼻祖"、"第一"之类的称号，而这些纪录实在是太长了，本人在这里尽量做一下精简，希望能够从五个方面来展示一下这张成绩单，它们是：法治建设、军队改革、教育制度改革、经济领域改革和地方政治体制改革。

说到法治，离不开我们常说的一个词——公检法。令人想不到的是，这三大领域的近代化改革，竟然都与袁世凯有关。

先来说"公"，我们知道，在过去，军警是不分家的，上前线浴血杀敌的是士兵，到菜市场追着小偷到处跑的也是士兵，中华大地上一直没有"警察"的这个分工明确的职业，是袁世凯第一次让它来到了大清，但其实他也是被逼的。

天津之前被八国联军占据，根据《辛丑条约》，八国联军从京津撤军，但山海关至京城铁路沿线要地由洋人驻军，洋人保留了这条从海上抵达京城的快速通道，在交还天津时，又规定朝廷不得在天津以及环天津20里内驻军，袁世凯觉得这很不是滋味，由于外贸的发展，自李鸿章时代起，天津就已经成为了直隶的新省城，是直隶总督衙门所在地，袁世凯要去天津办公，还不能驻军，更重要的是天津是京城的门户，山海关经天津至京城战略要地都被占，洋人很快又能兵临北京城下，国防安全形同虚设，怎么办？

在仔细研究了日本等国的情况后，袁世凯终于对"警察"产生了兴趣，于是想出了一个"化兵为警"的办法，让一批新军集体转业为警察学员，接收天津时就让这批警察队伍入驻了，洋人有意见了：不是说好不让驻军的吗？袁大人大方地告诉他们：我带来的不是军，是警，这还是从贵国学来的！请各位仔细想一想，在各地驻警是不是国际惯例？

洋人一想也是，这确实是国际惯例，在强大的国际惯例面前，洋人也就没脾气了，袁世凯在天津驻警成功，还派驻到北塘、山海关等地，以"警察"的名义保护天津和周围国防要地。

后来，国防无大事，袁世凯就开始认认真真地发展警察事业了，毕竟最初那支队伍只是拿来应急的，所谓"化兵为警"也只是这么说说而已，袁世凯才不会把辛辛苦苦练出来的新军都拿去当警察，他当时派人在民间也招募了一批警察学员，其中竟然包括之前在大闹的义和团，袁世凯派人半动员半强迫地让这些义和团员穿上警服，拿起警棍，从之前干的打砸抢烧工作转变为维护秩序的警察，这就是说，袁世凯创立的我国第一支警察队伍里，不仅有军人，竟然还有曾经造成社会动乱的流氓和杀人犯！这自然是良莠不齐的，随着组建工作的深入，天津的巡警进行了专业的升级改造，发展出马巡（骑警）、河巡（水警）、暗巡（便衣）和消防队，和之前的"兵"已经有了本质的区别。

到了1905年，趁着京城里发生出使五大臣被革命党人吴樾自杀性炸弹袭击事件，袁世凯上奏慈禧成立了大清巡警部，这相当于我们现在的公安部，是我国历史上第一个专门处理人民内部矛盾和打击犯罪的中央部委，和以前的兵部有着本质区别，当然了，不出意外，巡警部既然是袁世凯发起成立的，这个部委里就被袁世凯安插了很多亲信，他们表面上负责大清公共安全，暗地里可能还有人替袁世凯收集朝廷的情报和通风报信，看来袁世凯创立我国史上第一个巡警部，比他创立的史上第一支警察队伍纯洁不了多少,因为里面还潜伏进了特务。

好吧,虽然队伍不怎么纯洁,但多个第一,袁世凯已经无愧于我国警察界的"鼻祖"这一光荣称号。

接下来就要说到"检"和"法"了,明治维新前,日本的情况和大清类似,洋人在日本犯案只能由洋人审理,享有治外法权,明治政府意识到,只有日本的司法体系先做出改革,与西方宪政国家接轨,才有可能通过谈判废除治外法权,于是明治政府开始了实实在在的司法改革,比如废除刑讯逼供,建立四级三审制,确立司法独立原则,确立无罪推定原则(任何人在被证实和判决有罪之前,都视作无罪,他无需证明自己无罪,证据不足以支撑其有罪时,"宁可放过一千个罪犯,不可冤枉一个好人")等等,并于1899年彻底废除所有西方国家在日本的治外法权。

在学习借鉴日本经验后,1907年,袁世凯治下的天津先后成立了天津府高等审判分厅、天津地方审判厅和乡谳局,相当于我们现在的地方高级法院、中级法院和基层法院,再加上朝廷的大理院(全国最高法院),已经在大清建立了完备的四级三审制,同时还在天津设立了检事局,相当于我们现在的检察院,不过,机构是学来了,但相关的原则在大清并没有很好地实现,比如刑讯逼供并没有被彻底废除,司法也没有真正独立,审案子的虽然有了专门的人员,不再是知县老爷,但知县老爷仍然有门道去干预审案的结果,不得不说,袁世凯的手里虽然诞生了我国第一套近代地方司法、检察系统,但他也没有斗得过传统。

接下来,我们要说到袁世凯的老本行——军队改革。这方面他比较有经验,所以整个大清的军队改革实际上都是他负责的,他也兼任了朝廷练兵处会办大臣,袁世凯参照德、日等国的做法,把大清的军队编为常备军、续备军和后备军三个序列,规定常备军服役 3 年兵役后退为续备兵,又 3 年为后备兵,再 3 年退伍为民,但遇有战事,这些人又可以征调入伍,这是我国军队史上第一次有如此科学的梯队化设置,但更加科学的是具体到每一支军队的改革。

大清之前的军队都是以营为基本作战单位的，每营大约为500人左右，若干个营再组成规模再大一点的军队，编为前路军，后路军，左路军，右路军，中路军之类，而且在兵种上基本都为步兵，这在拿着长矛大刀对砍的时代还可以，但已经完全不能适应以步枪大炮为武器的大规模战争需求了，于是，袁世凯负责编练的新军开始把基本建制扩充为——"镇"（相当于我们现在的师），人激增到12500人左右，镇下面依次设有协（旅）、标（团）、营、队（连）、排、棚（班），每镇以步兵为主，同时设置炮兵、骑兵、工兵和辎重兵，很显然，在扩大基本建制的同时还考虑了多兵种协同作战的需要。

到1905年，袁世凯练成新军6镇，这已经是大清最重要的一支国防力量，当然，不出意外，袁世凯又在这些军队里培养了大批嫡系军官，他们就是后来的"北洋军阀"。

在教育领域，没有中过举的袁大人最重要的改革，自然是在1905年联合张之洞等人奏请朝廷废除科举了，不过袁大人并不是仇视高等教育，他也相信知识就是力量，总督直隶期间创办的各类新式学校简直数不胜数，比如南开学校，这是今天南开大学前身；陆军大学，这是我国历史上第一所军事类大学；北洋陆军速成武备学堂，这是保定陆军军官学校的前身（著名校友蒋介石），北洋法政学堂，这是我国第一所法政专科学院（著名校友李大钊）；更加难得的是，袁世凯还热心女子教育，比如创办了我国第一所女子师范学校——北洋女子师范学堂（著名校友邓颖超）；创办了我国第一所公立护士学校——北洋女子医学校等等。

经济领域的改革应该是袁世凯花费心血最多的地方，他规定，直隶新官员上任之前一律先去日本学习考察3个月，回来后通过考核才能上任，这确实很有效果，直隶工艺局、实习工厂、劝业铁工厂等等，都是这些官员考察学习回来后办起来的，其它著名的工厂还有造纸公司、煤矿公司、洋灰（水泥）公司、玻璃厂等等，实业的发展带动了金融业的兴起和发展，在学习日本技术和经验的基础上，1902年袁世凯命人在天津开办北洋银元局，这是我国历史上第一次以机械化大规模造币，便于流通的银币替代了银两之后，带来了工商业的繁荣。

在多种变革举措并举的情况之下，渐渐地，大清涌现了一个著名的大城市，一个新的变革中心和窗口，它就是天津，史料有载：

1901年，天津有了自来水，而北京直到1908年还认为自来水是"洋水"，怀疑有毒而不敢使用；

1902年，天津有了电灯，又领先于北京；

1906年，天津城内建起了环城有轨电车并通车，成为我国历史上第一座拥有轨道公共交通的城市，领先于京沪。

所有这些"西洋景"，不仅给天津这座城市带来了繁华，更培育了天津的人们遵守公共秩序和交通、讲究公共卫生等初步的公民意识，正是在得大清变革风气之先的基础上，袁世凯接下来要进行的就是地方政治体制变革的一项大动作——地方自治试验。

所谓地方自治，不是不要中央，而是用法律来划分中央与地方的权限，更重要的是，自治是指"民治"而非传统的"官治"，公共事务由人民通过并监督当地官府去治理，而不是依赖官府，这就难免要搞搞选举、参政议政之类的事情，总之，地方自治可以看作实现宪政的基础和根本途径。

对这个破天荒的事情，袁世凯十分重视，在1906年正式启动之后，他先是派人专程到日本学习取经，等他们学习回来后，再派到各个县乡村落，把选举的好处和办法编成白话文，在村头张贴小广告，还要编成顺口溜和戏文在庙会上唱大戏，挨家挨户宣讲，告诉百姓们选举于国于民于己有什么好处，动员他们参与选举，袁世凯还特意交待这些宣传人员：你们要向老乡们讲清楚搞选举原本就是他们手中的权力，不是朝廷又一次摊派下来的某个任务。看来袁世凯也很清楚，大清的老百姓们实在是被摊派怕了。

一年之后的1907年，天津首先开始选举，40多万人的天津府先推举了2500多名议员候选人,再正式选出30名议员,包括正副议长各1名，组成"民选"的天津议会，这个从民间选举出来的机构，和天津府是平级的，根据规章，它可以监督天津府行使权力的状况，与天津府共同管理天津的地方事务，也就是说，袁世凯的选举已经搞到了府这一级，袁世凯专门派人祝贺："可为天津贺，并可为直隶全省贺，不但为直隶一省贺，可为我国前途贺！"

应该说袁世凯的这次地方自治试验还有很多不完善的地方，虽然事先不断造势，但老百姓看热闹的很多，真正参与的较少，很多场次的选举最后还是沦为多被士绅和富商操控，这并不是袁世凯愿意看到的，但乡村的势力一直由士绅把控，除非袁世凯自己下去当村长，否则他们一定会让选举变味，袁世凯一时也无能为力，但我们还是要为他的这次尝试和破冰鼓掌，到1911年，大清大部分省份都纷纷依据袁世凯的模式和经验，把选举推广到乡一级，成立了乡议会等基层民主选举机构。

尽管很有瑕疵，但袁世凯并不知道，自从洋务运动以来，变革一直被理所当然地认为只是城里的事，甚至只是通商口岸的事，袁世凯有效地将变革贯彻到农村一级，他应该是千百年以来，把最核心的政治权力意识和最基本的民主意识带给了最基层、最普通的山野农夫的王朝大臣，真正有别于商鞅、王安石和张居正等人，在乡村推广选举之前，袁世凯已经联名上奏朝廷废除了科举，废除科举，然后搞选举，这既是引领专制王朝向近代化转型的一套组合拳，也给了那些担忧寒门再难出"贵子"的乡野子弟一个微弱的希望吧。

这是我国历史上第一次民主普选，也是我国民主史、法治史上的"天津样板"，被史书称为"他日宪政之先声"！看来，我国历史上第一次为实现宪政做出的积极探索和建设，也可为袁世凯贺！如果说后来革命党中的宋教仁是为我国宪政建设流血的第一人，谁也想不到，朝廷大臣中袁世凯竟然是为我国宪政建设流汗的第一人！

袁世凯并没有辜负慈禧当初的期望，他已经成为了大清"变革第一人"，在盼望变革的人们中拥有越来越高的威望，已经把以天津为中心的直隶打造成大清新的变革"样板地区"，又吸引了全国各地的官员慕名前来学习取经（"四方之观新政者，冠盖云集于津"），以先改的带动后改的,达到共同变革的目的,但是,也不得不说,袁世凯大部分的舞台,还是在直隶,就在天津进行选举之前,他曾经在朝廷推动和主导了一次根本性的政治体制变革——立宪改革,然而,这一次的变革不仅让袁世凯焦头烂额,也将成为大清命运的拐点!

袁世凯推动五大臣出洋

1898年,戊戌变法失败后,梁启超逃到了日本,在这里,他亲身感受到了日本根本的政治制度——君主立宪,这是一种既保留皇帝,又颁布宪法,从人治走向法治的政治制度,是日本明治维新最核心的内容,也是日本能够迅速崛起的终极秘诀,发现这一点之后,梁启超办起了《新民丛报》,由于从报纸的撰稿、编辑到出版发行都是他一个人,是他自己的媒体,所以也可以称作他的"自媒体",梁启超的见识和文笔还是不错的,有分量的文章基本都是出自他之手,所谓条分缕析、娓娓道来明治维新后日本崛起的政治必然,大力弘扬和普及君主立宪知识,这些文章再通过各种途径流入到大清国内,大家终于发现了一个事实:在当时世界上所有的强国中,只有大清和沙俄不是立宪国家了,作为君主专制的帝国,无论是沙俄还是大清,它们的黄金时代都过去了,却还要携手一起,与世界潮流为敌,互相依偎,互相安慰,却在安慰中更加落伍于世界,直至国内满目疮痍,面对革命运动的暗流,看来大清需要首先做出改变,进行一场真正适应世界潮流的根本性变革。

戊戌变法时期的"维新派"发展成了"立宪派",他们呼吁朝廷参照日本模式实行君主立宪,这些人包括国内外的留学生、东南沿海的实业家、士绅以及个别朝廷官员等等,从这个时候起,当年的"维新派"终于取得了一个重大突破:树立了一个明确的目标,一个共同的奋斗方向,以前只知道要"变法",到底如何变,那是各有各的说法,康有为和梁启超也经常像一只无头苍蝇一样,一天一个想法,而现在终于发现了打开大清变革之门的那把总钥匙——宪政,这是很不容易的,它经历了戊戌变法时期的失败，经历了失败后的流血，经历了流亡海外，此时的康梁也许才发现，对于一件从没干的事情来说，第一步也许不是全面出击，而是能不能首先提炼出一个明确和具体的目标。

接下来就是八国联军之乱，朝野上下的"救亡"危机进一步加重，慈禧推行新政，袁世凯成为变革的带头人，成绩令人瞩目，1904年6月，民间立宪派的领袖人物之一、大实业家张謇给袁世凯写了一封信，请求他在朝廷出面推动立宪，张謇很清楚，虽然立宪的思潮和舆论已经很热，但如果没有朝廷实权人物的推进，那也只是思潮和舆论而已。

袁世凯的回答令人意外：我们还是再等一等吧（尚须缓以俟时）。

袁世凯在等待那个时机，那个对于朝野来说"救亡"危机最严重，民间舆论也最强大的时机，这就是日俄战争的结果，此时日俄已经开战，俄国和大清一样，都是君主专制，日本却是学习的目标，如果日本取胜，立宪国战胜了专制国，说明君主立宪确实要比君主专制"强"，这对于一直饱受洋人欺负的朝廷来说，将是不小的震撼，也无法拒绝这样的学习。

一年之后，1905年6月底，日本战胜俄国已成定局，从朝廷到地方上的实权大臣没有一个不谈立宪，地方上，以署理两广总督岑春煊为代表，他奏请派考察团去国外考察学习，朝廷里以军机大臣瞿鸿禨为代表，这位平时看上去有些保守的清流派大臣，竟然更猛，奏请慈禧派他亲自出国去考察学习，其他如御史赵炳麟等人也纷纷奏请立宪，这时候，一直"稳坐钓鱼台"的袁世凯才出手了，他奏请慈禧先派皇室亲贵出洋去"考求政治"（没有强调立宪，但说的就是立宪），等考察回来之后，太后可以根据考察报告再做决定。

袁世凯不愧为老谋深算，派爱新觉罗家族的人去，慈禧才会放心，而他并没有特别提到日本，而是认为应该去日本和欧美各国考察学习，这才有"大国风范"，慈禧批准了，袁世凯当即让直隶总督衙门出了10万两白银，在地方督抚中带头解决了出洋考察的经费问题，要知道朝廷是没钱的，袁世凯就这样不声不响地发挥了他实干的作风，后来的事实证明，对于推动立宪，袁世凯虽然动作比较慢，但他比任何人都具有坚定的决心，这种决心来自于他的自信：在朝廷，只有他才能把立宪推进到底，一旦走上这条路，就是开弓没有回头箭，但这项变革事关太多人的利益，台前幕后都有无数双眼睛在盯着，白天黑夜都有无数个脑袋在算计，必定比在直隶进行的任何一项变革都要更加艰难和复杂，就他自己的官场风险来说，除了没有那个围园杀后的阴谋之外，他已经变成了当年的康有为，所以他才不能学康有为，他必须"手段灵活"，偶尔玩玩左右逢源、两面三刀的把戏，低调做人，不疾而速，如此才有可能换来一个理想的结果。

接下来发生的事情证明了立宪改革真不是那么简单。

9月24日，以镇国公爱新觉罗·载泽等五位大臣为领队，大清的两路考察团分别去往日本和欧美考察学习，史称"五大臣出洋"，这是几千年以来未有的事情，也是迈向立宪的重大一步，报纸上推出了专题报道，"立宪派"更是奔走相告，喜极而泣，在人们的欢送中，载泽一行人来到京城正阳门火车站，上了为他们准备的专用车厢，人多眼杂，谁也没注意，一位不速之客也混上了车厢，他随身携带的是一枚炸弹，估计那个时候也没有什么安检措施，这个易燃易爆的危险品就被带上了火车。

这个人准备把炸弹扔到五大臣怀里的，不过他终归是混上来的，没办法过分接近载泽等人，炸弹引爆了，此人当场身亡，五大臣相距较远，伤得并不十分严重，但着实吓得不轻，据说当时载泽大人摸着自己的头问："我的头呢？"，别人望了他一眼，赶紧回话："大人，您的头还在呢！"

这个人是革命党人吴樾，这起"人体炸弹"袭击事件也是他和他的同志们精心策划的，革命党人并不希望朝廷推动立宪，如果朝廷一旦立宪，就会受到民众的欢迎和拥戴，把一部分人心再度吸引过去，革命就会失去市场，所以在革命党人看来，立宪最受伤害的其实就是他们这帮人，不惜以暗杀来破坏，当然，他们也并不相信朝廷会真心进行立宪改革。

炸弹一响，朝廷里有人的态度就变了，他们纷纷上奏攻击立宪，要求立即叫停，形势一片风声鹤唳，仿佛又回到了戊戌变法失败之前，在天津的袁世凯大概是鼻子比较灵，他嗅出了朝廷异常的政治气息，也立即换了一副面孔，开始跟在这些人身后附和"不可立宪"，袁世凯的表态传到了载泽等人的耳朵里，他们很是摸不着头脑：之前强力推进立宪的不也是你袁世凯吗，又出钱又出力的，怎么现在又反对了？他们以为袁世凯的立场又变了，成了反对立宪的人，以至于后来跟人谈到朝中有谁阻挠立宪，载泽悲愤而答："小阻盛宣怀，大阻袁世凯！"

其实皇室子弟载泽哪里了解袁世凯的这一套，他当年可是在慈禧面前说哭就哭的，改两句口对他来说那简直是无需按套路出牌，袁世凯最终是会让这位镇国公认识他的"真面目"的。

现在，一切都取决于慈禧的态度了，朝中那些转换风向的人认为立宪带来了自杀性炸弹袭击，影响社会稳定，所以万不能立宪，但他们万没有想到，慈禧并不这么看，慈禧同志一直把革命党人当作最大的心腹之患，其实立宪的目的之一也是为了防止出现更多的革命党人，现在，既然革命党人不惜以自杀性袭击来阻止立宪，说明他们很害怕朝廷立宪，所谓敌人担心的就要加强，敌人拥护的就要毁灭，看来朝廷只有强力推动立宪，才是对革命人致命的打击！

慈禧同时更加欣喜地看到，自从炸弹事件发生之后，社会舆论破天荒地几乎都站在了朝廷这一边，报纸对这种以"暴徒"式的政治暗杀来阻止大清进步的行为，表示出强烈谴责和极大愤慨，社会团体纷纷向五大臣发来慰问电，说实话，这么多年了，慈禧还是第一次见到有这么多人向朝廷表达善意的，不习惯啊。

慈禧很快意识到：既打击了革命党，又争取了人心，一举两得，一举两得，必须排除万难、不怕牺牲、下定决心坚决推动立宪！从今以后，我慈禧就是立宪的坚定支持者了！你们谁也别拦我！

吴樾大概没有想到，他舍命破坏立宪，却反而让慈禧更加坚定了立宪的决心，出洋考察终于走上不可逆的轨道，1905年12月，在调整了其中两位大臣之后，新的"五大臣"率领的考察团再次从北京出发，还是以载泽为首,分率两路去往日本和欧美,对于重点考察对象——日本的这一路由载泽亲自率领。

袁世凯的立宪思想

五大臣终于顺利出洋了,他们一时半会儿也回不来,袁世凯自然不会忘记为立宪做一些实际工作,他在天津成立"宪政研究院",网罗了一大批变革领域的人才作为他的幕僚团队,组织他们埋头编写普及宪政的书籍:《立宪纲要》,大家知道,一旦这位没有受过多少正规教育的仁兄开始开始去编书,那是有故事的,当年为了获得小站领兵的统领权,这位老兄也光荣地当过一次责任编辑,编了一本兵书献给国家——具体接收方是荣禄。

现在袁世凯又开始编书了,很显然,随着五大臣出洋考察学习已经成为事实,立宪的大环境已经变好,他是想执立宪改革的牛耳,成为立宪改革的权威,好吧,为了不让袁大人的工作白做,我们就以这本书以及"宪政研究院"的其它研究成果为基础,替袁世凯为大清的人们上一堂与立宪相关的政治课,当然,为袁世凯编书的那些人都是饱学之士,并不像袁世凯那样喜欢用人民群众更加喜闻乐见的大白话,为让课堂更符合袁世凯的风格,我们将其中的内容进行一些大白话处理。

首先,宪政是源自西方的,但它不是一个孤立的概念,它和民主、自由、共和都有一定的关联,这些概念都是围绕"人"而产生的,而人有两个最基本的命题:人人生而平等;人人生而具备之所以能做一个"人"的各种基本权利——人权。

至于"共和"的概念就比较简单了,从表面上看,它的突出特征就是没有皇帝,如果深入一点理解,那就是:必须保障统治阶层只能从被统治阶层中而来。所以,任何天然拥有特权的个人、阶层、族群都是在共和中被排斥的,皇帝大人既是终身制,又是世袭制,自然要被共和排斥。

相信大家也知道,民主虽然是个好东西,但它也有可能带来"多数人的暴政",自由虽然是个好东西,但它也有可能造就无政府主义的暴民,至少你在强调你有半夜练习美声的自由之时,隔壁邻居也有犁了一天地只想睡个觉的自由,民主意味着某些权力可以让渡,自由又意味着某些权力不可以让渡,这已经比较乱了,此时世界上大部分的国家又都是在自己的历史传承中形成的君主制国家,是有自己的皇帝、大汗、国王的,要走向共和必然会带来共和革命的暴动,那么,在大部分的这些君主制国家,如何才能从本质上避免暴政、暴民和暴动这"三暴"?既保留皇帝,又颁布宪法、实施宪政的君主立宪就这样出现了。

看来,了解君主立宪必须首先了解宪政,它可以用一句话来概括:对任何权力进行限制。宪政是从"恶"的角度来理解人的,是对人价值的一种否定,是对人的不信任,因此也是对民主、自由和共和的不信任,但这种"不信任"绝不是有你无我的排除,而是在高度兼容和互为支撑之后的保障和规范,正是因为绝对的民主、绝对的自由无法出现,单纯的共和也会有各种问题,宪政这才在实践中应运而生,宪政限定了哪些权力可以让渡,哪些不可以,哪些是共守的民主,哪些是个人的自由,因此宪政限制的不是民主、自由、共和本身,只是因为没有这种限制,民主、自由、共和本身将变得更加脆弱而不是更加强大,就无法很好地"落地",既然大家都不想乱,不如一早就做出规范。

宪政之前,统治阶级制定政策的出发点往往只是如何维持政权的稳定,与其说是在治理国家,不如说是把治理的对象当作一个比赛对手来对付,宪政从根本上规避这一点,从而能在根本上实现包括统治者自己在内的所有人,对政治制度的稳定和持久以及国家长治久安的期望,以必要的最小代价避免陷入革命的恶性循环,这是宪政的实用功能,不过,需要注意的是,宪政的精髓并不是它的实用功能,不是冰冷的制度,而是制度背后坚不可摧的"价值观",它才决定了制度的鲜活有力和不拘泥僵化,它无法预料个人会变得有多好,但能限制个人会变得有多坏,对政府也一样,给予容易迷失的权力一座回航的灯塔,至于因此而带来的社会稳定,国家的崛起和强大,说到底那只是它的副产品。

相信大家也已经发现了，从本质上来说，民主、自由、共和都不是专制、特权的天然对立面，只有在它们兼容了宪政之后才是天然对立面，因此，宪政很快成为了当时的一股世界潮流，在君主制国家实施的宪政就叫君主立宪制（英、德），在共和制国家实施的宪政就叫共和立宪制（法、美），而和民主、自由、共和一样，宪政同样来自于实践，并不是凭空"设计"出来的，正是因为它的价值观不可违背，因此需要有一套十分复杂的制度来保障实施，在当时的西方国家，他们这套制度的内涵可以用一个词来概括——三权分立。

为了给大家营造一种有秩序和有效率的公共生活，每个人都必须先把自己的某些权力赋予一个机构，这个机构叫做"政府"，大家对政府的定义是：政府是必要之恶。

这句话的首要涵义是：政府是必要的。政府有它自身存在的价值和运作规律，无论你是否"欢迎和喜欢"它，作为个人都无法替代它，否则就会陷入无政府主义的暴民乱政。其次，政府不是"恶"，是"必要之恶"，公民有义务把自己的某部分权力赋予政府，因此当你已经把你的权力赋予了政府，代表你已经尽了你的义务，你就不需要再做什么了，就应该享受到政府对你该尽的义务，也就是享受你的权利，这就是说，人们会天然地热爱祖国，但其实不一定天然地热爱政府，政府因为掌控权力，往往会令人"疑虑和警惕"，但当政府尽到它该尽的义务时，必然会获得热爱和支持。

那么问题来了，哪些权力该赋予政府？如何保障政府只在被赋予的权力里运作但又能充分尽到义务？很显然，这需要有"法"，需要"把权力关进制度的笼子"，为了便于运作，会选出一定数额的人来立法——西方人称作议员，议员不得在政府中任职成为官员，同样，官员如果想成为议员，也只有先辞去公职，议员的独立性显示了各个行业、各个阶层的利益已经经过充分的博弈和角力，最后才凝结成一种"全民意志"。

在西方国家，议员就组成了议会（或称国会），是对他们的选民负责的,代表所有人行使立法权;政府依照这些法律来办事,不能违背议会的意志,也就是行政人员不能凌驾在法律之上——行使行政权;在这种设计中,由于政府是向议会负责的,议会是向选民负责的,人们通过对议会的控制已经完成了对政府的权力赋予和限制,另外还必须有一套独立的机构对违反法律的任何个人和单位(包括政府)进行居中裁定和审判处理,平等地对待有关各方——行使司法权。这三个方面不仅在组织上相互独立,在人员上也相互排斥(成为议员、官员或者法官,只能选其一),与此同时,在西方人看来,它们的出发点不是如何构建三种组织、达到三种目的(不是为了分权而分权),而是把这三种目的整合成一种良性而稳定的政治制度——宪政。

很显然,在这种三权分立中,还有一个问题是关键的:议员是大家选出来的,从理论上来说是可以让大家放心的,但为了让大家彻底放心,从源头上放心,还必须以民主的程序制定和通过今后一切法律都不能违反的"母法",也就是"把权力关进制度的笼子",首先要"把制度关进制度的笼子",这就是宪法(有些国家没有成文宪法但有约定俗成,如英国),宪法的出台过程是极其独立的,在政党比较多的国家,尤其不能受到党派的干扰与控制,不能受某一政党的控制,它是由议会或者专门选举出的"制宪委员会"制定并通过,甚至有的国家还需要全民公决才能通过,不仅如此,虽然宪法是宪政的标志之一,但有宪法也未必一定有宪政,还必须实现宪法的司法化,所谓宪法的司法化,就是对任何颁布的法律、个人和组织(包括立法机关、行政机关和司法机关)进行是否违反宪法的审查裁定——只有这样,才符合"对任何权力都保持警惕,一切权力都必须是有限的"的宪政价值观,也才能让大家最后放心。

现在我们可以用一句话来总结了:宪法、宪法的司法化以及相关的分权和监督机制(三权分立),是当时西方宪政国家的突出标志。

好吧,政治课就上到这里,在袁世凯编书的同时,大清两路考察团也在国外加紧考察学习,他们可以说是一路顺风顺水,载泽亲率的这一路是主要考察日本、英□□□国,抵达东京之后,睦仁派出了日本"国宝"级人物、刚刚成为日俄战争最□□的东乡平八郎前往车站迎接,另一位"国宝"伊藤博文亲自负责传授明□□的经验,到了农历大年三十日这天,睦仁亲自在皇宫接见了考察团成员,□计双方还在一起吃了个年夜饭。到了英国,英国女王也是亲自出来接见,□桥大学和牛津大学分别授予载泽荣誉博士学位;法国人也不甘落后,总□带着自己的老婆,陪着载泽等人爬上了埃菲尔铁塔,累得气喘吁吁。

在另一路,美国总统罗斯福同样在大年三十这天接见了□□成员,甚至还给光绪皇帝写了一封亲笔信;在德国,德国皇帝带着皇太□,自请考察团吃家宴,至于比利时、丹麦、瑞士、荷兰这些原本不在考察□划之内的小国,当他们听说大清考察团来到之后,争先恐后地邀请考察团前往,诸位大人啊,你们即使不来考察,来转转也行啊。

对于洋大人们的热情,载泽等人自然是清楚原因的,谁也不会放过成为大清变革老师的机会,以便将来在大清获得更多的政治资源和市场开发权,但这毕竟是鸦片战争以来,洋人世界首次集体对大清友好,载泽等人感觉十分受用,如果要用一个字来形容,那就是:爽!

而随着考察学习的深入,载泽等人慢慢变得不爽了,英国这样的国家,国土面积不及大清一个省,因为是世界上的第一个立宪国家,就成了"日不落帝国",日本这样的小国还战胜了强大的俄国,朝廷真的不需要改变吗?说到底,西方国家虽然从各自的国家利益出发,但骨子里正是因为没有把大清当成同等级别的国家,他们的集体客气,正是集体认为大清还不是处于世界潮流体系里的国家,是被世界潮流排除之外的,与他们自己的国家还有着相当大的距离,才会对考察团如此破格礼遇,否则,他们是不会如此花费心思的,只会按照正常的外交礼仪来办。

大清确实需要强大啊,确实需要去加紧融入世界潮流,坚定地推进立宪改革!

这是载泽和所有考察团成员最后的认识,虽然和大清大部分的人们一样,他们的注意力并没有放在宪政的"价值观"上,也是从大清需要"救亡"国情出发，在意的恰恰是宪政能够带来的社会稳定、国富民强的那些副产品，但这毕竟已经是一个难能可贵的认识了，鸦片战争轰开了大清国门，也将大清拖入世界，从此"救亡"和"变革"一直是大清最重要的两大主题，但救亡一直是压倒变革的，变革只是手段，救亡才是目的，正是因为救亡这口气是一直在所有人心里憋着，变革才可以在起落反复之后一直推定下去，载泽已经决定，回国之后，他将从"救亡"、"保大清"的角度想尽一切办法使慈禧下定决心推动立宪！

第七章
袁世凯为何反对立宪学习明治维新？

袁世凯开始主导立宪改革

1906年8月23日，在回到京城后，载泽给慈禧上了一道密折，希望朝廷能够学习日本模式，推动立宪，所谓日本模式，可以说是"有日本特色的宪政"，它组内阁（行政权独立），开国会（立法权独立），设大理院（司法权独立），议会可以逼内阁下台，大理院可以不听内阁的，这一点和西方宪政国家并没什么两样，但问题是它在上面又加了一个"盖子"，规定天皇拥有最后的权力，也就是"天皇领导一切"，载泽总结朝廷学习日本模式立宪有以下三大好处。

首先，皇位永固。天皇的权力并没有因立宪受多大影响，但对官员的权力做出了限制，朝廷学习日本之后，自然也不会例外。

然后，能瓦解革命党。这一点不用多说，从五大臣出洋之前就已经证明了。

最后，能减少外患。载泽认为，现在洋人侵略我们，固然是由于我国国力弱小，但也不能忽视另外一个原因：我朝的政治制度比较特殊，用洋人的话来说就是专制，洋人并没有把我们看作与他们同等样的国家，而是看作半开化的国家，只要立宪之后，就能够融入世界，能够获得对方的认可和尊重，国与国之间正如人与人之间一样，价值观差不多了，安全感也就差不多，最起码大家都能对对方比较放心，洋人对大清侵略政策自然会改成和平邦交的政策。

所以,载泽总结,学习日本模式立宪"利于国,利于民,最不利于官",由于立宪之后,官员们的权力会受到限制,立宪自然会受到一些官员们明里暗里的阻挠,正是因为如此,请太后排除杂念,从速宣布立宪,越快越好,而且现在宣布立宪,并不是马上就要实施宪政——实际上这也做不到,根据明治维新的经验,日本在正式实施宪政之前还有一段准备时期(预备立宪期),现在,朝廷也只不过是进入预备立宪的阶段。

慈禧被打动了,第三天(25日),慈禧召袁世凯立即进京,就是否立即开始预备立宪征询一下这位变革"第一人"的意见,在如此关键时刻,袁世凯自然不会退缩了,他表示"坚决拥护泽公的意见"(两人私底下早就达成共识了),预备立宪必须立即开始,为了打消慈禧的顾虑,袁世凯甚至还简要提出了预备立宪总的方案,看来是早有准备,成竹在胸。

慈禧心里基本有数了,但她也并不着急宣布,她有她的做事方法——她还要形成"集体决策"。

慈禧下令,包括袁世凯这个唯一的地方官在内,朝廷所有的高级大臣连续召开两次闭门会议,就载泽的密折展开讨论,载泽出于避嫌,两次会议都不参加,慈禧派出的另外一位皇族亲贵——23岁的醇亲王爱新觉罗·载沣主持会议。

应该不出大家所料,这会上又分成了两派,一派是袁世凯这些"快派",认为预备立宪可以马上开始,越快越好;另一派可以叫"慢派",以内阁大学士荣庆等人为代表,荣庆是朝廷有名的清廉之人,到他家送礼行贿的人几乎踏破了门槛,他一两银子都不贪,被人称为"纯臣",当然,背地里叫他"蠢臣"也说不定,荣庆大人的意见是:大清目前最大的问题是纲纪松弛,官员腐败,因此立宪改革并不是最紧迫的,应该首先从整顿朝纲入手,树立和运用朝廷的权威,强力肃贪反腐,使得官员们不敢有二心,想贪不敢贪,如此才能为将来的立宪改革扫清障碍和创造条件,积极稳妥地推进这个变革。

荣庆大人的话音刚落，所有人都默不作声，袁世凯的眼睛更是已经望着窗外去了，只有一个人随声附和，没错，他就是朝廷另外一个清廉的大臣——外务部尚书兼军机大臣瞿鸿禨。

不过这两派虽然有时间上的争论，但对于朝廷最终要立宪是没有异议的，毕竟立宪已势在必行，无可倒转，事实上就连慈禧也很清楚，正是因为朝廷已经存在严重的问题这才立宪，如走回头路，恐怕革命党人的队伍又会越来越壮大，会议讨论的结果最终还是袁世凯这些"快派"占据了上风，而年轻的王爷载沣似乎只是来客串的，似乎只是带了耳朵来而忘了带嘴来，在会上基本没有表态，之后就把会议情况如实向慈禧上奏。

决定了。1906年9月1日，这是一个重要的日子，慈禧颁布上谕：从即日起，大清正式开始预备立宪！宗旨是仿照明治维新的模式，具体来说就是天皇领导一切的"大权政治"模式，慈禧为此还颁布了两个原则——"大权统于朝廷，庶政公诸舆论"。

第二天，9月2日，慈禧颁布上谕，在大清进行全国政府机构改革——也就是官制改革，这其实也是对明治维新的刻意模仿，日本在预备立宪时期，曾经进行了两次大规模的官制改革（废藩置县、废刀令），从这一天起大清正式进入了政治体制全面改革的轨道，作为亚洲两个历史悠久的封闭国家，大清的国门要比日本更早打开，洋务运动也比明治维新还要早开始几年，而在大清扭扭捏捏地进行了"只学技艺，不涉文武制度"的几十年变革，最后又不得不调过头去学习后来者日本，这一天实在是具有非比寻常的意义。

厘定官制馆随即成立，决定就从朝廷的机构改革入手，自上而下逐渐推行到地方，在这个馆里具体负责的是14位大臣，称作"编纂官制大臣"，他们要带领一帮办事员编一部特别的"书"——也就是朝廷机构改革具体的方案，这部书关系到朝廷多少人的饭碗，还关系到大清的前途，虽然它没有定价，但一定是世界上最昂贵的书，14位大臣就相当于"编辑"了。

他们上面是3位总核官制大臣，以奕劻为首，相当于"总编"，只有先通过他们的审核，最后才能交到慈禧这个"出版人"的手里，然后由慈禧决定是否"公开出版"（颁布实施），很显然，这个"出版人"虽然不参加不具体工作，只是最后看一下方案，但没有她的点头，不论你编得多漂亮，那也是非法出版物，做不得数的。

现在，14位"编辑"非常关键，他们都是慈禧指定的，当中有皇室子弟载泽、载振（奕劻的儿子），而那位刚刚客串过的载沣王爷又被排除在外了，他并没有参与此事，剩下的人就是军机大臣、内阁大学士和各部尚书等等，总之，都是朝廷里的权势最大的大臣，随便拉出一个来，品级都吓死人。

京官中的高级大臣都来了，那么地方大员怎么办呢，有一位总督已经加入了这支队伍，相信大家已经猜到了，没错，他就是袁世凯，他进入了14人大名单，排名垫底，光荣地排在第14位。

而所有人都知道，袁世凯的排名只是受他不是京官的影响，至于如何编这部书，还得听他的，毕竟人家在变革领域的地位和成绩都摆在那儿，还是目前慈禧面前的第一号红人，14人中的"主编"非他莫属，而来到北京之后，袁主编也一反常态，表现出强硬的态度，他叫嚣："官可不做，宪法不能不立！"，"有敢阻立宪者，即是吴樾，即是革命党！"把试图阻挠编好这本书的人与革命党人相提并论，"袁主编"，你这是赤裸裸的恐吓啊。

现在，摆在"袁主编"面前的有两个关键性的问题：一是他要对慈禧这个"出版人"负责，另外他也要对这部书的读者负责，也就是对"变革"负责，此时的他毕竟与成为直隶总督之前不可同日而语了，他已经是大清变革"第一人"，在变革领域最具权威和权势，如果他不对变革负责，还有谁会对变革负责，还有谁能对变革负责？袁世凯和他的幕僚团队已经准备好了答案，从接下来的内容看，袁世凯似乎更偏向后者，因为他提出了一个令慈禧无比震惊的方案：对于大清的立宪改革，一向学习日本的袁世凯竟然从根本上反对学习明治维新，具体到官制改革，那就是——撤销军机处，成立责任内阁！

军机处的秘密

要了解袁主编的这个秘密，我们首先需要来了解一下什么是军机处。一句话，军机处，它不是个处。

大家知道，在明太祖朱元璋之前，皇帝掌握权力的帮手是丞相，也就是那个一人之下，万人之上的人物，为了加强集权独裁，朱元璋干脆把丞相给废除了，他自己既当皇帝又当丞相，一个人包办了很多年，到了他后代的手里，虽然大家也想彻底地掌握权力，但无奈的是没有能像朱元璋那样精力旺盛，成为工作狂，只好又挑了几个饱学之士组成了内阁，皇帝的圣旨先发给内阁，再由内阁下发到朝廷各部或者地方，地方和各部的事情也先汇聚到内阁，由内阁进行处理并请示皇上，于是乎，只要皇上不那么勤政，权力又集中到了内阁大臣手中。

大清是靠八旗打天下的，朝廷虽然沿袭了内阁这个制度，但一开始的权力中枢并不在内阁，而是由各旗的王爷贵族组成的"议政王大臣会议"，到了康熙时期，他终于用"南书房"这个机构把议政王大臣会议的权力削弱了，去掉了那个"王"字，变成了"议政大臣会议"，所谓南书房，指的是康熙在自己的南书房里召集几个饱学之士讨论和决定核心大事，相当于大清自己创立的"新内阁"。

南书房虽然架空了八旗王爷，但根据明朝的教训，时间一久，这个"新内阁"专权的现象又会出现的，继任的雍正自然很不甘心，在"公私两便"思想的指导下，雍正趁着朝廷当时需要在西北用兵，每天需要处理很多"军机"，绕开以南书房、内阁为汇总的正常行政系统，成立了军机处，而正是这个在当时并不十分起眼的机构，却一举解决了自朱元璋以来，如何既能让皇帝集权独裁又不那么累的老大难问题。

军机处成立时，是没有编制的，是朝廷的临时单位，说得过分点就是"黑户"，并且自雍正年间之后，这种现象一直保持了100多年，更神奇的是，和明朝那些专职的内阁大臣不同，朝廷也一直没有专门的"军机大臣"，所有的军机大臣一直都是皇帝从大臣中挑出来的临时兼职人员，比如你原本干的是吏部尚书，自己努力上进，主动向皇帝大人看齐，皇帝大人就会看得起你，把你调入军机处，成为"吏部尚书兼军机大臣"，等到某一天皇帝发现你不那么听话了，或者由于你进入军机处的时间够久，要防备你分权了，就会一脚把你踢出军机处，不过你也不会去找皇帝哭诉和拼命，因为你还可以继续干原来的吏部尚书，工资奖金照拿，军机处那干的只是临时工的活，你又不靠军机处发工资奖金。

现在我们知道了，军机处对皇帝大人的集权独裁确实是大有好处的，铁打的营盘流水的兵，皇上可以通过军机处从大臣中不断"海选"对他忠诚的大臣，谁听话谁进来，谁不听话谁出去，而等到出了事需要问责时，皇上大人也可以说，那是"临时工"干的，就把兄弟你踢出军机处了，由于你的工资奖金不是在军机处发，你就不会带上一帮小弟去找皇上拼命，不会引发官场大的震荡，皇上大人也就可以很轻松地掌控一支对他永远保持忠诚的队伍，这就是军机处这种"临时单位"在100多年间一直神奇存在的秘密。

而历代皇帝自然也不会满足于只处理"军机"，而是以"军机"为名的全国所有大小事情，结果，议政大臣会议和南书房就成空架子了，最终被废除，内阁是从前朝沿袭下来的，历史悠久，倒是被保留了下来，不过同样成了一个空架子，内阁大学士成了荣誉称号，但皇帝大人要发谕旨，就有了两种途径，一种还是按照原来的程序走内阁，公开下发，谕旨内容除了接旨人员，其他官员也知道，称为明发上谕；而另外一种途径就是由军机处直接密封发走，谕旨只有接旨人员知道，对别人是保密的，称为廷寄，由于它是打着"军机"的名义，必须由兵部派专人限时送达，从400里加急到800里加急不等。

而接到廷寄的官员将来还要把落实情况奏报皇上，一般都是采用"密折专奏"的形式，在通过军机处中转之后，与皇帝一对一秘密往来，如此一来，官员们不过是皇上廷寄的执行人和反馈人，干的还是秘密工作，跟黑社会老大与小弟之间也没什么区别。

这就是军机处，它不是个"处"，而是一套系统，一套高高在上神秘进行的政治系统，一套让皇帝的集权独裁达到顶峰的系统，如果说明代的内阁是国家军、政大权的汇总之地，那么军机处除了掌控军、政大权外，还同时是皇帝大人的羽翼和附庸，用我们今天的话来说，实际是皇帝的"专职秘书处"或者"专用办公室"，它成为了皇权落地的最佳途径，十分"扁平化"，自从之后，国家军、政大权，军机处中转，皇上自操。

谁也不知道，军机处的出现，实际上给大清带来过巨大的损失，就拿当年慈禧的上位来说，表面看来，这是由于咸丰皇帝只顾贪图享乐而偶然造成的，但这件事情独独发生在清代，和军机处的出现应该也有着莫大关系：有了军机处，皇帝大人更加集权独裁了，并且是在小范围内集权，他老婆什么的篡个权自然也就更加容易——只需要搞定她老公即可，没有明朝以前的丞相作为阻力，也没有明朝的内阁大臣作为阻力，等到大清的大臣们明白过来时，慈禧的权都已经篡完了，她并不需要付出当年武则天那样的代价。

而深受其害的还有另外一伙人——大臣。用御史张瑞荫的话来说，"自设军机处，其弊不过有庸臣，断不至有权臣"，事实正是如此，在军机处成立之后的100多年间，确实没有像明代那样出现过权臣，但也没有出现过什么像样的能臣，能够在历史上留下点名号的能臣几乎绝迹，实在是对得起"庸臣"这两个字，这也不能怪他们，"临时工"的身份原本就能造就一批又一批平庸的军机大臣，而那一对一秘密来往的"廷寄"其实就相当于皇帝在官场发动的"文字狱"，因为你不知道皇上对你周边的同僚发了什么指令，也不知道同僚们向皇帝秘密汇报了什么，皇上会不会叫人暗中监视你，同僚会不会背地里打你的小报告，在这种集权独裁而又神秘的政治环境之下，官员们也着实很不容易，他们也是"弱势群体"，那么就只有把自己的思想先阉割，手脚先捆住，多磕头，少说话而已。

而令人惊奇的是，所有这些都不是军机处对大清最大的弊病，军机处最大的弊病是它对制度的伤害，军机处只是一个临时的"处"，并不是府，更别说是"部"，却能指挥大清的国家六部以及整个行政系统，为什么？因为它是皇帝大人亲自成立和直接管理的，只要是属于皇帝的机构，别说用一个"处"来指挥整个朝廷，他有个三瓜两枣都行，这就是说，军机处集中体现了千百年来君主专制王朝一个极为常见的特色：权随人走，小权随小领导走，大权随大领导走，最高权力随最高领导皇帝大人走。雍正大人他是通过改组组织机构来实现集权——请注意不是只换人马，而是连组织机构一起换，后果就是朝廷中每一个新设的机构，其实都是在皇帝认为所谓行政系统效率低下和"政令不畅"的情况下，既不裁撤旧的机构，又成立这类新设的"临时单位"，迅速提高"政令畅通"程度，所以朝廷的机构才会越来越臃肿，权力中心也才会不断转移来转移去，下面官员们的脖子都摇酸了。

　　当皇帝大人可以借助他手中的权力，反过来创建一套"完整的制度"，然后以"讲程序、走流程"的方式来实现集权和独裁，比如"军机大臣兼职"它也是一套制度，"廷寄"它也是一套流程，别人又有什么办法？地方大员难道就不会模仿？后世难道就不会效仿？

　　现在让我们来回想一下，在这场变革之初，慈禧也是拉几个人，成立了政务处，虽然变革也是人心所向，慈禧也是没有办法，她不这么做，估计大清朝野都还在沉默和忍耐，变革也只能这么自上而下地发动，但就从权力运作的本身来说，慈禧的此举仍然没有跳出权随人走的怪圈，人心所向的政务处在本质上也不过是另一种形式的"军机处"，是皇帝为达到自己目的又一次的"制度创新"，而就是一次次的"制度创新"，被赋予了变革的假象，当100多年前的军机处成立时，人们津津乐道，把这当作了变革，当政务处成立时，人们又津津乐道，把政务处成立本身也当作了变革，却不知道离变革的本质可能还很遥远。

　　原来，所谓把权力关进制度的笼子，真的需要首先把制度关进制度的笼子，对于大清来说，这样的制度，是从"人治"走向根本性的"法治"，就是朝野几乎人人都在翘首盼望的立宪，在这块土地上受苦难很多的人们,他们应该生活在"诸神"的黄昏后,再也不需要一个代表上天的"神",再也不需要一个接一个的"神",从秦皇汉武到唐宗宋祖,那已经反复证明了行不通,只有制度的力量才能时时保障基本的果实,却能激发更大的力量,让所有人都按照"人"的规律和规矩来办事——哪怕他是皇帝,想办一件什么事,哪怕是万分紧急"军国大事",哪怕本身是人心所向大势所趋,也不能随便拉上几个人成立一个机构,就"只凭领导一发动,下面就干起来",然后把它变成朝廷意志、国家意志加于老百姓们的头上,再也不能有什么人能借着"制度创新"实现对专制擅权的偷梁换柱,军机处,它因为是皇帝简单粗暴凌驾在国家正常行政系统上的左膀右臂,所以在立宪改革中就要打掉这样的左膀右臂——对皇权做出制衡!

看来,不是袁世凯看军机处不顺眼,实在是在一个需要立宪的政治体制面前,军机处是不合时宜的,袁世凯已经在方案中提出了"将军机处和内阁并入责任内阁",当然,所谓"并入"其实就是撤销,讲究现实的袁世凯只不过是说得缓和一点,怕引起别人激烈的反应,很显然,这个新成立的"责任内阁"应该并不同于原来的内阁和军机处,它也是一套系统,一套几千年以来的王朝历史中从未出现过的系统。

袁世凯设立责任内阁的设想

现在,我们要来了解一下"袁世凯牌"责任内阁的秘密,它用一句话来说,就是按专业分工,朝廷设11部,由这11个部的正部长(尚书)兼任内阁大臣,在这11个人的基础上,再设专职的内阁总理大臣1人,左右副大臣各1人,这14人组成了责任内阁,它将取代军机处成为全国最高权力机关。

相信大家要问了,这11位内阁大臣不也是兼职吗,其实我们只要仔细一想就能发现差别:他们虽然也是"兼职",但他们本身是固定下来的人选,以后皇上再也不能随机指定军机大臣了,方案里的"分之为各部,合之皆为政府,入则同参阁议,出则各治部务",指的就是这个情况。

而责任内阁最重要的自然就是"责任"二字，具体表现在以下几个方面：

首先是分职专任。在这次官制改革之前，朝廷出于满汉有别的祖制，各部的尚书就有2人，分别是满尚书，汉尚书各一人，一个部的正部长就有两个人来当，等于在一部中就有满汉两套班子，大家表面和气，私下算计，而某位部长很可能又兼任其他繁杂的职务，比如吏部的满尚书很可能还兼任领侍卫内大臣，那么到底是吏部的本职工作重要，还是保卫皇上更重要？是"国差"重要还是"皇差"更重要？相信大家能分清楚，这就很容易出现某些部长不干活（推给另一个部长），某些部长又累成狗（兼职太多）。

责任内阁规定，除有极特殊情况，各部尚书不再兼任其它职务和职位，同时由于军机处已经撤销了，也不必要再成为军机处的"临时工"，各部尚书都"专治部务"，而且各部只设尚书一人，不分满汉，可以是满人，也可以是汉人，让专门的人去管专门的部，把责任落实到个人，让责任内阁确实能够对国家大政负责。

而责任内阁对皇上也是有责任的，根据袁世凯和他幕僚团队的设想，一般政务可以由内阁大臣自行处理，但遇有重大之事，都应该由责任内阁公开讨论，少数服从多数，阁议决定之后再奏请皇帝颁布谕旨，如果没有十分特别的情况，皇帝一般不能驳回（请注意），反过来，皇帝想做的事，决不能像过去那样吩咐军机处下发道谕旨就行了，皇帝发布谕旨，必须经责任内阁签字同意，否则就不发生效力——但是，皇帝对内阁总理大臣和内阁大臣都有任免权，而各内阁大臣遇到紧急情况时，还可"自请入对"，也就是可以绕过内阁总理直接去找皇上（洗脱内阁总理有"架空"皇上的嫌疑，用心良苦），更重要的是，当政务出现重大差错引起朝野上下严重不满时，责任内阁要为此承担责任，皇帝是不需要为此负责的，内阁倒台了，皇帝还是皇帝，不会出现皇帝也被牵连"下台"的情况。

这种情况形象地说，大清的"产权"是皇室的，而"治权"更多的是责任内阁的,责任内阁治得不好,就要向国家大政和皇室负责而倒台;但皇室也要相信,责任内阁治得再好,也不会图谋霸占"产权",这就改变了以往"家天下"观念中,拥有天下也要独裁治理天下的概念,有利于朝廷权力中枢从一元制向二元制转变,多少缓和一下之前皇室集权独裁带来的多种弊病和百姓们的不满。

如此一来,袁世凯设计的责任内阁就已经有了近代"责任政府"的意味,它与皇权相互制衡,也和之前的军机处有了根本区别:正是因为"产权"与"治权"逐步分开,逐步走向公开政治(可以问责,可以倒台),以及分职专任等等"责任"的确立,有助于改变几千年来从官到民的"官本位"思想,有对权力的限制,才能减少对权力的崇拜,让权力不再天然是真理的代名词;有助于让政治不再是神秘之事,甚至不再是神圣之事,政治原本就应该以处理老百姓的俗务为重,就为老百姓的"过日子"服务,而不是你阴谋我,我算计你,你整我,我斗你,政治本身没那么高尚,并不是政治天然值得去歌颂,政治也分好坏,明辨政治的好坏很重要,做官本身也没那么神圣,真正的情况绝不是"万般皆下品,唯有读书(然后做官)高",成为官员,处理政事,说到底那也只是一个社会分工,并不意味着当官天然就能力强,道德好,天然就要受到尊敬,他们也会犯错,重要的是犯了错就要负责!

原来,让政治变得世俗,才会最终让政治得到该有的尊重;让政治回归平常,就是让政治走向了正常,原来,之前袁世凯和其他几位大臣上奏废除科举,正是和这次以设置责任内阁为核心的改官制互为配套——只有从制度上去除做官的神圣性以及读书只能做官的途径,才有助于最终建立一个工商业和经济充分发展的世俗社会,让一贯强势的政府,向世俗社会低头,最终成为真正的"责任政府"。

当然,相信眼尖的人也已经发现了,这个方案中虽然规定皇帝可以直接任免和接见内阁总理和内阁大臣,但皇帝还是由过去的直接管事变成了间接管事,借用自古以来那句著名的话,现官不如现管,皇帝仍然有被内阁总理架空的可能,而且从当时情况来看,一旦责任内阁成立,内阁总理自然属于奕劻，而其中一个副总理自然非袁世凯莫属，奕劻同志一向是"神仙王爷"，只贪银子不管事的，拿银子喂饱奕劻的袁世凯就会成为事实上的内阁总理，袁世凯啊袁世凯，其实朝廷中已经有说你"假立宪、真专权"的传言了，你如何真正洗脱自己的嫌疑啊。

袁世凯是个聪明的人，他始终关注自己和他人的现实利益，他的现实就是从结果出发，先考虑怎么创造条件，并不注重形式和过程的细节完美，根据条件一步步达到目标，也就是说，他不会把前进的姿势也当做了前进本身，只要能达到目的地，哪怕是爬过去也是愿意的，作为这轮官制改革的领导者，袁世凯很清楚，他不仅需要为变革本身设计一个好方案，也必然要把自己尽量超脱于私利之外，用这份方案本身最大限度地凝聚变革共识，趁此时机壮大变革阵营的力量，这才是他该考虑的事情，面对权力的时候，朝廷中没有人是傻子，塞进了私利的方案绝对不可能蒙住慈禧那双厉害的眼睛，也绝对不可能在那些老油条大臣中争取更多的同意，袁世凯需要的是让改官制得到更多的支持，而不是关起门来为自己计算，这一点他还是分得很清楚的。

于是，为了进一步限制责任内阁的权力，袁世凯的改官制方案还设计了其他的方面，这种设计从内涵来说，它正是对当时西方宪政体系的一种有意模仿和学习——三权分立！

责任内阁并不是终点，袁世凯的方案继续向着君主总揽下的三权分立挺进，司法权属法部和大理院（由原来大理寺改组），它们是独立的，不听从政府（责任内阁）的命令，也不受政府的干扰，只对皇上负责——至少从组织层面上，司法权已经分立了。

立法权应该属于国会，但在大清目前的国情下，正式的国会是很难召开的，这是大家的共识，在一个有着千年专制传统的国家，如果明天突然成立一个"国会"，老百姓就真的能够去"立法"让大小官员去遵守，那才叫乱了套，既然正式的一时难以成立，袁世凯的设计是，先在京城设立"资政院"作为过渡，那么，它到底能起到什么样的作用，如果袁世凯不解释清楚，大家的疑虑是无法消除的。

在袁世凯拿出的方案中，资政院就是"专门让百姓们说话的场所"，以后百姓们有利益诉求或者对官府有建言，都可以并且只能去资政院进行申诉和表达，如果不是经由资政院，朝廷一律不受理，如此一来，朝廷倾听了群众呼声，民间利益的诉求有了出口，对政府形成一定的舆论监督，老百姓行使了一定的议政权力，对官府有建言和建议，先让老百姓敢于参与和议论政治，敢于对政府问责和追责，然后从"说话"向着"立法"过渡，将来逐步开设议会、制定宪法。

　　除了作为国会的预备和过渡之外，袁世凯还有结合大清国情的更加现实的考虑，用他的话来说就是，百姓们目前确实"民智未开"，但随着变革的推进，他们的权利意识实际上也在逐步增强，而自从新一轮变革以来，朝廷花了很多的钱，加捐加税，加重了百姓们的负担，民间已经出现了要求收回抵押给洋人的铁路、煤矿、声讨地方督抚不作为的声音，据他的判断，这种情况今后会越来越严重，如果都让官府去处理，会让官府应接不暇，影响正常行政，朝廷最好专门设置一个让老百姓"说话"的场所，让民间舆论化散为整，让民间的利益诉求有个出口，有合法和便利的渠道传递给官府，以便将来不会闹得不可收拾。

　　不得不说，袁世凯的预言在五年以后变成了现实：如果朝廷真的能够发挥好袁世凯设计的资政院的这个功能，认真疏导和对待民间舆论，1911年的"保路运动"也许就不会发生，武昌起义也许最终不会被引爆！

　　此外，根据袁世凯的设想，资政院在初期还应该承担一定的"分流"功能，那些毫无行政能力又占据官府高位的皇室子弟、守旧官僚，将来就应该去资政院上班，既把他们从官府中分了出去，又给了他们一份工作，如果仍然接收不下，他们还可以去新成立的"集贤院"，而虽然要精简机构，但像宗人府、内务府、侍卫处、翰林院等内廷机构暂时先一律不裁撤，不是袁世凯不想裁撤，这些机构的人都是慈禧身边的人，说得现实和恶毒一点，他们倒不一定对朝廷死心塌地，但变革到关键的时候，谁都会去想自己的退路，他们要闹起来，说不定拼死反对变革，又上演戊戌变法时的那一幕，于是袁世凯做出了让步和妥协，给他们做出了分别安排，为他们把退路想好，这一妥协不可谓不大。

好吧，说来说去，在资政院真正能够发挥国会的作用之前，谁来对责任内阁的权力做出有效监督和限制，这个问题还是没有解决，别着急，袁世凯这个现实的人是不会不考虑这一点的，为了最大程度地达到这个目的，更为了把学习西方与大清自己的传统和现实国情结合起来，走具有大清特色的立宪道路，袁世凯和他的团队竟然认为还不能只学习西方的三权分立，咱大清应该是"五权分立"！也就是再把两种重要的权力从政府（责任内阁）中抽出来，另外成立两大院，他们都直属皇上，不听从责任内阁的命令：

第一是成立审计院，专门负责对官府经费收支情况进行审计。

第二是成立行政裁判院，相当于朝廷的"上访部门"，专门负责仲裁老百姓对官府的控诉，也就是说，老百姓对官府有了意见，可以去资政院表达，但要做出仲裁，只能在行政裁判院！

好吧，到现在为止，袁世凯的官制改革方案算是完整出炉了，正因为它相当深入和大胆突破，所以它很复杂、全面，还具备袁世凯特色的"现实性"，在袁世凯看来，其实只要仔细一分析，这个方案也深入贯彻落实了慈禧"大权统于朝廷，庶政公诸舆论"的指示精神，他不像康有为，他在官场混了这么久，绝对不可能把慈禧的指示当做一句空话，而是会想办法结合起来，如果把这次变革比作一场"战役"，袁世凯已经付出了很大的心血，既有"战略"，又有"战术"。

14位"编辑"中排名第一的载泽支持了这份方案，三位"总编"中排名第一的奕劻的态度是：我举双手赞成啊。虽然奕劻平时收了袁世凯不少的银子，但相信这一次他也并不是看在银子的份上，而是和载泽一样，也认为这份方案几乎无可挑剔，谁都知道，袁世凯不是爱新觉罗的子孙，但从另一个角度来说，也只有对皇室、对大清朝廷有归宿感的人才能有如此之举，而不是抛出一份畏畏缩缩、避实就虚的方案去明显地敷衍了事嘛。

不过，奕劻毕竟是奕劻，他要比袁世凯更懂慈禧，也更加在意慈禧，这次他也认真起来了，一改往日"神仙王爷"的作风，认认真真地对方案进行了研读，然后又去找袁世凯和其他"编辑"商量，又增加一个备选方案，这是确保万无一失的：

如果朝廷（慈禧）仍然担心有人会借当内阁总理之位来专权和架空皇帝，那么就不设总理大臣和左右副大臣了，但仍然要撤销军机处，成立责任内阁，以原来的军机大臣为内阁中的领导（办理政务大臣），各部尚书为他们的助手（参预政务大臣），原来的内阁大学士可以继续存在，如此可以争取原来军机大臣和内阁大学士的支持，但"行政机关屹然已定，宪政官制有始基矣！"

用心良苦，用心良苦，这是袁世凯一次最大的让步，他又一次表现了与当年的康有为不一样的地方，虽然不能排除他想借这次变革让自己成为内阁中的领导（奕劻之下的副总理大臣），但这并不是他最重要的目的，如果有可能因此而使得这次变革方案流产，那么就可以连内阁总理、副总理大臣都不新设，直接以原来的军机大臣充当，这对奕劻没什么影响，因为他原本就是领班军机，却对袁世凯影响很大，因为此时的他还并不是军机大臣，但是，他毕竟守住了责任政府和司法独立这两条最重要的底线，迈出了走向宪政的重大一步！

反反复复的讨论、完善和修改之中，两个月已经过去了，11月2日，奕劻将最后核定的方案进呈慈禧，据统计，这个方案各种折件共有25个，详细到了变革之后各个机构的内部清单，也就是说，袁世凯他们弄出来的并不只是一个原则性的方案，而是一个细化到执行层面的详细方案，只要慈禧一批准，立马就可以执行！

袁世凯很自信，作为一个讲究现实的官场老狐狸，他自信的并不是只是方案本身，而是"势"，当朝廷到了必须变革的时候，变革的趋势已经远非戊戌变法时期可比了，立宪改革从来不是他一个人的事情，也是一种大小官员眼中的"政治正确"，更代表一种未来的趋势和势力，谁都知道，在将来"得立宪者得天下"，他相信这样的方案一出台，举双手赞成的人一定很多，至少不会遭到原则性的反对，自从奕劻上奏之后，他也没回天津，每天有事没事就去皇宫里转悠，时不时找点理由跑到慈禧那里去"请训"，他已经准备好了，只要慈禧召见他，他一定亲自把方案向慈禧解释清楚。

然而，令袁世凯始料未及的是，他还是想得太乐观了，以御史赵炳麟等人的奏折为代表，一大波反对浪潮正朝他袭来！

第八章
慈禧紧急叫停立宪改革，新一轮党争即将开始

袁世凯为何反对立宪简单"学日"？

和袁世凯一样，赵炳麟也是坚决拥护立宪的人，属于官员中的"立宪派"，同时他也是一个对宪政有着深刻理解和研究的人，按照赵炳麟的说法，他反对的不是朝廷实施立宪改革，事实上他也无法反对，连慈禧的谕旨都下了，他反对的只是袁世凯这个方案。

老赵等人的主要意思是：立宪本来是要以明治维新为榜样的，而袁世凯的这个方案与"天皇领导一切"的日本模式相差甚远，袁世凯不仅没有让咱大清的皇帝"去领导一切"，反而要分皇帝的权，这难道不是假立宪、真专权吗？宪政的根本精神是在国会（确实如此），现在国会未开，就先成立责任内阁，内阁的权力就失去了国会的监督和限制，因此立宪不能单独成立责任内阁，应该先开国会，后组内阁，至少二者要同时成立，如果朝廷一时难以成立国会，就从地方开始，先成立地方议会，直至召开国会，反之，如果责任内阁有可能会让皇帝居于无权，那么宁愿在国会召开之前，继续让皇帝专权——也就是说，宁愿保持现状，让立宪改革"暂缓进行"。

总结一下，赵炳麟等人的意思是：因为国会一时成立不了，所以责任内阁也不要成立，在朝廷暂时不改革，保持现状，保持现状。

袁世凯要崩溃了，他没想到自己苦口婆心解释了这么久，和他的团

队一起弄出了25个折件，最后只被一个理由给击回来了，袁世凯竟然一改以往的城府，开始爆粗口："此等闲话，皆不可听！我不怕真正的反对，怕那些不着痛痒之人！"

在袁世凯看来，赵炳麟等人其实就是一些"不着痛痒"之人，他们并不是不理解宪政的涵义，也并不是不了解西方国家的宪政情况，却一再在所谓的袁世凯"假立宪、真专权"上纠缠不清，对此，袁世凯只能表示很无奈，也百口莫辩，事情是他做的，怎么样也是无法彻底洗脱嫌疑的，但赵炳麟既然对立宪也有深入理解，还是可以深入探讨的。

赵炳麟说的很对，立宪的根本精神在国会，当时西方国家的宪政之路也是先召开国会，然后再组建责任内阁，这倒不是一定有时间上的先后，而是在宪政的"价值观"上，责任内阁如果没有国会与之对应，根本就称不上"责任内阁"，这是事实，但谁都清楚，当时西方国家的宪政并不是凭空设计出来的，是社会经济有了一定的发展之后，民众与皇室、政府不断地争取、斗争中形成的，也就是说，当时西方国家的立宪是一场自下而上的变革，宪政基本上是自发形成，而大清的情况恰恰相反，它是一场自上而下的变革，是朝廷在不得不"求变"的情况下主动"求变"，那么朝廷是一个什么样的现实情况呢。

朝廷的现实是，所有的权力被皇权高度一统，如果你要放权，下面的人自然有可能篡权；如果你要继续集权，下面的人就不会怎么办事，所以不改不行，这也是慈禧下谕旨的缘由，从哪里改呢，当然要从皇权开始改，因为权力就在你这里，首先必要对皇权进行分权和限制，必然要求从皇帝本身做起，进行放权，先设置责任内阁，将权力中枢由一元制变成二元制，由铁板一块变成相互制衡，改变之前所有的官员都是皇上的家奴、只对皇上负责的状态，逐渐造就一批开始对本职负责、对百姓负责的职业化的行政官员，由此才能进一步唤起百姓们的权利意识，最终能还权于百姓们，更何况事实已经证明，在袁世凯的设计方案里，并不是简单地将皇权放权给了责任内阁，而是在放权中对责任内阁也有分权，开始解决千百年来行政权一权独大的问题，这是符合宪政方向的。

反过来说，由于目前的权力都紧紧把控在皇室和官僚集团的手里，如果皇权不率先接受这场变革，不进行放权，如果连朝廷自己的大臣都无法分皇权，何况是老百姓们？皇帝大人和亲贵们难道就不担心老百姓们会借所谓的"地方议会"瓦解朝廷？在朝廷还是铁板一块的情况下，地方官们又怎会甘心实际是他们自己权力被所谓的"地方议会"分走？所以，赵炳麟所说的寄希望于"地方议会"来打开突破口，只是一种看上去循序渐进的稳妥方法，在袁世凯这样现实的人眼里根本就是空谈，别忘了大小官员的眼睛都在盯着皇帝大人您呢，除非皇帝大人和亲贵自己下来当地方官，否则地方官员们最后一定会让所谓的"地方议会"流于形式和完全变味。相反，如果先树立宪政的框架，连皇帝这个最高掌权者的权力都要受限，从上至下所有官员的权力都要受限，大家待遇一样、"一损俱损"，相信其他官员也没什么话说。

好吧，既然还拿日本说事，相信朝廷中是没有人比袁世凯更加了解日本的，他的变革先从设置责任内阁入手，这是和当时的西方强国走过的道路不一样的地方，却恰恰是和日本相同，明治维新时期的日本也是先组内阁（1885 年），后开国会（1890 年），但明治宪法中规定"天皇领导一切"，这是大清不能也无法学习的，因为日本之所以加这么"盖子"是出于日本特有的历史和国情。

明治维新之前，日本并不是一个真正统一的国家，天皇虽然名义上统治全日本，但基本只是个摆设，权力被幕府把控，幕府下面又有多个藩在割据，最底层的日本人大多知藩主而不知天皇，这种状况类似我国周代的诸侯分封的"封建时代"，也类似欧洲的中世纪，在经武力"倒幕运动"统一日本之后，年轻的天皇睦仁被各个利益集团联合扶上最高领导者的舞台（倒幕时打的就是天皇的旗号，不得不扶），随即组建明治政府，开始明治维新，他们很快从中国的秦始皇那里学习了郡县制（废藩置县），从国体上巩固了统一，这就是说，要说到在中央集权，此时的日本才"发展"到中华帝国 2000 多年秦朝时的水平，没办法，那时候的日本很穷，想中央集权也完成不了，农业社会的经济就是靠地盘和自然资源说话的。

而在从中国搬来郡县制的国体之后,明治政府调头把目光转向西方世界,一方面发展近代工业,一方面去搭上世界潮流,向西方国家学习先进的政体,当时他们发现世界上的强国大多都是宪政国家,于是在1882年,日本派出了以伊藤博文为团长的日本考察团前往美、英、德等考察学习,伊藤博文首先要做的是为日本的立宪改革确立一个学习的对象。

伊藤博文等人首先排除了美国,原因是美国是移民国家,美国人没有他们的"天皇",国体采用联邦制,然后排除了英国,这是世界上最早的宪政国家,与日本不同,它是自下而上实现宪政的,一帮通过工业革命先富起来的人组建了议会,连当时国王都是议会喊来开会的,英国国王在后来几乎没有什么实权,只是国家的代表和象征,被称为"虚君",这也不是日本想要的,最后确定的是皇帝保留部分权力、与内阁和议会相互制衡的德国模式,自此之后,日本就开始专心研究和学习德国宪政,伊藤博文率团考察历时一年半,仅在柏林大学听取宪法学家授课就花了半年的时间(差不多和大清五大臣总考察时间相等),然而,等到伊藤博文等人起草的明治宪法出台时,一切却让人大跌眼镜了,这就是明治宪法赋予了天皇至高无上的权力,规定"天皇领导一切",这下倒好,日式的君主立宪不但不削弱君主的权力,反而强化君主的权力,表面看来,这实在是"很奇葩"。

然后不得不说,正如后来的袁世凯一样,伊藤博文对宪政精髓的把握是十分到位的,他设计的正是一条具有日本特色的宪政之路。

要知道此时的日本刚刚完成统一不久,之前是各藩主割据的诸侯国状态,在废藩置县之后,日本急切地需要用这个年轻的天皇来来进一步解决"统"的问题,具体来说,是使之前只知有"藩"而不知有"国"的每一个日本人,在头脑中都建立起"啊,咱们就是神圣天皇领导下的大日本帝国"的概念,"国家"、"大日本帝国"的概念从此深入人心,使日本无论从国体还是从精神层面都成为一个真正统一的国家。

事实上用君主来解决君主立宪中"统"的问题，日本更多地是向英国学习，英国国王就是"统而不治"的，他对国民不负政治责任，这个责任由内阁来负，内阁搞不好就要倒台，但不会牵连到国王，所有的国民都愿意交税去供养皇室，说到底并不是因为国王是英国的代表和象征，而是因为有这个万年世袭的国王在，杜绝了那些野心家、阴谋家去争夺皇位的想法，避免给公众的生活造成混乱，所以大家宁愿付出花点钱这个小得多的代价，而这位国王兄弟不仅万年世袭，还是在宪政框架下永远无实权的，这就使得英国实现了将每个人的权力限制在一定范围之内，防止出现国家权力集于一人的情况，原来，君主立宪框架下一个国家的"统"和"治"是可以分开的，而"虚君"的英国国王就是可以并且只能管"统"，他起到了对所有英国人的精神凝聚的作用，要知道宪政框架下的英国政府是不一定有凝聚力的，他们搞得不好还要倒台嘛。

日本的情况有些不同，但道理类似，日本天皇之前只是一个名义的领导，还经常吃不饱饭，到了睦仁这里，他是被各个利益集团相互妥协后共同推到前台的，就君主立宪的客观需求而言，他确实需要增强一些权力，否则无法防止再次出现"幕府时代"，但他在实际中也绝对无法做到拥有绝对的权力，毕竟周围还有那么多不同派系的老大，而新组建的国会、内阁本身也会给予他限制，这就是说，明治宪法在实际中的作用，其实并不是给了睦仁绝对的权力，只是在分裂日久之后重新确立了"统一"，在限制所有日本人（特别是有势力的人）对至高无上的皇权的怀疑和挑战的同时，也保卫了这么多人浴血奋战得来的"统"的果实，以免日本再次陷入内战，又回到各诸侯国割据的时代，而这是很有现实需要的，就在实施宪政之前，日本已经涌现了"自由民权运动"，对于一个新生的国家来说，这就要防止某些利益集团利用这种运动而野心膨胀，最终导致大家再打起来，事实上就连大功臣西乡隆盛因不满武士被废而举起反叛大旗时，虽然大家也知道他并不是为了自己的权欲，但只是因为他反对了天皇，大家就要群起而攻之，天皇做不到有绝对的权力，但一定要树立他绝对的威望，如此日本才能维持统一，否则"日本"这个国家都不存在了，还谈什么宪政，还谈什么民权？

这就是说，明治宪法并不是让日本倒退回君主专制，而是以限制民权来保障民权！这种奇特的历史现象，也只有在日本这种特殊的国情和历史条件下才出现，后来的事实也证明，日本果然没有出现天皇集权独裁的情况，最高权力机构由过去的幕府一家变得多元化：它是一种在所谓"天皇领导一切"之下的内阁、议会、军部的合议制，可以说，伊藤博文等人准确地抓住了宪政在国家实践中的精髓：宪政并非单纯地为了限制权力，对政治制度的稳定和持久的考量本身就是宪政重要的价值，因此它才能使人们做出长远的规划，但如果要认为伊藤博文等人的厉害之处只是到此为止就大错特错了，接下来发生的事情才更体现明治政府对于宪政精髓的理解和坚持。

虽然明治宪法的基本考虑是"以限制民权来保障民权"，但具体到落实层面，明治政府并没有退回到只注重"限制"的集权专制精神，而是坚定地朝着宪政"价值观"前进，并进一步结合日本国情，以"人人独立，国家才能独立"、"人民享有权力"等日式宪政精神为指导，在使用国家力量调动改革之后，立即下放权力和利益至民间，通过立法来培育和扶植民间经济的发展，避免既得利益集团垄断技术和资源，而以简政放权和藏富于民、最终依靠全体国民的力量来发展民间商业，甚至明治政府在引进和研发一些高精尖的技术后，也会以很低的价格转让给民间，由民间参与国产化改造和技术升级，这激发了民间极大的创新热情和能力，各种创新层出不穷，直到这些企业最后成为跨国级的企业，比如今天我们知道的三菱等等，它们的前身都是日本军工国企。

如此一来，在明治维新时期，日本不仅始终没有出现天皇独裁，也始终没有出现阻碍民间经济发展的大的权贵集团和垄断集团，阶层并没有固化和断裂，几乎每一个普通的日本人都有顺畅的上升通道，他们看得到未来和希望，宪政的优越性细化到了日本民众身上，这反而培育了当时日本人极强的"集体思想"和献身精神，进一步强化了明治政府一直孜孜以求的"国家"观念和爱国热情，这就是日俄战争中"宪政战胜专制"的具体因素。

与此形成对比的是大清更早开始的洋务运动，它和明治维新有很多在起点上的区别：日本需要迫切地解决"统"，而大清是根深蒂固的中央集权加君主专制体制；日本天皇是个弱势群体，实际权力有限，而大清皇室的权力则严重过剩；日本的改革其实是新兴的领导层要拿过去的旧势力（藩主、武士阶层等）开刀，很难，而大清的变革是现有的领导层要拿自己开刀，更难，大清这种情况下变革内生的动力是很小的，阻力是很大的，自我改造的能力是很弱的，朝廷几乎下意识地把解决当时内忧外患的统治危机当作了目标，并且不知不觉就成了最高目标，可以说，在大清朝廷对于洋务运动的"顶层设计"之中，国家的真正强大、人民的真正富裕这并不是首选项和必选项，这只是附带选项，变法的首选项是为了加强皇权统治基础而去寻找外部支持，必选项是大清江山永不变色，永远维护爱新觉罗的统治——这才是无论有多么大的内忧外患中都要不惜一切代价要保障下来的。

于是乎，洋务运动以"先国富，再民强"为路线，政府掌控经济，依靠的是官僚集团，对民众却有相当的怀疑和防范，只学习技术、购买武器不涉及变革政治体制制度的原则提出来了，老百姓获取资源发财的机会和手段可以因为洋务运动而有所放开，但说到底是必须要掌控在官府和朝廷手中的，铁路、电报、轮船等被引进了，但无一不是"官办"或者"官督商办"，在朝廷看来，以官府来掌控这些被引进的技术以及衍生的资源和财富，才是对过去几千年以官府掌控土地从而最终掌控王朝子民的一种换汤不换药，如果大家都有很多的机会去各自发财了，一切都交给"市场"了，那还会来找官府吗，还会听官府的话吗，这样做的结果只怕是"市场"的经济指向"市场"的政治，几千年以来，强势官府从未向世俗社会低头，这一切自然不能变——说的直接点，根深蒂固的君主专制思想使得朝廷在洋务运动的"顶层设计"中，也许根本就没有真正的全民共富，那反而会让他们无所适从！

总之一句话：大清之洋务运动，非国家之强大，非人民之共富，乃朝廷之万年！经甲午一战，这种所谓以行政权一权独大有效调动国家资源，集中力量办大事的弊病显露无疑，洋务运动没有证明君主专制体制的合法性，它只证明了改革这种体制的合法性，只证明了在这个古老帝国的土地上，以民为主的政治制度，也是不可抗拒的，最后与明治维新这两种不同的改革结果也表明：集权和立宪，在根本上就是矛盾的，在集权中无法立宪，只会离立宪越来越远，摧毁立宪的一切基础。

好吧，现在让我们来替袁世凯总结一下吧，明治宪政表面"很奇葩"，实际上对宪政"价值观"却有深刻理解，结合日本的历史和实际，坚定地走"有日本特色的立宪道路"，该改的一定要改，不该的坚决不改，明治维新其实并不亚于一场革命，它造成了日本历史上规模最大的内战（平叛西乡隆盛的西南战争），战死人数过万，流血远超过大清5年后的辛亥革命，可它还是成功了，可以说，正是因为它的"大方向"对了。

现在赵炳麟等人应该清楚了，袁世凯只是没有学习明治维新"天皇领导一切"的表面，而是学习了明治维新之实，学习了宪政的"价值观"，他的方案和明治立宪一样先设置责任内阁，只是因为大清和日本的立宪之路都是一场自上而下的改革，这是大清和日本共同区别于西方国家的地方，而正是由于朝廷的改革要拿自己开刀，如果连"天皇领导一切"的表面现象也要照搬，那大清进行的应该不叫立宪改革，不过是想在皇帝集权独裁又加上一个宪法的封套，便宜全占，义务没有，还成功地引入了一个强国的"国际惯例"！

谁也没有想到，最终能够突破"救亡"这种局限、摸到宪政"价值观"边的人，竟然还是没出过洋的袁世凯！从根本上说，袁世凯的这个方案恰恰也是在反思洋务运动的基础上，去坚定地走"有大清特色的立宪道路"，如果非要说它在实质上更接近于当时哪一种模式的话，那就是对皇权有所限制的德国模式，明治立宪原本就是学习德国模式，不知日本何以为兴，焉知大清何以为衰？用袁世凯自己的话来说，"朝廷学习国外的立宪，是吸收这个成果，并不需要连过程都一样"，即便如此，袁世凯同样没有照搬德国模式，前面我们说过，袁世凯设计的方案其实不止是"三权分立",而是在把审计权、行政仲裁权独立出来之后造成了"五权分立",也许连袁世凯自己都不知道,在这方面他竟然还有一个与他见解神奇一致的知音,这个人就是孙文。

此时以孙文为首的革命党人,他们得到了日本朝野许多的帮助,但孙文等革命党人从来没有把日本的政治模式当做自己学习和仿效的榜样,这也是因为孙文已经见识过西方世界,同样对当时西方国家的政治有相当深入的了解,史料记载,几乎就在袁世凯和他的团队提出这个方案的同时,在海外的孙文也开始形成他那个版本的"多权分立"思想,后来孙文把他这个版本的思想概括为——五权宪法。

关于这个"孙文牌"的宪政思想我们还要在以后的故事中详述,简单来说,孙文认为,由于当时西方国家只有选举,没有选拔官吏的考试,这就会造成一些油滑之徒当选,而一些能力很强却不善演讲拉票的人落选,所以还必须在"三权"之外再分出选拔官吏的考试权,与此同时,当时的西方国家的三权分立也会造成议会过于强势,影响了政府的效率(比如当时的英国),孙文认为还必须分出对各权力机关的监察权,监察权力平衡的状况,这就构成了"五权分立",孙文常常对周边人说:"五权宪法乃兄弟我所独创",但他并不知道,在朝廷体制内竟然还有一个神奇的知音,这就是袁世凯。

以上这些情况很复杂,但也能越辨越明,这也是皇室子弟载泽等人最后能够支持袁世凯的原因,相信这些情况赵炳麟等人也并不是不清楚,就在官制改革之前,14位"编辑"就制定了几条指导方针,其中有一条就是从现实情况考虑,此次立宪改革暂时不涉及国会,这是大家的广泛共识,而赵炳麟等人却在方案出台后倒打一耙,袁世凯想不想当内阁副总理不清楚,只是如果按照分职专任的原则和宪政框架,如果当了内阁副总理大臣,他恐怕必须交出北洋新军的军权,北洋新军也可以说是袁世凯一手带出来的,内阁副总理大臣和"军权"哪个重要,按照私心的角度,这恐怕也要考量吧?老赵不知道是,如果说他怀疑袁世凯是出于强烈的私心来推进宪政改革,那么他自己同样也摆脱不了出于一己之私才反对的嫌疑：他是维护朝廷意识形态的御史，立宪之后能够插上一嘴的事情大大减少，甚至将来首先要被淘汰就是他们这帮人，如此看来，别人也可以说你赵炳麟不过以国会未开为幌子，是阻止立宪的"假立宪派"！

赵炳麟啊赵炳麟，此时的你不知是否已经明白袁世凯说的"不着痛痒"，作为朝廷对宪政很有研究的人员之一，你对方案中相互分权、相互限权视而不见，却始终纠缠在"私心"二字上，退一万步说，有私心也是正常的，私心不能靠不改革来解决，正是因为大家都有私心，这才要走向宪政，宪政最不怕的就是私心，它本来就是针对私心而生的，让人想"私"不能"私"，它原本就不是讲道德、品格，而是讲制度，宪政本身就是制度比人强的鲜活案例，让大家都明白彼此都有私心，但又能对对方放心！

变革有多难？妥协是比较难的，体谅是比较难的，千年的专制王朝，形成了它独特的文化，僵化的体制造成了僵化的思维，仅有的一切都来之不易，所以搬动张桌子都要流血！

载泽行动了，他深怕这来之不易的立宪改革流产，再次上折子向慈禧解释总理大臣权限问题，并请求召见，亲自为慈禧释疑，然而，载泽始终没有被召见，奕劻和袁世凯倒是被召见了，但慈禧没给袁世凯说清方案的机会，只是把那些弹劾和反对的奏折丢给了他们，让他们自己看，一向还算坚强的袁世凯突然变得悲愤莫名，他跪请慈禧，几近哀嚎："太后，让这些阻碍立宪的人退休吧！朝廷养着他们！"

慈禧勃然大怒。

等到冒冒失失走出皇宫，袁世凯这才惊出一身冷汗：不知什么时候，他已经变成了康有为，变成了那个他曾经很看不起的康有为！

慈禧决定召见瞿鸿禨

皇宫里的慈禧也在左右为难，太监宫女甚至听到了她"我还不如跳湖而死"的哀叹，新一轮的变革是她亲自发动的，她也希望能够带来一个好结果，早在袁世凯还在直隶大干一场时，她在皇宫里不能多做什么，但也默默给予了支持，用的就是"自己带头，移风易俗"那种方式，比如这几年她首次从帘子后面走出来，打破了以往从不与"鬼使"照面以及"男女授受不亲"的禁锢，接见了洋人公使；她还把自己的禁地寝宫向公使夫人开放，允许洋人女画家为自己画像，并许可把画像拿到国外去展出，她甚至还在皇宫里拍起了写真，也不时关注国际大事，美国总统罗斯福的女儿出嫁时，她派人向遥远的美国捎去了礼物。

这就是慈禧，一个原本只想夺权和掌权的人，后来发现不变革就无法继续掌权时，只好一次次去变革，从支持洋务运动到同意戊戌变法，再到几年前的新政，变革已经伴随了慈禧的大半辈子，可以说，这辈子她只干过了两件事，一件就是夺权掌权，一件就是变革，这么多年了，一直在变革界混，如果还有谁说她是天然就反对变革的保守派，她会叫李莲英到宫外找块板砖，她自己朝这个人的头上拍去。

对于载泽和袁世凯所描述的那种立宪带来的好处，她也是很向往的，但如果权力安全受到威胁，甚至会触动统治根基，她会更加担忧，有个问题她始终想不明白：为什么国家强盛稳定和集权独裁就不能两全呢？为什么就必须舍弃其一？难道上天规定它们是一个必选项么？

而慈禧也觉得奇怪，革命党人不一直在强调满汉之分吗，她原本以为支持袁世凯的，应该都是汉臣，而反对者应该是亲贵和满臣，现在看来，情况不是这样的，亲贵中有支持袁世凯的，最激烈反对袁世凯的恰恰是汉臣，在慈禧看来，现在"他们汉大臣"内部都没有达成一致，还有原则性的分歧，这说明变革也并不值得信任啊，但如果不信任变革，又能信任什么？

危机越重，对变革的期望越大，同时对失去权力的恐惧也越深，这就是慈禧的"左右为难"，她并不是不信任变革，她只是连自己都无法相信。

慈禧想到了一个人，一个特别的人，他就是瞿鸿禨。

得知即将被慈禧召见，瞿鸿襪紧张地在家里做着准备，在这次单独召见之后，袁世凯的方案，朝廷立宪改革的命运，一切都将被决定。

慈禧紧急叫停立宪改革，各方势力蓄势待发

瞿鸿襪，湖南善化（今长沙）人，他从小就是个学习成绩优良分子，21岁高中二甲进士，后入翰林院，后来一直在地方的教育系统工作，历任多省学政，慈禧外逃到西安之后，他被调掉西安出任军机大臣，瞿鸿襪文笔突出，又写得一手好字，在军机处一直担任秉笔职务，只要他不是请假没上朝，慈禧的上谕就是他起草。

而瞿鸿襪也是一个难得一见的"清官"，不得不说，朝廷的官场风气虽然不好，但清官也还是有的，尤其以他和大学士荣庆为代表，他们从不行贿受贿，坚决抵制官场不正之风，瞿鸿襪身为军机大臣，连像样的马车都雇不起，家里更是破破烂烂的，是公认的朝廷里硕果仅存的"传统名臣"。

袁世凯却偏偏不信这个邪，这位老兄的处世原则很简单：没有用银子买不通的人。他首先摆出一幅自己没有受过高等教育（科举落第）的姿态，认瞿鸿襪为"老师"，送上红包，被退了回来；然后又想认瞿鸿襪为"兄长"，红包又被退了回来；最后实在没办法等到瞿鸿襪儿子结婚时，袁世凯又以"北洋公所"的名义送上800两银子作为贺礼，却又被退了回来，瞿鸿襪就是告诉他：你单位的钱我也不能收。

此时的袁世凯正在直隶开拓变革事业，这位朝廷高官没有像奕劻那样被收买，他有些担心，生怕瞿鸿襪从中找碴，不过这种担心很快消除，因为瞿鸿襪也是一个热心变革的人，还在五大臣出洋之前就奏请慈禧由他亲自出洋考察，要知道那时候朝廷风向不明，连袁世凯都没有表态，瞿鸿襪实在算得上是一位立宪改革的猛将。

在三位"总编"中，除了奕劻，另外两位都是汉臣，第一位是文渊阁大学士孙家鼐，他已经80岁了，本来就是来充个"德高望重"的门面的，

孙家鼐也很有自知之明，谁都不得罪，一直是个打哈哈的态度，不能指望他有什么鲜明的立场，而另外一位就是瞿鸿禨，现在，慈禧决定：单独召见瞿鸿禨，了解他对袁世凯方案的立场和看法。

瞿鸿禨觐见了，慈禧表现得很平静，她没有一上来就直奔主题，而是先谈起了袁世凯方案中精简机构、裁撤一些臃肿闲散部门等改革，问瞿鸿禨什么意见。

瞿鸿禨回答："这一改革是完全必要的，是历史的趋势，当然一点错也没有，只是一下子裁撤那么多要害部门，臣恐怕会引起骚乱和动荡，朝廷现在也需要稳定和团结。"

看来这位老油条说了很多，又啥都没说，可进可退，滴水不漏，慈禧并没有在这个问题上纠缠，别看她在平时不断强调稳定团结，但真正要说到稳定团结她还是很有信心的，几十年来的统治，她早已相信她统治下的大清翻不了天，因为她有十分的自信能够驾驭住这些大臣，大清仍然是一个以官府为主导的社会，有什么样的官府，就有什么样的人们，只要官府和官员内部不出乱子，稳定团结是没有问题的。

她问出了那个最敏感的话题："撤销军机处，成立责任内阁，你是什么意见？"

瞿鸿禨回答："太后，责任内阁成立后，一切用人、行政的大权，都由内阁总理大臣召集各部大臣开会决定，决定后再请谕旨宣布施行，这与军机处事前请旨的情形，完全不同。太后您训政三十余年，中外协服，现在立宪尚未实行，而大权先已旁落，皇太后能放心吗？即使皇太后放心，做臣子的却也不敢放心。"

结束了，一切都结束了，瞿鸿禨一出手便结束了战斗。他是"总编"，说起来立宪改革也是他的分内之事，他可以不同意袁世凯的方案，但也应该拿出自己的建议或者方案来，瞿鸿禨并没有这么做，他完全以一个局外人的口气，说出慈禧的潜意识里希望他说出的那番话，或许对于有一种人来说，他们做官越久，增长的只是如何适应领导的阅历和经验，瞿鸿禨一眼就看出了慈禧需要的是哪种答案，也许瞿鸿禨很清楚，没有他瞿鸿禨，也会有别的什么李鸿禨、王鸿禨，于是他坚定地说出了这个答案。

慈禧也释然了，她长出一口气，瞿鸿禨的话倒是让她想到了她发动这场立宪改革的"初心"，事实上当初载泽密折里最打动她的还是她看出来的那层意思——加强中央集权。

八国联军之乱让慈禧刻骨铭心，朝廷危急时，调不动督抚的兵，大臣们在"东南互保"，这是在事实上分裂大清，割据自立，后来八国联军攻进了北京，虽然他们之前确实有过"瓜分大清"的想法，但最终还是认识到只有不分裂大清，维持慈禧政权，才能保证他们所有人利益的最大化，否则八国内部就会打起来，于是共同接受了美国提出的"门户开放"政策，不得不说，这才在事实上把各督抚割据自立的愿望扼杀在了萌芽之中，否则，大清没有被八国"瓜分"，很可能首先就要被那些堪称国之柱石的"忠臣"先给瓜分了！这一切其实已经引起了慈禧极大的警觉，在形势稳定回到京城后，坚忍的她一方面开始新政，一方面在这场新政中抛弃所有"变革老臣"，全力扶植庚子之乱中表现尚可的袁世凯，后来，立宪改革让她看到了希望，"天皇领导一切"，可以把专制独裁权力用立宪固定下来，简直是锦上添花，"利于国"，朕即国家，那就是利于我；"利于民"，老百姓们就更加不会追随革命党人去造反，更有自信他们造不了反；"最不利于官"，就可以把权力从那些已经蠢蠢欲动的地方大员中收回来，加强中央集权，这又是何乐而不为！

慈禧知道她可以做出决定了，老瞿说的这些很重要，是"一语惊醒梦中人"，更重要的是这是从瞿鸿禨嘴里说出来的，奕劻"堕落"得很快，他已经钻到袁世凯的钱眼里去了，在立宪改革已经是朝野人心所向，14位"编辑"对袁世凯方案没什么异议的情况下，如果三位"总编"还都全体支持袁世凯的方案，那么内心最深处的这个秘密也许只能尘封，但三位"总编"中，瞿鸿禨已经明确反对，孙家鼐是随风倒的，即使奕劻支持袁世凯，2比1，少数服从多数，袁世凯你还是翻不了天了！

慈禧决定：由瞿鸿禨领衔，重新核定方案！

11月6日，由瞿鸿禨、孙家鼐重新核定的新方案迅速颁布实施（奕劻已经被排除在外），它可以用一句话来概括：袁世凯原方案中最根本、最有新意之处已经被舍弃，新方案保留军机处，不设责任内阁。

由于不设责任内阁，虽然同意以各部尚书为"参预政务大臣"，但他们是政务处的"参预政务大臣"，政务处是军机处的另一块牌子，这并没有扩大朝廷决策的层面，只不过是多了几个候旨的人。

由于不设责任内阁，虽然同意把刑部改为法部，和大理院一起专掌司法和审判，认可司法"独立"；也同意资政院、审计院依次成立，但它们不是在责任内阁的平台上与皇权相互制衡，不过是一个变了名字的朝廷旧部委。

更令人惊奇的是，袁世凯原方案中在朝廷设11部，各部尚书中取消"满汉有别"的祖制，这倒是都被同意了，但在任命的13位尚书中（根据《辛丑条约》，外务部地位超然，需要有3位正部级以上的领导），满尚书占了7席，而且为陆军部、度支部（财政部），农工商部等关键部门，汉尚书只占5席，蒙古族占1席，这就是说，没取消满汉差别之前，各部正部级高官还是满汉各半，反正有一位满尚书，就有一位汉尚书，取消了满汉有别，汉尚书的人数反而减少了！袁世凯原本的出发点本来是分职专任、明晰权责，也是希望朝廷自封闭了200多年以后，首次真正向汉人和其他各族人们开放政权（也就是孙文追求的"共和"），既符合宪政精髓，又能逐步瓦解革命党人的威胁，免得人家总打着"满人的天下"的革命旗号，现在倒好，为了中央集权，确实连祖制都不要了，却也亲自给革命党人送去了一面更有说服力的旗帜。

此时大部分的立宪派和民间人士并没有发现这个秘密，这是第一次立宪改革，他们还对"实君"抱有很大的希望，还对朝廷抱有很大的信任和期待，希望打造一个"大清的明治天皇"，但仅仅几年以后，他们终于从袁世凯这个方案中指向的问题中明白过来了，立宪派们发动了声势浩大的"速开国会"请愿活动，并且他们只接受"虚君"的英国模式，而不再接受"实君"，不再寄希望于"大清的明治天皇"，那时的朝廷在内外压力之下，终于成立"责任内阁"，想又玩一次借变革之名开倒车的把戏时，不过再也蒙骗不了已经明白过来的人们了，他们戳穿了本质，把它称之为"皇族内阁"，并成为武昌起义的导火索之一，看来，能够接触到权力核心，也能够发现权力本质的袁世凯对立宪派还起到了"启蒙"作用，他一直走在立宪派的前面。

注定了，无论是"编辑"还是"总编"，原本就是慈禧这位"出版人"指定的，无论袁世凯做多少工作，有多少支持者和帮手，还是无法阻止慈禧以一人之力扭转，这是一场袁世凯注定无法打赢的"战役"，其实袁世凯也知道他的方案肯定是不完美的，甚至宪政本身也并不"完美"，但不变革更不完美，任何一场需要触及原本根深蒂固事物的变革，都和一场艰难的战争没有区别，最现实的做法就是目光长远的持久战，而不是觉得稍有损失就认为不妥，袁世凯原本以为当这场变革到了破冰和定方向的时候，朝廷是可以主动作为的，首先应该迈出方向性的一步，把变革引向明治维新那样"大方向对"的轨道，确实，正如当年的政务处一样，慈禧指定"编辑"和"总编"也是没有办法，变革只能自上而下地发动，但正因为如此，当变革已经自上而下地发动起来了，全社会有了一定的经济准备，形成了对变革巨大的愿景和舆论氛围，就应该果断地做出改变，进一步放权，从集权独裁走向分权制衡，最终有序地放权于民，与民间和社会的变革呼声和政治诉求良性互动，将变革从"自上而下"过渡到"自下而上"！

从朝廷的整个变革史来看，这并不是一个多么"不可逆"的过程，恰恰是已经到了可以主动把握时机的时候，自洋务运动之后，大清在几十年以来造成了一批新的阶层和新的政治诉求（立宪派），朝廷只有在关键的时候抓住机遇，主动适应时代潮流，让出一部分权力并形成科学的制衡，才能继续统治新的阶层，扩大统治基础，把更多的社会力量更深地卷入权力关系之中，实现权力总量和强度的扩大——也就是说，立宪反而能够把政治这个盘子做大，为在君主专制体制下越来越僵化的政治开辟一片新的天地，就拿慈禧本人来说也是如此，立宪这个"把制度关进制度的笼子"既是对皇权的限制,更是对皇权的保障,在大清的现实情况下,她只有适当让渡出部分权力,权威才会更大,否则,即使将来奋力弥补,只怕也会失去民众的信任和呼应。

政治家也要顺势而为,当民间已经成长出改革的力量之时,敢于有秩序地向民间借力是有勇气与智慧的政治家才敢做的事,因为没有人会在原地等待这场改革,包括对改革最有信心和期望的人,不进则退,这就是改革的现实,立宪改革的失败损害的不仅是这场改革本身,还产生了更多的负面效应,当朝廷让立宪改革成为了一纸空文,又一次把政治体制变革变成了内部调整和变换机构的"行政改革",企图蒙混过关,当朝廷对君主立宪的态度原来是,试可以,兜不住就要叫停,目的不是试,更不是坚定地试,而是兜,试也是为了兜,这一点立宪派们无论如何是看得清楚的,他们由之前的"奔走相告"转为沉默和嘲讽,连一直关注进展的日本报纸都评价这次变革是"龙头蛇尾",革命党人也终于有底气了:我们就说过了是假立宪嘛!

受到伤害还有一大批正在沉默的人——刚刚接受了废除科举的传统读书人。

废除科举原本也是为立宪改革配套的,如果从着眼于立宪改革的角度出发,朝廷的科举是必须废除的,不是废除得太早了,而是太晚了,几千年以来君主专制制度带来的无休止的改朝换代的社会动乱,无休止的贫困和官僚集团的腐败,甚至连皇帝都胡作非为,传统读书人心知肚明,他们并非弱智,也并非近视,却从未想着从根本上改变,只是反而抱着维护这个制度的想法去"死谏"、"尸谏",最后在"觉悟"上竟然不如起义的农民,而在改朝换代后又盼望着下一个皇帝出现,期待下一次科举,这些传统读书人就像小猫转着圈儿追自己的尾巴,就这样走进死胡同,多少人的聪明才智和天良在不知不觉中被埋没,他们自小从圣贤书上读到的美好社会场景却永远不会出现,苛政猛于虎的状况也永远不会改变,只能在这种环境中随波逐流,迷失自我,最后变成自己曾经最痛恨的那一批人,所有的这一切,只是因为科举是君主专制制度的根基，作为现有和潜在的既得利益者，他们也没有勇气去改变和打破这种制度。

而废除科举之后，可以改变读书就是为了做官的状况，为社会、经济的全面发展提供人才，为宪政培育后备人才，现在，失去了做官希望的学子，却要感受对立宪改革的幻灭，以"无依无靠"的心态继续活在一个官本位的社会里，找不到新的出路和希望，必然会让废除科举的改革走向它的反面——把一批传统读书人推向革命！

受伤害最重的自然还有袁世凯同志，他更加灰心，甚至可以说是满怀绝望，他也不哀嚎了，只是欲哭无泪而已，有一个秘密是袁世凯一直没有表露出来的，即使在反驳赵炳麟等人的时候也一直没有说，因为他不能说，说了就是大罪，立宪改革不仅要深刻把握当下局势，也要从"历史"出发，那么朝廷的历史又是什么呢？

同治六年（1867 年），清剿完太平军的曾国藩忧心忡忡地来到了幕僚赵烈文处，谈起将来的局势，赵烈文简单明了地回答："异日之祸（指大清亡），必先根本颠仆（首先朝廷内部坍塌），而后方州无主，人自为政（各地割据），殆不出五十年矣。"

老曾对此表示惊异，而赵烈文坚持他的看法，他的理由是，朝廷当年获取天下太巧（吴三桂叛变才使清军入关），过程又残暴血腥（入关后的"嘉定三屠"、"扬州十日"等屠城之举），像后来的"文字狱"等事情，如果朝廷不做，没有人会感恩戴德，但是做了，便是德薄，大清朝廷对人们并不是深恩厚泽，而是在合法性上原本就具有"原罪"，这些"原罪"将来会成为人们反抗的一个理由，朝廷当时没有付出代价，将来恐怕要付出这些代价的总和！甚至"巧取天下"的满清王朝，将来也要被"巧取"了去。

几十年后，赵烈文的预言被证实了，朝廷的政治不清明，开始被革命人进行总的历史清算，孙文长期随身携带的一份革命宣传材料就是"扬州十日记"，革命党人"驱除鞑虏、恢复中华"的口号正在越来越多的人中引发共鸣，这些都加剧朝廷中袁世凯这些人的忧患意识，他确实对朝廷有着强烈的归属感，但这建立在一种极为现实的认识基础上的，那就是大清的君主立宪改革不仅是"可行"，还是"必须"，对于朝廷用另外一句话来说：

留住"产权"，让出"治权"！

所谓留住"产权"，让出"治权"，就是只有让出"治权"，才能留住"产权"！天下是你们爱新觉罗家族打下来的，你们拥有"产权"，享有皇室的荣耀和待遇，大家也没有什么意见，但是你们也要清楚，如果你们"行"，百姓们自然会拥护，如果你们"不行"，那么你们退让，让行的人来，而他们也必须带着"行"的制度来，否则他们同样也很快被淘汰，这是千百年来永恒不变的道理，不需要派五大臣出洋，不需要编书探讨，这是大清国5岁孩童都懂的道理，朝廷要么走向君主立宪，要么改江山的颜色，二选一，否则听到的恐怕将是革命党人更猛烈的枪炮声，君主立宪不是要不要的问题，而是还来不来得及的问题，它不仅是朝廷的前途，更是朝廷的出路！

这就是袁世凯真正的"野心"，或者说就是作为主导立宪改革的他对于局势极为现实而深刻的判断，用过去一些书中的话来说，袁世凯代表的是"新兴买办资产阶级的政治诉求"，袁世凯不仅是这样一个千百年来前所未有的"新兴政治家"，同时也是一个在君主专制体制下的官僚老手，历史把他推到了一个既不完全"新"又不完全"旧"的境地，他在本质上是一个"又新又旧"的人，这样的人，他的现实主义精神和敢于"触及底线"变革的勇气并存，既有目标方向，又有程序上的手段，正是能够主导变革的"过渡性人物"的不二人选，为了保障立宪改革，他可以放弃成为副总理大臣，因为他并不那么在乎"一时一地"之得失，他看重的就是趋势和长远，这来自于他在直隶的实干变革中得到的历练，也是赵炳麟、瞿鸿禨那种纯粹的理论家无法比拟的，那两位老兄不知道的是，其实按照袁世凯的内心想法，恐怕连奕劻都不能成为总理大臣，因为皇族退出内阁这就是袁世凯追求的"虚君立宪"的精髓，但袁世凯从来没有做任何表露，反而把奕劻推到了前台，这就是他袁世凯抱着要

"打持久战"的准备，要最大程度地为自己洗脱嫌疑啊。

只有在这里，袁世凯才真正露出了他所谓的"野心"，露出了他作为大清"变革第一人"的那几把刷子，他已经比当年的曾国藩、李鸿章等人走得更远，他不想做曾国藩那样苦心维护纲纪的名臣了，他不想再做一个李鸿章式的糊裱匠了，因为他知道那样做已经"不现实"，他要先搭建起新的框架，逐步去推倒旧的，这样的朝廷解决不了问题，因为朝廷本身就是问题，当包括立宪派在内的很多大清百姓还分不清国家、朝廷这几个概念的区别时，慈禧等人却早已经分得清楚明白，当年正是担心"只保中国不保大清"而怀疑上了变法派，现在，袁世凯也在事实上把它分清楚了，相比曾国藩、李鸿章，他第一次突破了"君君臣臣"，突破了"朝廷"，指向了"国家"！

袁世凯的立宪改革失败了，但令人万万没想到的是，对于他个人来说却是"成功"了，失败已经为他积累了声望，以致于在五年后武昌起义后的那场大变局中，他仍然是立宪派和民间的希望！慈禧不会想到，袁世凯最终就是通过这样一种方式完成了政治资本的原始积累，无论是荣禄还是她都阻止不了袁世凯的"崛起"，因为袁世凯原本做的就是一件合乎潮流的"好"事，只要袁世凯继续做这件"好"事，民间终究会给予一个做"好"事而失败的人最终回报。

无论有多么艰难，以百折不挠和再接再厉的精神，把变革进行到底吧，为变革负责，中华的大地上从来不缺少智慧，中华大地上的民族是一个有智慧的民族，也是一个多灾多难的民族，千百年来，生存是这块土地上人们的最高目标，残酷和血腥却从未变过，给这块土地上受苦难很多的人们一个看得到希望的未来，让泪水变成微笑，让恐惧化为温暖，希望能够坚强破局，因为千百年来这块土地上家国的悲剧，不过都是源于君主专制制度，源于一家一姓凌驾于一国之上，源于一姓之内斗内乱，问题就来自皇宫，来自那金銮宝殿、奉天承运和那高高在上的御座！所谓的逆民暴民，很可能是原本就没有选择，所谓的乱臣贼子，很可能原本就是专制的"乱"下之臣，"贼"下之子！

袁世凯即将坚忍地开始他的第二次立宪改革，手段会更加灵活稳妥，而方向依然不变——坚定地将对皇权的限制进行到底，他将再一次体会到什么叫"变革有多难？"

慈禧并不认为紧急叫停了这次立宪改革就是大事已了，这只是她进行一场布局的起点，这将是她一生中最后也是最重要的一场布局。

瞿鸿禨不会放过袁世凯和奕劻，他会联合更多厉害的人，以他坚信的"反腐就是改革"对庆袁发起政治攻击，而庆袁更加不会放过他们，一场新的党争即将开始！

第九章
朝廷内部，立宪改革再次转入党争

瞿岑联手对阵庆袁

对于袁世凯来说，他的第一次君主立宪制改革失败了，瞿鸿禨上位，由此吹响了向庆袁进攻的号角。这也并不奇怪，大清官场原本就是踩人式的竞争，你上位了，即使没有下一步动作，也会被人拉下来，不得不继续进攻。

瞿鸿禨明白，要想彻底斗垮庆袁，仅仅靠自己的势力是不行的。其实他早就已经在寻找官场同盟，这个人就是我们已经介绍过的岑春煊。

在1900年的慈禧外逃中，岑春煊因为对慈禧"有恩"，受到慈禧的回报，1903年被提拔为署理两广总督。来到广州上任后，岑春煊发现一件很奇怪的事情。

在广州海关，书办周荣曜实在是很不起眼的人物，但这个人又富得流油，家里有豪宅，外面还有矿厂等产业，家产至少在百万以上。其实在官场内部，周荣曜是一个官员们心知肚明的巨贪，岑春煊来上任以前，一直无人敢动他，原因为何？

谁都知道，像海关、税关这些肥水衙门里的人，哪怕只是一个毫不起眼的小官小吏，都是京城里的那些通天人物争得打破脑袋才分配平衡的。这个周书办就是奕劻推到前台的利益代言人，是替奕劻在广州海关捞钱的——当然，奕劻拿大头，他拿小头。奕劻既是亲王，又是首席军机大臣，是仅次于慈禧的大清第二号人物，官场里谁会发晕去找这位大佬的不是？

问题是岑春煊来到广州后，发现两广财政厅（藩司衙门）里空空如也。号称富甲天下的两广都如此，大清其他省份的地方财政亏空就可想而知了。但岑春煊和其他督抚一样，也想在两广干几项政绩工程，无论哪项政绩工程都需要白花花的银子。于是岑总督把周书办叫到衙门里，让他先出点血（责报效）。

没想到周书办连搭理都懒得搭理他，出了两广总督衙门，就带上巨额银票直接进京找庆亲王去了。接下来的事情只能令岑总督瞠目结舌：周荣曜以三品京堂候补被调离广东，成为大清驻比利时公使。也就是说，周大人可以顺便把财产转移到国外，去欧洲享清福了。

岑春煊感觉受了奇耻大辱，仗着有慈禧的恩宠，他上奏弹劾周荣曜。1905年10月，周书办被革职，这位老兄吓得不轻，赶紧逃到香港，成为大清外逃贪官之一。岑总督这就不客气，把周书办的家产等全数没收充公，同时放出"要去香港追逃"的风声，吓得周书办只好再逃往泰国等地，彻底不敢潜回国内找奕劻了。

周书办啊周书办，开始客客气气地叫你报效你不报效，惹恼总督大人把你抄家才甘心了？广东人民对这件事情拍手称快，称为"打老虎"。

庆亲王表示很生气，后果很严重，一定要以其人之道还治其人之身，也把岑春煊撵出广东！

但是，对于周荣曜是奕劻的利益代言人，慈禧也是很清楚的，在这个当口向慈禧奏请调离岑春煊，那是自讨苦吃。奕劻忍了将近一年，终于等到了一个机会：1906年，朝廷接报，云南发生边患，这件事情看上去和岑春煊是没什么关系的，但对奕劻来说，他知道，慈禧最关心的就是统治的稳定。于是奕劻大人上奏慈禧：云南边患，目前只有袁世凯和岑春煊最有能力平乱；袁世凯主持北洋走不开，岑春煊曾跟随其父在云南平过乱，熟悉那里的情况，奏请把岑春煊调为云贵总督；根据朝廷规定，新任督抚上任前须来京请训，但军情紧急，应该令岑春煊不用来京，直接上任（奕劻担心岑春煊进京面见慈禧之后求情，去不成云贵，连这道程序也给他省了）。

慈禧果然批准了。

面对这份调任，岑春煊表示很生气。他倒并不是绝对不能离开广东，一定要在奕劻的财源之地上跟他死磕，问题是此时朝廷在进行第一次君主立宪制改革，权力的蛋糕即将重新分配，在这个时候最需要的就是向权力中心京城靠拢。没想到奕劻的这招"捧杀"极为厉害，自己只能去往更偏远的云贵。

岑春煊是极为不甘心的，但又不能明确违抗旨意，他用上了李鸿章的那一招——请病假。把工作交接给继任者之后，岑春煊来到了上海"养病"。这里是立宪改革中民间势力的中心，他就在上海作进一步观望。

与此同时，岑春煊的私人代表进京了，他拿着岑春煊的电报密码本与瞿鸿禨做了交换。这就是说，瞿鸿禨一直在攻击庆袁是京官联手外臣，暗地里，他自己也是这么做的。与此同时，瞿鸿禨还在朝廷团结着一批言官、御史等清流，在立宪改革的权力蛋糕即将划定的当口，庆袁和瞿岑两派已经针锋相对！

正是因为有岑春煊这个外援，瞿鸿禨才敢在第一次君主立宪制改革中单挑庆袁，并成功地押中了慈禧的心思，成功上位。此时的瞿鸿禨最盼望的就是岑春煊进京，和他一起对付庆袁，而庆袁自然要想尽办法阻止此事。1907年3月，庆亲王奕劻终于又抓住机会，奏请慈禧把岑春煊改调四川总督，当然，这次的理由又是因为平乱，然后又玩了一把"军情紧急，毋庸来京请训"的把戏，想把岑春煊直接撵到四川。

慈禧又批准了，第二道谕旨已下。

此时的岑春煊再无法"装病"下去了，只能直接去四川，要不然就只能彻底退休养病去。京城里的瞿鸿禨给岑春煊发来密电，告诉他：您可千万不能去四川，一旦到了四川，事情就再没有挽回的余地，您怕什么？您当年对太后有恩，她还念着旧情，只要绕过奕劻，想办法进京一趟，当面向她求情，她是不会驳回您的面子的。

安排好一切之后，1907年4月，岑春煊打着"去四川"的旗号从上海启程了。他坐上轮船沿长江西进，4月底已经抵达湖北汉口，再往西就是进入四川。奕劻派来的眼线也放松了警惕，一切看上去都很正常。

而奕劻万万没有想到的是，岑春煊竟然不顾圣旨，在汉口秘密上岸，然后用电报向慈禧发了一封奏折，内容是坚持要"入京请训"，然后不等慈禧批复，就打着"迎接旨意"的名号，立即从汉口坐火车北上进京！

绝妙，实在是绝妙，大臣亲自跑到京城去迎接太后的旨意，这也不算什么大错，奕劻实在没有想到，瞿鸿禨告诉岑春煊进京的办法，竟然就是利用那道原本要赶岑春煊去四川的圣旨！瞿鸿禨实在是太厉害了，他灵活地用了当年曾国藩"边请示，边干事"的那一招，让奕劻吃了一个哑巴亏。

在保定车站，一个人正在等着岑春煊，他就是瞿鸿禨派出的亲信御史赵启霖。赵御史一方面是迎接岑春煊进京，另一方面是提前和岑春煊商议如何扳倒庆袁。他们相信，岑春煊恩宠正隆，此事应该还是有把握的。

果然，当慈禧听说当年在破庙外亲自为她站岗的"大恩人"到了，老太太瞬间勾起了很多的回忆，不禁大为动容，立即下令召见。她告诉岑春煊：以后你想啥时候见我就啥时候见我，叫人通报一声就是。

有了不断面见慈禧的机会，扳倒庆袁的机会又增大了。按照计划，瞿岑首先要弹劾奕劻，可是慈禧似乎对弹劾奕劻一点兴趣也没有，她就是想跟岑春煊聊聊天，叙叙旧情。在听完岑春煊的面奏之后，慈禧并没有什么表示，只是告诉岑春煊："奕劻这个人比较傻嘛，他肯定是上了别人的当了。"

岑春煊岂是能够被轻易对付过去的人？一次扳不倒，他来第二次，第三次……一定要扳倒"大老虎"奕劻，反正他有的是机会见慈禧，慈禧想和他拉家常，他就把话题往奕劻身上引。慈禧终于忍受不住了，她很明白地告诉岑春煊："春煊啊，不是我不想罢免奕劻，只是奕劻现在暂时还有用，他这种位置的人，只能在亲贵中找人担任，但现在亲贵中其他人都太年轻了，如果你以后发现亲贵中有谁能够替代奕劻，保奏给我，我就罢免奕劻！"

话说到这个地步，岑春煊也不好再继续纠缠下去了，他只好先想办法留在京城，从长计议。这一点慈禧倒是爽快地答应了，她改命岑春煊为邮传部尚书。邮传部主管轮船、铁路、邮政、电线，是一个著名的肥水衙门，慈禧对岑春煊真是特别关照了。

没想到岑春煊还没去报到，就在慈禧面前弹劾邮传部左侍郎朱宝奎（奕劻的人），说这个人是个著名的腐败分子，有他在邮传部，我都不好意思去上任了。

事实证明，岑春煊的面子实在是够大。接到岑春煊的面奏之后，慈禧一没有下令调查，二没有派人找朱宝奎问话，直接就把朱宝奎革职了，而上谕中的理由竟然只是"听岑春煊说"（据岑春煊面奏）。

这是大清官场上一件闻所未闻的事件，摘掉一个副部级（侍郎）的顶戴，竟然只凭还没有到任的上司的一句话。慈禧对岑春煊实在是过于恩宠！

与此同时，一直躲在幕后的瞿鸿禨也出手了，既然慈禧不准备拿下奕劻，那就把奕劻贪腐的证据大白于天下，看到那时，慈禧还能不能不出手？

瞿鸿禨不愧为官场老手，他很清楚，要彻底揭开盖子就要先来一个朝野上下喜闻乐见的爆炸性"猛料"。他的手中已经掌握了奕劻大公子载振的"性贿赂"丑闻，这就是绝佳的突破口！

奕劻之子"性贿赂"丑闻震动朝廷

载振，奕劻长子，商务部尚书，30岁的正部级，加贝子衔。

瞿鸿禨掌握的秘密材料起始于大半年前。1906年10月，此时正是第一次君主立宪制改革时期，朝廷决定结束满洲地区的军事化管理，恢复正常的行省制度，设立黑龙江、吉林、奉天三省。载振就率领着一个考察团先期去东北考察。

去东北要路过天津，直隶总督衙门里的袁世凯在这里已经恭候多时了。对于袁世凯来说，这个与奕劻父子加深感情、提拔自己亲信的大好机会他是不会放过的。老把戏上演了，在袁世凯设宴为载振接风洗尘之后，袁世凯的手下段芝贵陪同载振转移到了下一个场子。这里出现了一个美女，她是全天津最著名的歌妓杨翠喜，段芝贵知道载振贝子一定会喜欢的。果然，贝子被迷得人五人六，若不是还有要出差的重任，估计他连腿都迈不动了，只想留在天津跟翠喜好好探讨一下艺术。

载振还是恋恋不舍地去了东北，回来又路过天津。此时，段芝贵已经把杨翠喜用重金从戏园赎出，作为准备献给贝子的礼物，不过为了掩人耳目，载振先期回京。等到第二年3月底奕劻七十大寿时，杨翠喜就和十万两银票一同被秘密送入庆王府——这是来自袁世凯的寿礼。当然，那10万两银票也不是直隶总督衙门出的，它来自天津商会的"报效"。既是结交袁世凯，也是通过袁世凯之手，去结交庆亲王，反正有报效就会有回报的。

袁世凯首先得到了回报。一月之后，1907年4月20日，东三省的地方官制改革方案颁布，袁世凯阵营里的徐世昌出任东三省总督，朱家宝出任署理吉林巡抚，唐绍仪任奉天巡抚。至于那个亲自送上杨翠喜的段芝贵，他从四品的直隶候补道台，一下子连升三级，出任从二品的署理黑龙江巡抚！

东三省的地方官制改革之后，这里的四位地方长官全部被袁世凯的人给占据了。自从中央的官制改革方案被瞿鸿禨压制之后，袁世凯终于打了一个漂亮的翻身仗，他已经把直隶和东北地区连成一片，扩大了北洋地盘，成功实现了"大北洋"战略！

而这一切的背后，是一桩隐秘的"性贿赂"丑闻。瞿鸿禨阵营里的人早就在隐秘地盯着这一切，秘密材料不断汇聚到瞿鸿禨手中。现在，他决定把盖子揭开！

瞿鸿禨的门生汪康年是《京报》的负责人，瞿鸿禨打过招呼之后，《京报》首先报道了此事，朝野一片哗然！

瞿鸿禨趁热打铁，授意御史赵启霖将此事正式上奏，弹劾奕劻父子收受美女和金钱的贿赂、买官卖官，当然，暗箭也对准了在天津的袁世凯。

舆论之下，慈禧果然勃然大怒，她当即下令先将段芝贵革职，然后令醇亲王载沣与大学士孙家鼐彻查此事。

消息传来，奕劻被吓得不轻。朝廷风传，奕劻大人饮食大减，下朝回府后扑倒床上大哭，官员们纷纷议论：庆亲王这次恐怕真的是要倒了！

载振贝子早就没有了和杨翠喜探讨艺术的心情，他秘密前往天津，去找袁世凯。很显然，在这种时候，只有袁世凯才有手段摆平。

袁世凯首先要做的是毁灭"物证"。他从天津派出巡警来到北京接回了杨翠喜，把这个美人交给了天津的王姓富商，此人早对杨翠喜垂涎已久。袁世凯派来的人告诉他：只要你以后对别人说，杨翠喜是你在几个月前从戏园赎出做使唤丫头的，当时还跟戏园立了一份字据，此后杨翠喜就是你的了，你干不干？

干，当然干！望着楚楚可怜的尤物杨翠喜，王老爷的头都点得像啄米的鸡，只要能得到美女，这时候别说只要他作伪证，就算挨一刀也愿意啊。

接下来，杨翠喜、王老爷、段芝贵以及提供十万两银票的天津商会会长之间，相关的口供早已经串通好，字据等相关的伪证也早已备好，形成了"杨翠喜是王老爷的，她根本没去过北京"的证据链，只等载沣大人前来查验了。

没想到，载沣并没有亲自到天津，只是派了几个人过来查验，醇亲王的这个态度表明，他并不想彻查。让庆亲王丢脸，最后丢的也是皇家亲贵的脸面。果然，就这样查了几天，载沣、孙家鼐把查案结果上奏，又是我们熟悉的那句话：查无实据。

见到这个结果，慈禧又勃然大怒了，她以"污蔑亲贵"之名把赵启霖当即革职。

慈禧可能忘记了，她之前是把段芝贵革职的，如果她真的认为此事是赵启霖"污蔑",那么就应该把段芝贵官复原职,可是慈禧并没有这么做。其实慈禧的用意已经很明显了:把庆袁派和瞿岑派各处罚一位,各打五十大板,老佛爷仍然不想动庆袁,玩的仍然是那招搞平衡战术。

不想动奕劻的原因很简单,慈禧之前已经明白告诉过岑春煊了,在此事中不想动袁世凯,却是另外一个原因:不能动。

奕劻再能通天,人事任命都是慈禧最后拍板,所以对于东三省的地方长官都是袁世凯的人,这一点慈禧是再清楚不过的,为什么还要这么做?其实就是为了对付日本,保卫东三省。

在日俄战争获胜之后,日本已经取代俄国成为对东三省最大的威胁。而在朝廷所有的大臣中,只有袁世凯有实力去对付日本,也最有经验去对付日本。最初他在朝鲜的那十几年里干的就是如何与日本人周旋这件事情,还每每胜多败少。慈禧只能去借助袁世凯北洋系的力量。这就是说,尽管袁世凯用金钱和美女给奕劻父子送礼是真,但东三省的人事任命是慈禧决定的,"买官卖官"并不是实情!

在慈禧看来,对于这其中的原委,作为军机大臣的瞿鸿禨是不可能不知道的,但他和岑春煊为了斗垮庆袁,步步紧逼,制造和利用舆论向朝廷施压,让朝野上下都妄议朝廷的人事方针,最后迫使慈禧不得不改变最初的人事任命,以把段芝贵革职作为向舆论的一个交代。在慈禧眼里,这就是瞿岑"不顾全大局"了,慈禧已经对他们心生恶感。慈禧态度的转变,也逃不过庆袁的火眼金睛,他们将抓住这一点,发动对瞿岑的绝地反击!

第十章
连续整垮瞿岑：袁世凯的惊人手段

"清官"瞿鸿禨被开缺

奕劻和袁世凯制定的反击计划的第一步是：去岑。也就是要先把岑春煊从京城赶走，先让瞿岑无法联手，然后再各个击破。

慈禧还要对岑春煊"报恩"，要把岑春煊赶走是比较困难的，而且不能引起慈禧的警觉。但为了赶走岑春煊，奕劻也豁出去了，他忍痛放弃广州那块肥水之地，让岑春煊在绕了一圈儿之后再回到广州去做回他的两广总督，所谓从哪里来就回哪里去吧。

招法还是那个老招法，奕劻还在等待着那个"平乱"的机会，而这次间接"帮助"袁世凯和奕劻的，竟然是孙文的革命党人。

在朝廷进行立宪改革的同时，体制外的起义一直没有停止，1905年8月，孙文、黄兴、宋教仁等人在日本成立同盟会，同盟会成立之后，孙、黄一共发动了九次起义。此时，黄冈起义爆发。

此时的两广总督是周馥，李鸿章去世时，他曾经是袁世凯接任直隶总督的竞争对手。对于这样一个有实力的人物，袁世凯自然不会忘记笼络，他和周馥结成了儿女亲家，"亲不亲，自家人"，现在，如果要把岑春煊赶回两广总督的任上，就需要周馥挪位子，而这一切，进行得十分巧妙。

黄冈起义发生在两广地界上，周馥却一直压着情况没往上报，倒是邻近的闽浙总督忍不住先上报了。慈禧在接到来自福州的奏报后大感惊奇和愤怒，立即命人向周馥发电责问：两广是你的管辖之地，你周馥为什么不第一时间汇报？

奕劻开始给周馥"打小报告"了：此次广东"匪乱"，周馥表现实在是不积极，"剿匪"极为不力，而且周馥这个人不会带兵，恐怕镇不住两广的局势，为了不让"匪乱"愈演愈烈，朝廷需要立即派一位得力大将前去平乱。

慈禧一定对这段话感到耳熟，但她也没有办法，在她这里，稳定永远是压倒一切的，那就又只能让岑春煊重回两广了。于是，慈禧立即颁布谕旨：周馥开缺两广总督，命岑春煊为两广总督。

岑春煊接到这个任命，简直要气炸了。他原本就是在两广上班，奕劻借着局势，翻云覆雨，把他调离两广，一会儿让他去云贵上班，一会儿又让他去四川上班，现在他去邮传部上班还不到一个月，又要回去。既然如此，当初又何必把他调离两广呢？而且按照规定，官员一般不在自己的家乡出任总督，岑春煊是广西人，所以他之前只是署理两广总督，现在直接实授，但这哪是给他升官？明明是朝廷为了安抚他而不惜自坏规矩啊！

岑春煊连上两道折子，请求慈禧务必收回成命，他只想留在京城，请另派人去两广。

而这次，慈禧并没有再照顾岑春煊的面子，她驳回了奏折，给岑春煊发了一道长长的上谕，勉励他"不辞劳怨"，前往广东。

没有办法，岑春煊只好又离开京城，但他实在是吞不下这口恶气，再加上此时黄冈起义也平息得差不多了，他又玩起了"请病假"那一套，在上海逗留不走。岑春煊还在等待最后挽回的余地。

去岑已经成功，接下来似乎就应该趁热打铁，对岑春煊穷追猛打，使他再没有挽回的余地，但对于庆袁来说，情况却不是这样的。为了不引起慈禧过度的警觉和反感，庆袁是很懂得适可而止的，他们决定调转枪头，进行绝地反击的第一步——倒瞿。

瞿鸿禨已经当了七年的军机大臣了，一直在军机中担任秉笔，七年来慈禧发布的上谕，基本都是他起草的，深受慈禧的信任。更重要的是，瞿鸿禨这个人是难得的清官，他一不贪污，二不受贿，三也不和歌妓探讨艺术，官声和操守都很好，反正如果是贪腐问题，瞿鸿禨没有任何把柄，你要拿他开刀，连架刀的地方都没有。

奕劻和袁世凯却胸有成竹，就在"去岑"的同时，他们已经派人在秘密调查和收集瞿鸿禨"制造和利用舆论事件"的证据，这正是犯了慈禧的大忌。而事情果然没有想象中的那么简单，除了《京报》，瞿鸿禨竟然还涉嫌暗通境外报纸！

朝廷原本是对报纸舆论等管控很严的，而甲午战败和庚子国难之后，迫于形势，不得不在一定程度上放松了管控。正是因为如此，《京报》才敢于揭露庆亲王这样的通天人物，而除了中文报纸，当时的伦敦《泰晤士报》等世界名报也专门派驻北京记者，紧盯朝廷局势，及时向西方世界披露大清高层信息。渐渐地，一个很奇怪的现象出现了，那就是很多原本是朝廷关起门来秘密讨论的重大人事动向等决策，却往往被国外报纸率先准确报道出来了。这就很奇怪了，朝廷关起门来讨论的事情，神鬼都不言，外国报纸是如何知道的？其实，只要仔细想想，原因还是很清楚的：消息就是来自朝廷高层内部！中枢大臣们私下里暗通几张境外报纸，有权力斗争需要的时候，就放出风去，先在境外炒热某个消息，以此变相要挟慈禧和朝廷，达到自己的目的。

就在赵启霖上折弹劾的第二天，《泰晤士报》就刊发了电讯，报道奕劻父子被弹劾的消息，紧接着，《纽约时报》等世界主要英文报纸以"庆亲王即将倒台"为主题迅速转载，这个流言又传回大清国内，难怪奕劻下朝回家又伏在床上大哭了。

问题是，考虑到北京和伦敦之间的时差、当时条件下收发电报的速度以及报纸必要的编辑出版流程，《泰晤士报》必定是提前知道了赵启霖一定会上折弹劾，《泰晤士报》的信息来自哪里？很显然，最大的嫌疑自然是这一派的领头人瞿鸿禨。有了"勾结国外势力"这个事实，就可以把意图篡权的罪名扣到瞿鸿禨头上了，这是慈禧深恶痛绝的。

现在，庆袁需要一个人去给慈禧上折子，把这一切告诉慈禧，当然，上折子的这个人，最好就是瞿鸿禨一派的人！

袁世凯行动了，他已经派人找到了一个绝佳的人选。

翰林院侍读学士恽毓鼎，虽然不是瞿派里的核心人物，却也有着瞿派人物的清廉，对行贿受贿等腐败现象深恶痛绝。他平时最看不惯的就是袁世凯这样的"权臣"，而敬佩瞿鸿禨的为人，以至于赵启霖因弹劾反过来被革职的时候，恽毓鼎冒着触怒慈禧、得罪庆袁的危险，为赵启霖发起了饯行聚会。在庆袁和瞿岑两派的冲突中，恽毓鼎清廉自好、不畏强权，表现出了一个读书人该有的刚正和气节。

袁世凯派人找到了恽毓鼎，开了一个价钱：约一万八千两银子（秘密交易，很难精确）。恽毓鼎只需要做一件事情：把已经准备好的弹劾瞿鸿禨的奏折，用他的笔迹再抄写一份，再签上他的大名，造成瞿派人物反瞿的效果，一万八千两银子就到手了。

面对袁世凯派来的人开出的巨额银票，四品翰林院侍读学士恽毓鼎有一种被羞辱的感觉。翰林院是一个清水衙门，他一年的工资（正俸）大约为一百两，也就是说，如果只靠正俸，他要干上180年才能得到这么多银票。京城里的房价很贵，恽毓鼎到现在为止还没买房子，一家几口居住在租来的屋子里，现在，实际上只要他写三个字，就能得到一万八千两，这一定是世界上最贵的签名。

恽毓鼎知道紧巴巴过日子的情况很快就要改变了，被羞辱的感觉很快过去了，变得有些难为情，然后有些小激动，他收下了那张银票，以及那份需要抄写的奏折。

6月16日，原来的瞿派人物恽毓鼎上折弹劾瞿鸿禨！

慈禧果然勃然大怒，第二天，瞿鸿禨被免去一切职务，开缺回籍（回老家退休）。这意味着不出意外情况的话，至少在慈禧当政的时期，瞿鸿禨将永不叙用。瞿鸿禨败了，败得很彻底，从此再无翻盘的机会。他是大清少有的一生为官清廉之人，不贪不腐，而像奕劻这种"特大老虎"以及像袁世凯这种"权臣"，却反而胜了。

几千年以来，在君主专制王朝统治者眼里，"忠心"是永远最具价值的，相比之下，你是不是一个清官，贪不贪污，就不是最重要的了。

正如瞿鸿禨一生清廉，慈禧知道；但政治是肮脏的，专制王朝尤其肮脏，几乎为官必贪，慈禧也知道。她对这个王朝了解非常之深，想想老瞿既然已经成为体制中人，就应该纳投名状，把自己弄得和这个王朝一样肮脏一点，他自己不肮脏，弄成一朵白莲花的模样，那就只能说明他并没有完全接受和融入这个王朝，没有完全接受和服务慈禧的统治，慈禧对他自然也不会很放心。正是因为一直心有芥蒂，弹劾才会最终成为引爆免职的导火索。

当初奕劻被弹劾时，慈禧就说"奕劻这个人比较傻嘛，他肯定是上了别人的当了"，因为慈禧能够确认奕劻这个人是没有什么权力野心的，他唯一爱的就是银子。现在轮到瞿鸿禨被弹劾了，他不爱银子，却有"勾结国外势力"的嫌疑，结果就是直接开缺。王朝的权力一直在把离它最近的东西当作首要危害，一定会被拿下的从来只有那些有政治野心的人！至于清官或者贪官，有可能被拿下，也有可能不被拿下，并不最终取决于是否贪腐本身。

瞿鸿禨被扳倒了，对于还在上海"养病"的岑春煊，庆袁自然也是不会手软，他们也会把岑春煊彻底扳倒，让他再无翻盘的机会。此时的岑春煊已经没有瞿鸿禨这个主心骨，似乎正是动手的绝佳时机，但奇怪的是，接下来庆袁又没有什么动作了，他们暂时收手，按兵不动。政治家是这个世界上最坚忍的动物，奕劻和袁世凯就是这样的人，他们很明白，能不能动手其实并不取决于他们自己有多想动手，只取决于一件事情——此时慈禧会不会拿岑春煊开刀。

答案是：不会。

对于慈禧来说，岑春煊并不像瞿鸿禨，他曾经对慈禧"有恩"。像坐上慈禧这种位置的人，她其实并不在乎她是否"有负于"岑春煊，而是不能造成外界认为让岑春煊"有负于"她,失去在朝廷中树立起来的这面"死忠"于她的旗帜。

然后,正是因为瞿鸿禨已经倒了,慈禧才不会对岑春煊赶尽杀绝,让庆袁一方独大,破坏她苦心经营的平衡,奕劻和袁世凯如果此时动手,只会引起慈禧极大的警觉。

也就是说,除非发生特别重大的事情,慈禧是不会再拿岑春煊开刀的。这样的事情是什么呢?其实从庆袁扳倒瞿鸿禨的过程就可以看出来。奕劻和袁世凯根本不在乎瞿鸿禨是不是清廉,也根本不会像瞿鸿禨那样去深挖对手的贪腐和生活作风猛料,因为他们知道慈禧原本就不是特别在乎,慈禧在乎的从来只是"忠心",在乎的从来都只是统治的稳定和她自己的权力安全!

这就是庆袁的水平,远超瞿岑。他们始终抓住慈禧这个核心,始终明白慈禧怎么想才是关键,在任何时候都需要站在慈禧的立场来考虑问题,即便是在权力斗争时也是如此。他们见好就收,冷眼旁观着岑春煊和朝廷局势,在等待着一个机会。一个让岑春煊踩到慈禧权力安全的红线,慈禧不得不亲自拿刀去砍倒岑春煊这面旗帜的机会,到那时候,奕劻和袁世凯只需要轻轻递过去一把刀。

岑春煊被免的真相

6月17日,远在上海的岑春煊得到了瞿鸿禨被开缺的消息,他十分不满,开始闹情绪,以退为进,立即电奏慈禧,说明自己病还没有好,还需要继续在上海"养病",恐怕很难去广东上任。

慈禧批复:着赏假十日,假满即速赴任。

岑春煊再次上折:我的病更重了,实在是没办法去广东,要不然您也把我也开缺得了。

没办法,慈禧只好又"赏"了岑春煊十天假期,要求他赶紧"养病",假满后再去上任,上谕中还说明了去两广上任的重要性,勉励了岑春煊一番（两广地方紧要，该督向来办事认真，能任劳怨）。

岑春煊仍然没有去两广，继续上折子强调自己的病还没有好，还是不能动身，要不然太后您还是把我开缺了得了吧。

到这个地步，慈禧再说什么也没有用了，她对岑春煊也算是仁至义尽了。如果把慈禧比作"老板"，这个老板也实在是很够意思的，不断给员工放假，还不扣发他的工资奖金，而岑春煊的表现简直是戊戌变法时康有为的翻版，当时光绪不断催促康有为出京，康有为就是不动身，还不理不睬。现在的岑春煊倒是理睬了，不过他竟然和慈禧拧上了。

一个月后，7月16日，慈禧再一次对岑春煊颁布上谕，苦口婆心地说："你世受国恩，办事不辞劳怨，两广地方紧要，我对你是寄予厚望的，而且已经委以重任，你却一再要求开缺，未免太辜负我的期望了吧，再给你15天假期，假满后你一定要去广东上任，绝对不可以再推迟了。"7月31日，15日的假期满了，根据圣旨，岑春煊应该启程去两广，至少应该奏报行程，然而岑春煊不仅没有去两广，他甚至连折子都懒得上了，似乎还在那里生闷气。慈禧当然也没有再作进一步表示，但也没有处理岑春煊，慈禧还想保住这面"死忠"于她的大旗。

朝廷里的人都已经对此事避之不及，就等着慈禧最后如何处理。时间过去了将近半月，正当所有的人都以为此事就这样不了了之的时候，8月12日，慈禧却突然发布上谕：岑春煊着开缺！并且还送上了一句告别的"祝福"——安心调理，以示体恤。

这下可好了，之前岑春煊一再地请假和请求"开缺"，慈禧一再挽留，置之不理，现在岑春煊没上折子了，慈禧却突然将他开缺，这并不亚于一场官场地震，给人感觉是：岑春煊这次真的栽了，不但丢官，而且丢大了面子，表明岑春煊已经彻底失去了慈禧的信任。上谕中虽然只说"开缺"，并没有强令回籍，但明眼人都知道，岑春煊真的步了瞿鸿禨的后尘，只能灰头土脸地告别大清官场，慈禧再也不会起用他了。

现在，相信岑春煊和我们一样，一定想知道在这半个月的时间里，到底发生了什么？

多年以来,历史上一直流传一个神奇的答案:岑春煊是被袁世凯用一张"合成照片"给整垮的。根据我们现在的说法,袁世凯也就很不幸地成为了我国"PS界的鼻祖"。

事情的经过是这样的。当岑春煊赖在上海不想走时,广东的贪官们也不想他回任,否则难保不再发生针对周荣曜那样的"打老虎"事件。

广东政商两界想了一个办法:秘密发出告示,谁能阻止岑春煊回广东,商会愿意拿出一笔重金酬谢。

革命阵营里的陈少白发现了这个机会,他知道岑春煊正与庆袁权斗,也知道慈禧最恨的人是康有为,于是想了个绝妙办法:让人把岑春煊、康有为、梁启超以及康有为在国内的代言人——也是他的女婿麦孟华这四个人的照片,利用翻拍技术合成一张照片,找到时任外务部参议的广东老乡蔡乃煌,由他送给袁世凯。袁世凯大喜,以60万两白银买通李莲英,将此照片呈送慈禧。慈禧又愤怒又伤心,好一会儿才缓过神来说:真想不到人心竟是如此!他负我,我不负他!于是这才有了岑春煊被突然开缺的谕旨。当然,陈少白因此获得广东商会巨额报酬,拿这笔钱"开办港省轮船公司",连珠江码头都成了他的财产。

"PS"整倒岑春煊已经够传奇了,不过这个说法并没有完。当岑春煊明白内情之后,他实在难以咽下这口气,又花了40万两求救于李莲英。李莲英想出一个绝妙的主意:他把自己和慈禧的两张照片,又翻拍合成一张照片,拿给慈禧看。慈禧自然知道自己从来没有拍过这样的合照,于是明白了之前的照片到底是怎么回事,她虽然没有让岑春煊官复原职,但也总算消除了对岑春煊的"误会",还是认为岑春煊是她的"恩人"。

故事很精彩,李大总管就这样吃了一方吃另一方,轻轻松松赚了100万两白银,实在令人不胜佩服,这个故事也流传甚广。不过,历史并不是演义,也不是传奇,根据考证,这个故事最早是由兴中会会员刘成禺在民国年间写下来的,而他是听陈少白说的。大家知道,陈少白是最早追随孙文的兴中会元老,如果他当时真的从广东商会得到了一笔巨款,还能开办轮船公司,革命党方面应该有所记录,很可惜,我们翻遍革命阵营的史料,也找不到任何佐证。也就是说,老陈的这份口述是孤证,很可能是他吹牛,或者在同志之间开开玩笑。反正吹牛也不用向朝廷交税。

其实,只要仔细一想,陈少白的说法是并不成立的,破绽不出在他这里,而是出在李大总管与慈禧之间。现在我们把李大总管第二次送"PS"照片给慈禧的过程,用情景剧来还原一下。

李莲英:"太后,我之前送您的照片是假的呢,那是袁世凯他们伪造合成的,我们冤枉了岑春煊。"

慈禧:"那你……第一次你收了袁世凯多少钱?"

道理很清楚了,李大总管能不能"赚"到那100万两白银,其实关键并不在于李莲英,而是在于慈禧。慈禧虽然不会什么翻拍合成技术,但她可是比谁都精的,对官场十分了解,对身边人更是十分警惕,李莲英玩这样的把戏,慈禧只要稍一追问,一切都会露出马脚。所以如果说李大总管收第一次钱——也就是袁世凯拿"PS"照片陷害岑春煊还有可能,那么李大总管第二次拿"PS"照片为岑春煊洗脱应该没有这个可能,李莲英也绝不敢这样做。

那么,问题又来了:袁世凯拿"PS"照片陷害岑春煊到底有没有其事呢?神奇的是,除了刘成禺的记录,还有另外三份史料留下了相关记载,只是他们并不认为最初的照片是出自革命的人陈少白之手。

第一种说法来自费行简的记载,他认为"PS"照片最初是袁世凯的儿女亲家、时任两江总督的端方伪造的,然后再交给袁世凯,而且照片里只有岑春煊和梁启超,并没有康有为与麦孟华。

第二种说法来自于岑春煊自己。在岑春煊晚年的回忆录中,他写道:自己当年被老佛爷撤职,就是被袁世凯这个小人给陷害了,陷害的方法就是袁世凯指使某些人,把他与康有为和梁启超的照片合成一张,慈禧误以为真。

需要注意的是,上述两种记载都发生在民国时期,那么,最早的记录在哪里?我们目前能够找到的是宣统三年(1911年)曾任御史的胡思敬写的一本叫《国闻备乘》的书，书中关于此事的记载是这样的：

时任外务部参议的蔡乃煌官场失意，了解到岑春煊和袁世凯正在权斗，觉得可以通过巴结袁世凯升官，于是把岑春煊与康有为的照片合成一张送给袁世凯。袁世凯大喜，由奕劻上呈慈禧，岑春煊被开缺，蔡乃煌因此被擢升为上海道（蔡乃煌确实在第二年即1908年出任上海道）。

胡思敬记载的时间最早，看来应该是最接近事实的说法，后来的种种说法应该都是在《国闻备乘》的基础上演变的。问题是《国闻备乘》并不是正史档案，很多内容来自官场传闻，而胡思敬本人是著名的"满清遗老"，他在整本书中对袁世凯的记载都不公正。鉴于此，胡思敬只能勉强算作袁世凯拿"PS"照片陷害岑春煊的人证。我们还需要寻找一下最直接的物证——那张照片。

只可惜，不仅这张照片没有，关于这张照片的其他记载也没有。看来我们的探案似乎已经走入了死胡同，再没有其他什么突破口了。根据破案的技巧，现在，我们要把案件倒回去追查：既然"PS"照片是作为岑春煊"暗通康梁"的证据而存在的，那么，岑春煊是否真的有"暗通康梁"的行为呢？这个答案倒是明确的：绝对有。岑春煊在逗留上海期间，麦孟华就一直陪在岑春煊的身边，甚至梁启超还从日本秘密潜入上海租界，计划与岑春煊直接见面会谈，只是因故没能见上面。

现在我们知道了，岑春煊赖在上海不走，并不只是傲娇，而是在斗垮庆袁无望的情况下，与康梁重新搭上线，想以此扩大自己的势力！"暗通康梁"，这已经犯了慈禧的大忌，岑春煊虽然进行得十分隐秘，但也逃不过庆袁一派的眼睛。当袁世凯收集到岑春煊的秘密材料之后，和当初扳倒瞿鸿禨一样，他又需要一个人把此事捅到慈禧那里去。

四品翰林院侍读学士恽毓鼎有一个很好的习惯——写日记。他的《澄斋日记》洋洋洒洒有上百万字，不过在岑春煊被开缺的三天前（8月9日），我们仍然能够找到关键的两条信息，翻译过来就是：

我在写奏折，（准备第二天）弹劾岑春煊抗旨不遵，逗留上海，并勾结康有为、梁启超、麦孟华。康梁都来自日本，我担忧岑春煊会借助日本的力量颠覆朝局，不得不上奏。

然后还有一条：蔡伯浩（即蔡乃煌）来，久谈，夜雷雨。

日记中并没有记录下他们当时"久谈"的内容到底是什么，但蔡某人应该不只是来串串门聊聊天气，否则在恽毓鼎写奏折、第二天就要上奏弹劾岑春煊这么重要的时候，他也不会留蔡乃煌"久谈"，谈的应该就是奏折之事。我们有理由怀疑，蔡乃煌就是作为袁世凯的代表，来"指导"恽毓鼎写奏折的，甚至就和当初弹劾瞿鸿禨一样，蔡乃煌干脆带来了一份袁世凯事先准备好的奏折，只需要恽毓鼎以他的笔迹抄写一份再签上大名，然后又有一笔银子落入口袋。

第二天，恽毓鼎上密折弹劾岑春煊。史料记载，在收到奏折后，慈禧一面将奏折"留中不发"，一面密电湖广总督张之洞立即来京，有"面询事件"。很显然，对于恽毓鼎的上奏，慈禧既十分惊怒，又有点拿不准，此事又不能声张，她需要当面询问一下张之洞这个老臣的看法。

张之洞的回电是他正在重病中，恐怕无法立即动身。不知张之洞是不是真的如他所说的那样病得连火车都坐不了，还是已经嗅到了朝廷不寻常的气息，不想卷入这场是非之中，总之他把皮球又踢回给了慈禧。

没有办法，两天以后——即8月12日，慈禧颁布谕旨将岑春煊开缺！慈禧亲自砍倒了她苦心树立的这面"死忠"于她的大旗。

真相已经浮出水面了。看来对于袁世凯来说，一事不烦二主，收买人还是收买熟的好，他第二次收买了恽毓鼎，又扳倒了岑春煊，扳倒岑春煊的原因并不是传说中的"PS"照片，并不是什么"高科技"，只是一封普通但厉害的奏折而已。

在恽毓鼎上奏之前，朝中也有御史曾经弹劾过岑春煊"暗通康梁"，一直都被慈禧压了下来，而与那些奏折相比，出自袁世凯之手的奏折有十分厉害的一条——"康梁都来自日本，担忧岑春煊会借助日本的力量颠覆朝局（也就是推翻慈禧的统治）"，弹劾大臣勾结国外势力意图篡权，这真是太会抓慈禧的心思了，当初瞿鸿禨栽在这一条上，现在岑春煊又栽在这一条上！

而对于袁世凯来说，即使被慈禧发现他就是恽毓鼎的幕后指使，他也光明正大，因为他刚刚肩负对付日本来保卫东三省的重任，他也有职责把这一切向慈禧上报！

好吧，谜底都已经浮出水面了，但是破案并没有结束——是谁最先捏造了那个"PS"照片事件？其实联系前后几年发生的事情来看，绝大部分的嫌疑都指向了一个人，就是我们熟悉的恽毓鼎。

据日记记载，大约三个月后，恽毓鼎成功地在京城买上了房子，还有了大笔存款。清廉的好官恽毓鼎突然富了起来，人们并不奇怪，虽然弹劾岑春煊用的是密折，又被慈禧"留中不发"，当时的人们并不知晓此事，也不知晓他收了这笔黑钱，但弹劾瞿鸿禨是公开的，恽毓鼎被收买的行为已经遭很多读书人不齿，甚至连他的江苏常州老乡都特意登报，表示要与这位老兄划清界限，羞于与其为伍。有了房，有了钱，过上了好日子，却再也得不到同僚的尊敬，失去了"清廉"的好名声，恽毓鼎的内心也是极其痛苦的。遍翻《澄斋日记》，很多地方都写得十分详细，唯独在弹劾瞿岑这里特意简写了，还留下了很多空白，可能他自己也觉得没脸记吧。

相信此时的恽毓鼎最想做的，就是如何为自己"补名"，他毕竟不像袁世凯这种"我死后哪管它洪水滔天"的人，他只是个读书人，还是很在乎自己的历史名声的。

1908年，在倒岑事件中为庆袁立了功的蔡乃煌受到重用，升任上海道台，但在两年后（1910年），上海发生著名的橡胶股票危机事件，蔡乃煌处理不当，人人喊打。在舆论纷纷攻击蔡乃煌的时候，恽毓鼎只要顺势把倒岑的责任全部推到蔡乃煌的身上，捏造出极具传奇色彩而又能让人们津津乐道的"PS"照片事件，就能彻底掩盖他曾经上密折弹劾岑春煊的真相，然后这个传闻又被胡思敬记录在《国闻备乘》里，再引发后来种种说法，流传至今，也并不是不可能。

可怜的岑春煊，直到去世之前，他都不知道自己原来是被恽毓鼎参倒的。慈禧其实一直在奋力保住他这面"死忠"的旗帜，任命他为邮传部尚书,这都是典型的肥差,她其实并不介意岑春煊去搜刮点银子,享受享受,只要不太过分,慈禧是不会管的,奕劻不就是这么做的吗?可是岑春煊可能误解了慈禧的意思,他以为领导重用自己是想让自己"好好表现",去"打特大老虎",非把奕劻拉下马不可。慈禧只有在大臣们的"忠心"得到确认后才会关心他们的贪腐问题,这一点,岑春煊不清楚。

瞿鸿禨和岑春煊先后倒台,庆袁一方独大,朝廷里的权力格局重新洗牌,这一场发生在朝廷最高层面的权力斗争也结束了,1907年是丁未年,史称"丁未政潮"。对于慈禧来说,她失去了苦心维护的"平衡",但这种现象是暂时的,她即将开始她一生中最后一次权力布局。而对于袁世凯来说,他也在客观上排除了干扰和阻碍,继第一次君主立宪制改革失败之后,即将开始第二次君主立宪制改革。这将是他在大清为实现君主立宪所做的最有成效的一次变革!

第十一章
帝后前后脚去世，慈禧为权力布局毒杀了光绪？

袁世凯主导第二次君主立宪制改革

1907年7月，光复会会员徐锡麟在公开场合成功刺杀安徽巡抚恩铭。高级官员在公开场合遇刺，朝野震动，慈禧终于意识到，必须回应民间呼声，推动立宪改革，否则，下一个被刺杀的目标就是紫禁城里的人，甚至是慈禧本人了。

9月，慈禧颁布谕旨，同时调变革大将袁世凯和张之洞入主军机。慈禧此举可谓一箭双雕：袁、张二人都是变革大将，又存在"北南竞争"关系，既大力推进立宪，又终于在军机处取得了"平衡"；而与此同时，慈禧也调了24岁的醇亲王载沣入军机处学习行走。后来的事实将证明，这才是慈禧权力布局中最重要的一环！

朝堂外的人们关注的自然还是立宪，特别是"变革第一人"袁世凯入主军机。报纸舆论欢欣鼓舞，发表评论：政府之前途将换一局，立宪之前途将放一光明！

那么袁世凯要从哪里打开突破口呢？第一次方案中设置责任内阁的提议刚刚被慈禧否定，肯定不能再提了，朝廷不会这么快自己打自己的脸，唯一的办法就是从宪法和议会入手。慈禧终于下诏，同意袁世凯提出的方案，筹备成立国会的前身——资政院。大清终于在三年后（1910年9月），正式成立资政院。

除了国会，地方议会机关也在强力推进立宪改革，慈禧下诏，在各省会城市速设"咨议局"，也就是省议会，省以下的各府、州、县等基层议会一并筹划，从速设立。两年以后（1909年10月），除新疆之外，其余21个省都成立了咨议局，通过选举产生了各省的咨议局议长。

不得不说，无论是资政院还是咨议局，都不是真正的中央或者地方议会，但它们确实是以立法权独立为目标而设立的。人们竟然可以选出议员作为立法的代表，而官员只能负责执行，这是几千年以来的头一遭！

接下来就是制定所有人（包括皇帝和皇室）、所有法都不能违抗的根本大法——宪法了，在当时世界各君主国，宪法的出台有钦定、民定和协定三种。所谓钦定，就是最终由皇室来定；民定是最终由议会或者全民公决来定；而协定最终是由皇室与民众相互协商来定。大清选择的是钦定。1908年8月，慈禧颁布了《钦定宪法大纲》，模仿日本的明治宪法，以"皇帝领导下的三权分立"为目标，先制定一个纲要，作为将来正式出台的宪法的主体和原则。虽然它还不是完整版，但这不仅是大清的第一部"准宪法"，也是几千年以来的第一部准宪法，迈出了走向君主立宪制的重大一步！

相信大家也已经发现了，以上这些都还是基础性的工作，大家关心的是到底什么时候最终实现立宪。可贵的是，在袁世凯、张之洞等人的力推之下，慈禧对这个问题并没有回避。结合实际情况，慈禧颁布了一张办事"清单"，规定自1908年起的九年后——也就是1916年要办成立宪的三件大事：正式成立责任内阁（新定内外官制一律实行）；颁布正式的宪法；进行国会议员选举，直至召开国会。而这九年之中，朝廷和地方政府每一年要办什么事情、怎么办，都写到一张"九年办事清单"中。

慈禧规定，要把这份清单公告天下，分发下去，凡是朝廷厅级（司道级）以上的衙门都要把这张单子悬挂于正堂之上，每月每年照单办理，每六个月向朝廷专管部门奏报一次。为了避免踢皮球，如果这件事是中央部门与地方合办的，由中央部门负责；如果这件事情是地方独自办的，就由督抚负责，督抚有调动而交接时，要将办理进度奏报朝廷，由交接双方共同签字确认，做到权责清晰。最后，朝廷还指定了专门负责考核的机构——都察院，如果发现有任何人办事不力或阳奉阴违，都察院都要指名道姓地给予曝光和弹劾，借助全社会的舆论和力量，切实推进进度。

一张实实在在的立宪路线图和时间表确定了。在袁世凯的第一次君主立宪制改革中，除了当时直隶总督袁世凯外，其余督抚都是不直接参与立宪改革的，他们只能听令，这还引起了岑春煊等"有志督抚"的强烈反弹。现在，在袁世凯等人的推动下，朝廷终于不再牢牢把控立宪改革的权力了，而是把它们下放到地方上，让所有的督抚、地方官员甚至民众参与进来，让全社会都卷入立宪改革当中。事实就是这样，立宪改革原本就不只是朝廷之事，而是全大清与全社会之事，需要调动从朝廷到民间的力量来参与——把变革的权力下放，才是真正的变革之举！

这一次的真心变革，是袁世凯取得的巨大成绩，也是慈禧的"回光返照"，她已经等不到这一切的结果了，"九年办事清单"，竟然成了她交代的最后一件事。1908年11月15日，慈禧在仪鸾殿去世，享年73岁，而在她去世之前不足十二个时辰，37岁的光绪皇帝竟然也离奇离世！

光绪和慈禧去世过程

现在让我们来关注一下爱新觉罗·载湉，这位深宫里无比寂寞的皇帝。光绪的身体状况一直都是不太好的，这是一位年轻人，但是一位脸色苍白、十分清瘦伴随着经常性口吃的年轻人。他时常感觉头痛和耳鸣，胸部闷热，肠胃消化功能不好（经常呕吐），视力和听力都出现了衰退，小便次数很频繁，但每次的量很少（尿频尿不尽），双腿无力，走路竟像小老头一般的蹒跚。

他仍然对打雷和其他巨大的声音感到恐惧（心理阴影），每当电闪雷鸣的时候，他都是无比地狂躁和惊恐，这时候他的门窗都要紧闭，让太监站在两旁，自己拼命捂着耳朵。

更严重的是，长期不规律的生活和高度紧张的精神状态使光绪皇帝出现了一个严重的生理疾病——阳痿。不仅经常在睡梦中遗精（宫廷医生记录），任何刺激、重压或者嘈杂的喧闹声，都能导致他突然遗精，"引起精液流涌如注"。从现代医学观点来看，阳痿是由于肾功能退化以及并发症所引起的。

身体状况影响了他的性格，光绪皇帝是一个既胆怯又任性的人，身体虚弱无力，性格敏感、孤僻。对于慈禧，他还是一如既往地惧怕，甚至就连在其他女人面前都是十分的胆怯和紧张！

1907年，宫廷里的一份档案记录下了光绪亲笔写下的症状：遗精之病已有将近20年，腰、腿、肩、背经常酸沉，耳鸣也有近10年。

1908年春，军机处开始陆续发出廷寄，命令各将军、督抚征召各地名医和上等药材，急速来京为光绪诊治。

在大内，无论是谁为皇上以及皇室其他重要成员诊病，都要把症状、病情、药方等一一详细记录在案，这就是《脉案》。会诊的太医写完《脉案》后，当时就要呈给皇上看，也正是因为如此，太医们写的《脉案》就比较"有艺术"了，主要是怕写重了，皇上一时震怒，难免会处罚太医，所以太医们一般都要尽量在语句上淡化一下病情，遇到皇帝病情十分严重时，还需要先请示军机大臣和内务府大臣才能决定到底怎么写。

但这种情况在光绪皇帝这里不同，太医们担忧的不是自己写重了，只是怕自己"写轻"了，否则光绪皇帝就会大发脾气，暴跳如雷，反过来会把太医们大骂一顿。其实这也好理解，光绪是没有实权的，他的病只有足够"严重"才能引起大家的重视，这个可怜的皇帝并不是真的希望看到自己"病重"，只是希望大家能够重视他而已。

但是，光绪对朝廷（其实就是慈禧）派来的太医似乎并不彻底信任。档案记载，太医们开的药，他并不是每一剂都服用，而是会仔细检查和分辨，但他也只能找这些人看病，因为慈禧特意下过一道命令：任何人不允许私自给光绪看病或者用药，否则定拿此人是问。

这一年，光绪37岁。遗精和相关的并发症出现了多年，说明光绪的身体确实不好，但所患之病也只是长期病痛，绝没有病入膏肓，更别说有生命危险，否则也病不了近20年。用我们一句熟悉的话来说，光绪真正的身体状况是——大病没有，小病不断。到了10月27日（慈禧去世前的20天），他的身体状况和之前仍然没有显著变化，以至于太医们甚至考虑干脆给光绪停药算了，反正是个长期病，没什么大碍，免得药用多了还适得其反。

那么，在前一年，军机处又为何打着为光绪看病的名号，征召各地名医名药急速来京呢？

真正的原因是：慈禧病了。

据慈禧《脉案》的记载，从三年前（70岁）开始，慈禧身体状况已是江河日下，精力大不如前，经常小病不断。光绪的病不是最重要的，慈禧的病情才最重要，也才是最高机密，军机处只好打着为光绪看病的名义征召名医名药。

10月30日，太医院院使张仲元开始亲自为慈禧主治。太医院的最高领导都出马了，说明慈禧的病情已经到了一个非常严重的程度。据《脉案》记载，此时慈禧的病情主要是消化不良，肠胃不好，还伴随着拉肚子，需要时不时跑一下茅房，这个病状已经十几天了，一直没有治好。这也难怪，老人家了嘛。

11月3日（农历十月初十），这天是慈禧的生日，慈禧和光绪都出席了庆祝活动，慈禧十分高兴，接受了大臣们的朝贺，而当天，她的《脉案》首次出现了"小水发赤（尿中带血）"，腹泻再加上尿血，这已经是很不妙了。

果然，从11月5日起，连续两天，慈禧都破例没有到中南海勤政殿召见军机大臣。这是不正常的，给出的说法是"太后伤风感冒"。7日，慈禧勉强到勤政殿召见军机大臣，并命令奕劻亲自前往东陵视察慈禧的"万年吉地"（陵墓）；8日，奕劻动身前往。

9日，先期前往东陵视察的礼部尚书爱新觉罗·溥良回京复命，新任直隶提学使傅增湘入宫请训，慈禧和光绪都一一公开召见。虽然召见过程极其短暂（数话而退），慈禧的精神状态也很不好，但她毕竟又能够公开活动了，说明慈禧的病情在加重过程中有反复（正常现象）。

此时的光绪身上仍然看不出什么异样，《脉案》记载的病情也和过去的"遗精并发症"差不多，太医出诊人数、时间均正常，并没有临时加班出诊，甚至数天之内都只有一位太医来为光绪正常请一下脉而已。

而接下来，一切风云突变！

11月10日，内务府电令在外地的两位医官（张鹏年、陈秉钧）火速来京，令在京的医官吕用宾等就近住宿，又规定内务府相关人员自11日晚上起轮流值夜班。这三位医官都不是太医院太医，是外地督抚遵照之前军机处的廷寄推荐的名医，说明慈禧的病情到了十分严重的程度！

事情果是如此，根据军机章京许宝蘅的记录：11日起，慈禧进不了食、起不了床，用医学术语来说，已经到了病危之际。

而令人惊奇的是，之前还一直正常的光绪皇帝，病情急剧加重！许宝蘅记录：六时入直值班，皇上已不能坐，未召军机……

之前还算正常，到慈禧病危之际时，连坐都不能坐了，实在太过诡异了。这其中的内情军机章京许宝蘅自然是不会知道的，我们需要寻找到一位目击证人——11日当天为光绪出诊的医官。

年初各地督抚接到军机处廷寄之后，他们先后向朝廷推荐名医。直隶总督杨士琦（袁世凯心腹）推荐了一名叫作屈永秋的医官。

屈永秋，字桂庭，广东人，朝廷公派留学生。相信大家还记得，孙文毕业的那一年，李鸿章在筹办我国第一所官办近代西医学校——北洋医学堂，孙文没有来京，李大人选用的就是这个留过洋的屈永秋。屈永秋在培养后出任北洋医学堂总办，后来袁世凯又委任他为天津卫生总局总办。看来，这个屈永秋确实是个西医人才。

在各地进宫的医官中，屈永秋是唯一的西医，也正是因为如此，他在皇宫中是不那么受重视的。大家不敌视西医就已经很不错了，哪还能让西医来为太后、皇上主治呢？

正是因为如此，屈永秋进宫之后，只给光绪看过病，从来没有为慈禧诊治过。当然，我们翻阅光绪的《脉案》，是找不到他写的记录的，这并不奇怪：这位老兄是一名西医啊，他是不请脉的。

问题是11月11日白天为光绪出诊的只有屈永秋。民国二十六年（1937年），屈永秋向当时杂志的记者讲述了他当天的出诊经历，并写成《诊治光绪皇帝秘记》公开发表。在材料中，可以找到几条极为关键的信息。

首先，光绪虽然突然病重，但在宫内仍然不受重视（中医俱去，左右只余内侍一二人），屈永秋也说明了原因："盖太后亦患重病……帝所居地更为孤寂，无人管事。"慈禧病危，太医和医官都奉命去慈禧那里抢救，派到光绪这里的就只有他这位从来不受重视的西医了。

然后，光绪皇帝这天病症也出现奇怪的变化。他突然肚子痛，并且痛到满床翻滚（帝忽患肚痛，在床上乱滚），向着四周大叫"肚子痛得了不得"。屈永秋立即上前检查，病状为"心急跳、面黑、舌黄黑"。这让屈永秋也觉得十分诡异，因为这是以前完全没有出现过的症状，并且和光绪之前的遗精并发症（失眠、腰胯痛、头晕）也没有任何联系。

太医不在，屈永秋也没有其他的办法（余格于形势又不能详细检验，只可进言用暖水敷烫腹部而已）。这是事实，给光绪看病有一套繁琐而严格的流程，即使是太医们在请完脉后，也只能先开张方子，抓药的是一批人，熬药的又是另外一批人。屈永秋是西医，相信他的药箱里也是有西药丸的，但根据慈禧之前的命令，除非有慈禧的批准，才能"私下用药"。现场没有管事之人，只有内侍，在光绪皇帝病情十分严重而又无比诡异的时刻，屈永秋自然也怕惹事上身，于是，连最寻常、照中医方法来说最保险的"用暖水敷烫腹部"，他都只能"进言"，绝对不可能自己动手。

屈永秋很快离开了现场，接下来宫内发生的事情，他就不知道了，但我们马上又能从其他人的记录中发现蛛丝马迹。11日当天晚上，光绪病情进一步加剧，先后有太医杜钟骏等人被内务府急召前来请脉。光绪自己似乎也感觉到了时日无多，他可怜巴巴地问杜钟骏："你有何法救我？"

12日白天，光绪已经无法进食，说不了话，他病情一路急转直下，严重程度竟然首次超过了慈禧！慈禧虽然起不了身，但至少还能说话，她命令原本在东陵视察的奕劻立即回京。很显然，慈禧也知道自己时日无多了，命令领班军机大臣回京，这是要为自己的后事作准备。

11月13日，光绪的病状出现了"眼闭、翻白眼、嘴唇颤抖、流口水"的可怕现象，用医学术语来说，光绪进入弥留，一切都已经回天无力了。14日，朝廷突然发布了一道比较长的上谕。在这道上谕中，首先回顾了光绪的病情，说明朝廷一直在为光绪"征召天下名医名药"，现在再次命令各将军、督抚继续派良医火速进京，哪怕是民间郎中也无所谓，都准许进宫。熟悉朝廷"政治语言"的人都知道，这道上谕看上去是为光绪的病情继续想办法，实际上是告诉大家：我们已经尽力了，但光绪也快不行了，不久将有重大消息发布。

果然，14日18时33分，光绪在瀛台驾崩。从11日发现他的病情突然加剧开始，短短三天的时间，光绪的病情直线下降，并且没有反复，直接进入了死亡。

第二天未时（15日下午1时至3时），慈禧也跟着光绪的后脚去世，一个70多岁的老人家竟然恰好死在了没什么大病的壮年男人之后，前后相差不到一天！

慈禧去世前，她做了权力交接。由于光绪没有儿子，慈禧命光绪的弟弟醇亲王载沣两岁半的儿子溥仪过继到光绪门下，继承大统，成为新皇帝，光绪原来的皇后叶赫那拉·静芬（慈禧的侄女）升格为皇太后（即隆裕太后）。溥仪年幼，生父载沣为摄政王，大权掌握在载沣和隆裕这一对叔嫂组合的手里。

关于权力布局的事情我们接下来再说，现在我们要来破解光绪的死亡之谜了！

慈禧毒杀了光绪？

从当时的情况来看，光绪死于谋杀的可能性非常大，而最大的嫌疑人自然就是慈禧。一直以来，只有慈禧能掌控光绪的医药、身边的内侍和生死，也只有慈禧是那个既能谋害光绪又不会被追究的人。

不过奇怪的是，当时流传最广的最大嫌疑人却不是慈禧，而是把矛头指向了另外一个人——袁世凯。

朝袁世凯泼污水的，自然就是康有为。

11月14日，光绪去世的同一天，在海外的康有为得到消息后，立即给美国总统罗斯福拍了一封电报，指责是袁世凯谋害了光绪，请求美国联合其他"民主国家"，对大清王朝的权力变动不予承认，阻止慈禧任命的摄政王载沣、袁世凯等大清反动势力上位。很显然，此时的康有为虽然消息灵通，但并不十分了解朝廷内幕，他还认为载沣和袁世凯是一伙的，把他们捆绑在一起营造一个"反动集团"，想拉美国下水去干涉大清内政。

罗斯福方面没有回音，康有为只好第二次致电，这次他倒没有把袁世凯和载沣捆绑在一起，也忘了刚刚说的载沣是反动势力。电文中声明的是袁世凯正在利用隆裕太后"破坏世界和平"，希望美国军队能够保护他秘密进入美国驻北京使馆，亲自与载沣会面，挽救大清局势。

罗斯福方面还是没有任何回复。康有为干脆一不做二不休，在海外大肆发表文章，攻击袁世凯：袁世凯"出卖"变法，倒向慈禧，害怕将来被光绪反攻倒算，于是在慈禧去世前谋害了光绪。康有为还呼吁摄政王像当年康熙除鳌拜那样，诛杀袁世凯。

康有为这么做的心情是可以理解的。慈禧时代结束了，康有为急切地想重返大清政坛，而袁世凯是清楚他当年围园杀后内情的，不除去袁世凯，康有为的目标就无法实现，只好先倒打一耙。

虽然光绪去世时，康有为不仅没有在现场，连在大清国内都没有，但他这种"权臣害皇上"的说法影响了很多人，之后的每一个传言都煞有介事，比如传说光绪临终前曾下密诏给隆裕或者载沣，杀掉袁世凯。《旧京琐记》还记载：光绪生前每天写"杀袁世凯"泄愤（日书项城名以志其愤），就连后来的溥仪在写作他的自传《我的前半生》时，也写道他"听人说，光绪是被袁世凯派人用药害死的"。

这些说法都绘声绘色，然而却是站不住脚的。要知道光绪被慈禧幽禁于中南海的湖心孤岛瀛台，一直被慈禧派人严格"保护"，首先就是防止光绪自杀，其次正是要防止有人谋害光绪。光绪一死，就破坏了慈禧以太后名义临朝训政的模式，所以说，除非有慈禧的旨意，任何人包括袁世凯在内，都是无法在守备森严的皇城之内谋害光绪的。

那么慈禧会不会指使袁世凯或者奕劻谋害了光绪？只要仔细想想，这个可能性也是没有的。

很简单，谋害光绪，这是慈禧在为她去世后的最高权力布局做安排。此时此刻，最需要防备的就是庆袁这样的权臣，防止他们插手此事，否则慈禧就得付出与他们合谋的代价，比如授予他们在自己去世后更大的权力，而光绪的一切原本就掌控在慈禧手里，她只要交给身边一个小小的太监去办就可以了，慈禧"杀鸡焉用宰牛刀"？

多年以后，我国著名书法家启功在《启功口述历史》中讲述：他的曾祖父溥良曾经看见一个太监奉慈禧之命给光绪帝送去一碗"塌喇（酸奶）"，不久，光绪死了。

光绪到底是不是死于一碗"酸奶"？多年以来，启功的这种说法没有受到太多的重视。但我们知道，时任礼部尚书的溥良是在9日入宫向慈禧复命，恰恰在11日，光绪的病情急转直下，至少从时间地点上说，溥良所言是经得起检验的。

民国二十年（1938年）左右，光绪的陵墓被盗，地宫和棺椁被打开，尸体被丢在棺材外（在此严重谴责一下盗墓人士）。虽然盗口当时就被填埋了，但尸骨一直暴露在外，直到1980年才被有关部门重新清理和封闭进棺椁。在封闭之前，当地县城医院和防疫站曾对尸骨进行了一些简单的检测，结论是：没有发现外伤和明显中毒表现。但鉴于当时的检测水平，这并不是一次精密的检测，好在封棺之前，有关部门把光绪的一些头发、遗骨和衣服另外保存了下来，留待日后再检。

从2003年开始，更加权威的部门又对这些保留下来的遗物进行了检测，这次有一个重大发现：光绪的头发、衣服等含有高浓度的三氧化二砷，这是砒霜的主要成分。现在，只要我们能够有力地排除光绪陵墓被盗时没有受到污染，盗墓人士当时没有使用同样可能富含三氧化二砷的消毒粉剂之类，我们就可以得出结论——光绪死于砒霜中毒，准确来说是急性肠胃型砒霜中毒，也可以正式联想到那碗"酸奶"了。

只可惜，当时盗墓的现场也许永远无法还原了。光绪到底是不是死于谋害？凶手是不是慈禧？历史也许在这里留下了一个永远的谜案，我们只能期待将来会有新发现了。

而我们说慈禧有谋害光绪的最大嫌疑，并不只是从光绪死亡的过程来推断，还因为她对去世后的权力布局，正是在这场慈禧一生中最后一次也是最重要的一次权力布局中，隐藏着谋害光绪的动机！

慈禧为什么要谋害光绪？

慈禧去世的前两年（1906 年），年轻的醇亲王载沣得了一个儿子，取名为溥仪。在慈禧看来，溥仪的出生简直就是上天送给她的一个礼物。光绪无子，将来只要把溥仪过继过来继承大统，她的侄女静芬就能重复当年慈禧的老路：升格为皇太后，以太后的名义听政，把控最高权力。

但是，按照朝廷家法，君幼，必须再设摄政王或者顾命大臣、议政王等等（慈禧时代，奕䜣一直为议政王，只是慈禧比较厉害，一直牢牢把控权力），那么如果立年幼的溥仪为帝，这个摄政王又是谁呢？自然就是溥仪的老爸——同样年轻的载沣！也就是说，在慈禧这里，她不是先看中了载沣作为摄政王，是出于让静芬听政的需求，先挑中了年幼的溥仪，载沣才因此成为摄政王。摄政王，不过是慈禧要延续叶赫那拉氏的娘家人把控最高权力而给载沣安排的一个工作。

事实正是如此，慈禧的遗诏明确规定，帝国的最高权力掌握在载沣和隆裕手中：一般军国政事由载沣在前面顶着，遇有重大事件，又必须请隆裕太后懿旨者，由载沣随时面请施行。也就是说，隆裕享有最终裁决权。

　　慈禧的遗诏是这么规定的，现实条件也有利于隆裕。想想当年慈禧开始听政时，她还只有26岁，奕䜣28岁，现在隆裕已经40岁了，比当年慈禧接手时还大了十几岁，载沣（25岁）却没有当年奕䜣的年龄。隆裕只要有慈禧一半的手段，她完全有条件再像当年的慈禧一样，让大清的最高权力最终落于叶赫那拉氏之手！

　　这就是慈禧谋害光绪的动机。在慈禧去世的时候，只有光绪去世，溥仪才能上位，隆裕的听政才能实现。不过人算不如天算，慈禧把掌控最高权力的机会留给了隆裕，隆裕却没有这个能力。她确实处处想学当年的慈禧，也在宫内玩起了垂帘听政，慈禧宠信太监李莲英，她就宠信太监小德张。但慈禧的宠信是因为李莲英处处听她的话，坚决彻底执行慈禧的命令，到了隆裕这里却是她听小德张的——其实谁的话她都听，因为她本身并没主见和决断。

　　看来一切都要靠年轻的摄政王了。

　　而慈禧的权力布局并没有落幕。君主专制王朝里的权力就是凶器，它每一次的交接和变动不是要抓几个人就是要血溅四方。对于庆袁这两个大清权势最大的大臣，慈禧又希望她的接班人如何处理他们呢？

第十二章
慈禧留给载沣的政治遗产：袁世凯

慈禧去世前希望如何处理袁世凯？

接班人如何处理前朝权臣，这是无法写到遗诏里面的，写了也没有用，一切都要靠接班人自己去领悟，拿出自己的手段。要领悟慈禧的遗志，需要了解大清朝一段著名的往事。

乾隆时期，也有一位权势冲天、财富惊人的大臣，他就是和珅大人。这位和大人几乎占据了大清的大部分财富，也一直是乾隆的心腹。乾隆去世后，儿子嘉庆继承大统，他上位之后的第一件大事就是高调反贪，把和大人赐死并抄家。抄家所得达八亿两白银以上，相当于当时朝廷15年以上的收入，朝廷顿时有钱了。

当时所有的人都不明白，为什么乾隆皇帝就那么昏庸，竟然让一个巨贪在自己身边几十年之久而没有半点察觉？为什么和珅也屡遭弹劾而乾隆就是不处理？

其实，这正是乾隆留给他儿子的政治和经济遗产。

乾隆当政时，正是所谓的康乾盛世。与过去相比，老百姓的日子确实好过一点了，一般人家都能吃饱穿暖，再有余粮闲钱的人开始做生意，去发展工商业。根据一般的逻辑，这是好事，朝廷应该出政策鼓励工商业的发展，让老百姓进一步富裕起来，朝廷也可以构建一个富人阶层来稳定社会，以民富最终达到国强。然而，皇权的逻辑却并不是如此考虑。

"士农工商",商是排在最末尾的,也是始终被君主专制王朝视为大敌的。重农抑商是千年传统,大清也不例外。

很简单,如果民间有一个稳定而且广泛的富人阶层出现,就会带来很多的改变,首先自然就是体制不再具有绝对的吸引力——想想看,如果混体制不能带来更多的好处,谁还愿意为体制去卖命啊?然后就是思想上的活跃,人们会索取越来越多的其他权益,比如对政治权利、对社会公共事务的发展和生活环境的要求等等。这就相当于要求朝廷变成一个真正为老百姓、为社会服务的朝廷,它的很多权力都要受到约束,会向着"小朝廷、大社会"的方式转变,朝廷传统政治架构会受到根本性的冲击。我们前面说到的买办郑观应、刘学询等人正是有此举。

这就是说,发展工商业并不是王朝维护专制统治的需要,维持老百姓们适度贫困甚至始终维持可以在不加税的情况下一夜之间入贫才是维护专制统治的需要。在这一点上,乾隆皇帝是真正的"英明神武"的。他一边通过"文字狱"禁锢活跃思想的苗头,一边还要想办法既不能让老百姓们太穷(免得造反),又不能让老百姓太富,抑制工商业的发展,以维护专制统治的需要。

这后一条实在是太难了,毕竟大清开国以来几十年的长治久安和人口红利带来了对财富的欲望,也带来了民间财富的积累。靠增加百姓们的税赋?这有一个度,不能无休止地加下去,朝廷也是要讲脸面的,更何况当年的康熙爷还定了一个"永不加赋"的规矩。看来用合法渠道去把民间滋长的财富掠夺到大清朝廷是行不通了。

这时候,乾隆身边的敛财高手和珅横空出世了。他没有政治野心,乾隆的话就是他的最高指示,银子就是他的最大爱好,但此人并不只有永远满足不了的贪污之心,还匹配着炉火纯青的贪污手段。有了这样一位巨贪,大清各地、各级官员的银子源源不断地流向和大人这里。而官员们的银子是从哪里来呢?自然也是从民间搜刮而来。如果把和大人比作一根吸血管,大清各级官员就是伸向民间每一个角落吸血的毛细血管。和大人所贪的每一两银子,归根到底都是通过这个庞大而完备的吸血机器从民间吸血而来。民间财富终于汇聚到了一个巨贪手里。

接下来呢?

接下来的事情就简单了。乾隆留着和大人不杀,把他养得很肥,肥得不能再肥,留给自己的儿子嘉庆去杀。嘉庆这个新主一上位,立即打掉了一只"特大老虎",除去国之巨贪——这是一笔巨大的政治遗产;然后和大人被抄家,嘉庆又获得一笔巨大的经济遗产。这就是所谓的"和珅跌倒,嘉庆吃饱"。

新朝的百姓们对新皇"打特大老虎"拍手称快,却忘了这个和珅巨贪也正是朝廷自己养成的。和大人贪污的每一两银子、每一件家什,都是他们的父辈创造的,而不是官员们创造的,更不是和珅创造的。而可怜的和大人,他也不过是一个二道贩子,一个从民间吸血的运输队队长,他在乾隆朝所贪的大部分的钱,不过是要变成乾隆儿子反腐反贪的合法收入。换一种方式来说,"和珅"本身就是朝廷巧立的一个名目,有了这个名目,号称"永不加赋"的朝廷相当于对百姓加了15年的赋税!

对于大清朝廷来说,既搜刮到了民脂民膏还不用背负骂名,甚至还能宣扬"打虎"的美名。大清朝廷先纵贪,然后再反贪,然后再纵贪,然后再反贪……"盛世"之下的大清百姓创造的大部分财富最终落入了朝廷的口袋,工商业从源头上被压制,民间的财富永远无法超过朝廷的财富,永远是"大朝廷、小社会",朝廷永远能够用钱来控制子民,朝廷永远是铁桶江山!现在,慈禧也留给了她的接班人一个这样的人,只要扳倒他,新主就能迅速获得政治资产,又能获得白花花的银子。

这个人相信大家已经知道了,他就是奕劻。

奕劻号称"晚清第一巨贪",这么多年他到底搜刮了多少银子,这是一个谜,只知道他在汇丰等外资银行有大笔的存款——这样看来,即便赶不上当年和大人,富可敌国也是不在话下的,而他又是首席军机大臣,慈禧时代的二把手,拿下这样一位"特大老虎"确实又能让朝廷名利双收。当然,和当年的和大人不同,奕劻毕竟是亲王,也是爱新觉罗的子孙,一刀砍了他也是不太好的,但至少要免职定罪,巨额财产上缴朝廷，判个终身监禁。

载沣决定动手了，他自然也知道新主上位，处理一两个权臣可以迅速奠定权威。而令人没有想到的是，载沣并不是要处理奕劻，而是要——杀掉袁世凯！

载沣罢免袁世凯

早在军机处的时候，载沣和袁世凯就结下梁子了。当初慈禧把载沣和袁世凯前后调入军机处，本来是希望载沣好好向袁世凯学习学习，搞好关系，没想到结果适得其反。当时袁世凯在强力推进第二次君主立宪制改革，难免要到军机处念叨念叨，看到袁世凯又在一遍遍老调重弹，一副完全不把皇权放在眼里的模样，年轻气盛的载沣和他激烈地争辩起来，最后，载沣竟然拔出手枪想杀掉袁世凯。还好，旁人拉开了载沣，袁世凯也跑得快，没有造成紫禁城流血事件（醇王闻言益怒，强词驳诘，不胜，即出手枪向余射放）。

需要注意的是，这件事情是发生在袁世凯的第二次君主立宪制改革时期（1907年），而不是长期以来流传的第一次君主立宪制改革时期（1906年）。我们是从袁世凯给他三哥袁世勋的家信中证实了准确的时间（弟本已兼协办太学士人赞军机，本月初六奉召入京）。这就是说，当载沣枪指袁世凯的时候，离慈禧去世也只有一年的时间。这么短的时间里，就算是搞关系的高手袁世凯也没有办法修补好他与载沣之间的裂缝。直至慈禧去世，载沣上位，这个梁子还是存在。

从上面这件事情也可以看出，载沣一直对袁世凯怀有成见，认为袁世凯的眼里只有"君主立宪"，是对皇权的巨大威胁。慈禧去世了，载沣自然起了杀袁之心，既要杀袁，自然也就不会处理奕劻了。

载沣的周围已经团结了一批想杀袁的皇族亲贵，但只有亲贵的支持是远远不够的，载沣开始试探军机大臣的态度。

奕劻和张之洞都强烈反对。

载沣痛苦地发现，他可能杀不了袁世凯了。内有军机大臣反对，国际上，估计除了日本人会支持杀袁外，与袁世凯关系较好的英美等国都会强烈反对。载沣不敢负这个责任，也负不起这个责任。

杀不了袁世凯，那就把他赶走吧！

溥仪的年号定为宣统，1909年为宣统元年。1月2日，在慈禧逝世45天后，载沣以宣统的名义发布上谕：袁世凯是个人才，朕正想重用，不过袁世凯现在腿脚不方便，上班比较困难，为了体谅他，我们决定开缺袁世凯，让他回老家养腿病，以示朝廷体恤。

载沣真的只是想把袁世凯赶走而已，问题是袁世凯被吓得不轻。慈禧已经去世了，那个既可以打压他，又可以保护他的人已经不在。接到上谕之后，袁世凯决定：逃！

顾不上清点家产和带上所有的家人，袁世凯只带上了部分家眷，从北京仓皇出逃，匆匆逃进天津租界，还准备提取点银行存款逃到国外去。好在等冷静下来之后，袁世凯和众亲信幕僚都判断：载沣应该暂时不会动手，目前服从圣命是唯一明智选择。于是，1月4日，袁世凯返回北京。圣命如山，1月5日下午5时，袁世凯就乘坐火车离京，灰溜溜地回河南老家"养腿病"去了，狼狈不说，还要装作一瘸一拐的样子，以配合朝廷对他"病腿"的说法，十分凄凉。

在袁世凯最需要有人力挺和支持的时候，朝廷里传说中的"袁党"并没有出现，袁世凯一手提拔的北洋系新军将领也没有一个人表示公开的抗议，甚至没有一个将士前来送行。袁世凯也知道，外界一直风言风语，说北洋新军是他的"私家军"，那只是因为他在慈禧时代受到重用，权势冲天，北洋新军将领才会向着他。包括袁世凯自己在内，所有人的俸禄是朝廷发的，职务需要朝廷来任命，钱、权和名气都是朝廷的，袁世凯只不过是会用而已。袁世凯现在正处于人生中最低潮期，寄希望于这支军队来为自己保驾护航，恐怕是要失望的，想依靠自己在军界的影响力来与朝廷对抗，那更是天方夜谭。正是因为如此，虽然早就风闻载沣可能会对自己动手，袁世凯也没有为自己提前作什么军事上的部署，因为他无法作这种部署！

在忧心忡忡地回到河南之后，袁世凯仍然日夜处于惊恐之中，甚至被载沣这个25岁的年轻人吓得一夜白头（当时拜访袁世凯的王锡彤形容他"须发尽白，俨然六七十岁人，知其忧国者深矣"），袁世凯当然不全是"忧国"，更是担忧他自己的生命安全，即使已经无官一身轻了，他还保留着在军中随身携带胶鞋的习惯，准备随时再跑路。

而袁世凯的生命威胁也终于被解除了。解除它的是一群洋人，当北洋军将领普遍沉默之时，他们为营救袁世凯付出了实际行动。

早在罢免袁世凯的上谕发布之后，英美两国驻北京公使分别向朝廷提出抗议，对朝廷"突然罢免一位变革派的大臣表示严重关切"，担忧大清会回到过去保守、僵化的老路，甚至担忧会出现义和团式的排外事件。这会损害英美等国的切身利益，因此希望朝廷不要再继续处罚袁世凯，否则难保国际社会不会对大清作出进一步的反应和制裁。

在英美两国的强硬表态之下，日本也不得不做出表态。他们私下向载沣表达意见：不要进一步处罚袁世凯，也不要株连所谓的"袁党"，以免政局发生动荡。

载沣不得不彻底熄灭了"杀袁"之心，袁世凯暂时没有了性命之忧。现在，我们需要来了解一下，"杀袁"也是慈禧希望的吗？

并不是。慈禧希望载沣做的很简单：继续用好他。

袁世凯是汉臣，他在朝廷推进立宪需要获得亲贵的支持。在慈禧年代，袁世凯选择的是奕劻，而慈禧正是希望载沣在拿下奕劻之后，取而代之，变之前的庆袁组合为"载袁组合"。载沣需要借袁世凯之力继续推进君主立宪制改革，同时也要成为袁世凯的强大靠山，这一切的秘密都隐藏在那张"九年办事清单"中。慈禧的这张清单既是留给官员们的，更是留给载沣的。只要载沣不是昏了头，他一定明白：离开了袁世凯，清单能否顺利兑现都是问题，毕竟只有袁世凯才是大清"变革第一人"，也只有他才能主导变革的走向，推进变革的进程，稳定变革的大局。

在慈禧这里，载沣的关键就是如何用人。正如当年的奕訢用好了曾国藩、奕劻用好了袁世凯一样，慈禧相信载沣不会傻到真的把袁世凯给抛弃了。袁世凯，实在也是慈禧为载沣留下的另一笔政治遗产。

至于隆裕，她要做的就很简单了。之前的慈禧一直强力把控着袁世凯立宪的大方向：参照日本模式实行"实君立宪"。这并不是解除皇室权力，只是限制皇室权力，那么对于隆裕，慈禧希望她能够取代当年的自己，超然于上，驾驭好这对"载袁组合"，成为最后的裁决人。

这就是慈禧布局中关于权力交接的最终秘密：载沣取奕劻而代之，隆裕取慈禧而代之，而继续用好袁世凯才是关键。只可惜无论是隆裕还是载沣，他们并没有这样的眼光和胸怀，他们不是要组成新的"载袁"，恰恰是要宰袁！现在，赶走了袁世凯这员立宪大将，抽掉了袁世凯的办事平台，载沣要独自推进"九年办事清单"了！

责任内阁成了"皇族内阁"

根据"九年办事清单"，1909年，各省要一律开设咨议局。载沣首先抓的是这件事情。他态度十分积极，严令各省督抚迅速开办，不得延误，否则严惩不贷。督抚们开始抱怨了，纷纷上奏在这一年之内开设咨议局有很多困难，但载沣态度强硬，他要求除新疆之外，其余各省必须如期完成咨议局选举。新疆是因为地域太广，一时投票选举有困难，这才网开一面。

新主刚刚上位，督抚们也不敢明确对着干。于是到1909年10月，除新疆之外的各省都如期完成了咨议局的选举，形势很好。然而，接下来发生的事情是"九年办事清单"上绝对没有的。

11月，咨议局刚刚成立，在督抚们的幕后支持下，各地咨议局开始大规模云集北京请愿，要求朝廷把慈禧定下的"九年办事清单"提前执行，并提出了两个具体要求：提前成立责任内阁和提前召开国会！

载沣十分震怒，出动军警造成了流血事件，但是咨议局的态度十分坚决，发动了学生、市民参与其中，朝廷已经压不住了。1911年1月17日，载沣不得不颁布上谕，作出重大让步：原定于1916年成立责任内阁的时间提前到1911年，原定于1916年后开设国会的时间提前到1913年。1911年5月8日，载沣果然发布上谕，裁撤军机处，成立责任内阁。

袁世凯在第一次立宪改革中的设想终于实现了。然而，大家还没来得及兴奋，却惊奇地发现，在13名新内阁成员中，汉族阁员只有4人，满族阁员有9人——其中皇室亲贵阁员就有7人，而且全部占据要害和关键部门，可以称之为"皇族内阁"！

相信大家要问了，为什么载沣要狠抓咨议局的选举？咨议局成立之前，督抚们的态度很不积极，而咨议局成立之后，为什么态度却来了一个180度的大转弯，反过来要挟朝廷提前了？

按照设计，咨议局是地方议会，是要监督和限制督抚和地方官员的权力的，也就是分督抚之权的。在载沣看来，到时候地方议员和督抚们就会争相向朝廷"争宠"，有利于朝廷对各地督抚分而治之，加强中央集权，强化皇权。这就是载沣的目的。

其实从督抚们一贯的表现来看，加强中央权威也是必要的，但是，载沣眼里的加强中央权威，就是"加强中央集权"，特别是强化皇权。于是他赶走了立宪大将兼权臣袁世凯，试图对督抚分而治之，拉拢亲贵中的"特大老虎"奕劻。他并没有想过，如果重用袁世凯，有效地推进人心所向的立宪，这才是真正的加强中央权威！

载沣要加强皇权，督抚们自然要作出反弹。各省咨议局都如期成立了，但我们只要了解一下选举过程，就能发现其中的秘密了。

咨议局的选举人和被选举人都是有资格要求的，最重要的有三条：首先他要有一定的官职（乡绅、秀才和新式学堂毕业生也算）；然后他要有一定的家产（不少于5000银元）；最后还要求有中学或者同等以上学历。如此一来，被选上的大多是原来"立宪派"。他们原本就是和督抚们关系密切的士绅，以前一直在通过各种途径争取立宪，袁世凯就是他们最大的争取对象；现在，袁世凯被开缺，载沣本人在立宪领域又几乎没什么资历，议员的立宪派们自然要怀疑载沣的立宪诚意，而督抚们既要防备立宪派来"分权"，又想联合他们去对抗载沣的中央集权，于是躲在幕后支持他们反过来向朝廷施压！

地方上的立法权和行政权竟然还可以勾搭在一起，这也是世界宪政史上的奇观。在请愿运动中，议员们的主要诉求是"提前召开国会"，而督抚们的主要诉求是"提前成立责任内阁"。国会是议员们进军中央权力的舞台，但官员不能当议员，责任内阁才是督抚们进军中央权力的舞台。载沣正是"敏锐"地发现督抚才是请愿的幕后支持者，这才首先满足督抚们的诉求，把成立责任内阁的时间大幅度提前到1911年，然后才把开国会的时间提前到1913年。

既然提前成立责任内阁是在被要挟的情况下同意的，那么载沣也必然要做出他的反弹。这个反弹就是成立"皇族内阁"。

事情到了这一地步，大清喊了几十年的政治体制变革面目彻底暴露了。洋务运动虽然只变革技艺，但技术的变革必然会带来制度的变革，而朝廷之所以总是无法作出根本性的政治体制变革，因为朝廷也清楚，根本性的变革就是要消灭这个君主专制体制。这一点慈禧很清楚，所以她拖着不办，把这个烂摊子交给自己的继承人，相信他们有智慧和能力来处理；而载沣怕丢了祖宗江山，本来就不想立宪，也不敢立宪；官员们怕失去既得权力和利益，也不想真正地立宪；咨议局的议员们倒是希望立宪，登上权力舞台，不过他们的实力还很弱小，只能被原本要去监督的地方督抚反过来利用。于是，短短两三年之内，"九年办事清单"的进度和内容都严重偏离了。大清从最高领导层开始的整个官僚系统哪里是在真正立宪？不过是借立宪之名强化皇权和争权夺利，一起促使大清"向后转"罢了！

虽然这个内阁叫作"皇族内阁"，听起来好像皇族就成了铁板一块，能够团结起来，一致去对付那些要挟朝廷的督抚，但实际上，它的内部也分成了多个派系。你拆你的台，我使我的招，就差打起来。它的关键

岗位是这样分布的:

总理:奕劻
副总理:那桐、徐世昌
海军大臣:载洵
陆军大臣:廕昌
邮传大臣:盛宣怀

度支大臣(财政大臣):载泽

很明显,一场为立宪而组建的责任内阁,它的首任总理,竟然是大清最大的贪官奕劻,载沣的这张名单也真不知道该怎么服众。对于这三位总理级别的大臣们其实都是亲袁派,载沣心里也是清楚的,所以接下来的这些人物才是关键,他们将在载沣和隆裕的领导下,把控最重要的军权和财权,架空奕劻等人!

海军大臣和陆军大臣虽然排在奕劻之下,但军事的问题并不归总理管,他们直接向载沣报告,只要在事后知会奕劻一声就行了。而在责任内阁之外还成立一个军咨府(相当于日本的参谋本部),辅助载沣把控一切军权。军咨府的负责人是谁呢?不好意思,他和海军大臣载洵一样,都是载沣的亲弟弟。"亲不亲,自家人",载沣已经通过两位亲弟弟把控了大清的枪杆子。

邮传大臣盛宣怀,这是李鸿章的经济大管家。1901年李鸿章去世,袁世凯接任直隶总理兼北洋大臣之后,清洗李大人的势力,打造自己的北洋势力。盛大人就在清洗之列,一度在官场靠边站,直到袁世凯被开缺,盛大人才瞄准时机,以"六十万金"贿赂高官,这才出任邮传大臣。

而盛宣怀贿赂的这个人正是度支大臣载泽。

载泽不仅是皇族亲贵,还是隆裕太后的亲妹夫。在慈禧时代,太后是慈禧,这种关系并不显赫;慈禧去世了,太后变成了隆裕,意义就不一样了。载泽其实早就瞄上奕劻的内阁总理之位,隆裕自然是会支持他的,但也要和载沣搞好关系。载沣要集权,还要集资,只有枪杆子,没有资金和资本,收买不了人心,办不成事。载泽抓住了载沣的这个需求,他的计划是:先把大清重要的财权统统收回到朝廷,成为"替载沣把控大清钱袋子"的不二人选。

  盛宣怀已经成为了载泽、载沣最重要的帮手,也就是说,他能够绕过总理奕劻,直接"通天"。在最高层的支持下,通天人物盛宣怀即将开始一项重大行动。正是从这项行动开始,席卷大清整个官僚系统的权力斗争即将全面升级。它有发生在责任内阁内部的,也有发生在朝廷与地方官府之间的,议员、士绅、新军等等无不卷入其中,最终将为大清最后的解体贡献自己的力量!

第十三章
袁世凯被免，武昌起义爆发

载沣为何支持铁路干线国有？

作为主管大清铁路、电报等产业的邮传大臣，盛宣怀给载泽出的主意正是：把地方官府修筑铁路干线的权力收回朝廷所有，把各地已经成立的商办铁路公司变为国有，简称"干线国有"。

这项政策其实从慈禧去世的前两年（1906年）就开始酝酿了，却一直没有真正执行，因为它一直遭到地方官府的抵制。

一直以来，像铁路、电报、航运等暴利行业，大清都是以"国家"的名义垄断，从来没有真正地向市场开放，从来不允许民间的百姓们来投资赚钱，只能让朝廷自己当总包工头，这些企业就是"官企"。需要注意的是，"官企"其实并不是天然的暴利，只是由于垄断，就造成了暴利。但暴利是暴利，"国家"却并没有从中真正获得多少好处。

《泰晤士报》驻北京记者莫理循就曾报道：英国每年从他的内陆电报中取净利润2500万两，可是大清的人口比英国多十倍，电报收费也比英国贵（例如从北京发16个字的电报到天津，收费3.2美元），大清国却从电报业中得不到一点利润；利润都被管理电报业的当权者榨取一空。

于是乎，"官企"对外普遍只公布营业额，很少公布利润。公开的营业额逐年增长，暗地里的利润却很可能逐年下降甚至亏空，还要反过来伸手向"国家"要钱以填补亏空。即使有一两家利润丰厚的，管理这些"官企"的人也不会把利润用于企业的扩大再生产，而是几乎都投向了当铺和房地产等来钱更快的产业，进行投机赚钱。这就不奇怪大清洋务运动多年，"官企"中仍然没有一家能拿得出手的像样企业。

现在我们知道了：大清的"官企"，它不是属于大清国的，更不是属于大清百姓的，它其实是另外一种形式的"私企"，是皇亲贵族和权贵们的私企。他们打着"国家"的旗号，霸占着这些企业，成为他们的提款机和洗钱工具。最后，朝廷也没有这么多银子来填补亏空，不得不向列强借款——引进外资，比如向外资银行借款修筑铁路。而外资银行自然也不会来个"无抵押贷款"，他们需要朝廷以铁路的经营权甚至铁路沿线的采矿权作为抵押，这自然又引发了爱国人士的不满。

没办法，朝廷只好把由"官企"垄断的部分行业的经营权，由朝廷下放到地方官府，由地方官府向民间资本集资，进行"混合所有制"变革，称之为官督商办或者商办。"官"之外总算有了一个"商"，看上去是进步了。

在盛宣怀提出这个主意之前，大清的铁路修筑从官办到引进外资再到官督商办和商办，已经在所有模式里做了一个全套。全国最重要的两条干线铁路是广州至武昌的粤汉铁路，以及成都至汉口的川汉铁路。由广东、湖南、湖北以及四川四省官府组建商办的铁路公司，吸引老百姓以出钱入股的方式持有铁路股票，并且不再引进外资，宣称这两条干线铁路光荣地成为了"爱国之路""完全由清国人自己修的铁路"。

但问题是这四个省向老百姓集了不少资，铁路却基本没修成。比如在粤汉铁路沿线，参与投资的华侨们气愤地发现，工地上到处露天堆放着成堆的铁轨、枕木，任其日晒雨淋，生锈腐烂，没人去管；而在川汉铁路，开工一年半，花了400多万两银子，总共只修通了30多里。汉川铁路本来还请来了著名的詹天佑，可是詹天佑也没有办法，他只能解决技术问题而非官场问题。当他批评一个项目负责人不认真时，这位不知是哪位大官安插进来的小老爷竟然连理都不理詹天佑，径自离开去办理私事去了，詹天佑被气得目瞪口呆。他在给朋友的信中写道：这里没有可依靠之人,却还要把他们当作是善良的同僚,只要我一得到自由,我就要另谋他职。四川的路,那是修不通的!

对于百姓投资者来说,当初花银子是为了投资修铁路的;铁路不修,从投资的角度来说,四省铁路公司股票的价值每天都在贬值,在市面上已经全部跌到票面价以下了。比如某人之前受了"火车一响,黄金万两"的鼓动,狠心花1两银子买了一股,现在要在市场转卖出去,对方只能出半两,甚至连半两都不愿意出。

大家总算是明白了,所谓的官督商办和商办,其实还是没有"商"的,对于资源和市场,朝廷从来没有真正地放开过,只是换了一个手段来管控。商办绝不是在商言商,而是在商言政,没有官老爷点头,商民必不敢办,它的本质是在官府垄断资源的情况下,以这个资源为诱饵,诱骗民间资本进行投入。最终在这些企业里"选举"出来的总理、总办以及任命的各级办事员等等,既不是代表民间股东的利益,也不是代表"国家"的利益,仍然是朝廷或者地方上的各路神仙通过各种途径安插进来的利益代言人。这些人自然也是标准的官僚,每天领着数目可观的薪水混日子,从来不会真正关心本职工作,只想继续当好权贵们的提款机和洗钱工具。

号称把经济体制变革进行到"商办"的朝廷仍然变着法子掌控着资源和市场,这就没办法从根本上改变官本位的问题了。大清的官场和社会向来都是大家都"往上看",恨不得把眼睛睁得铜铃一样大,最终的结果是有什么样的官,就有什么样的民。只要官场一腐败,便是全民腐败,让原本还在逐渐与商业规则接轨的"商",也不幸沾上了"官"的毛病,整个商场和民间也学会用官场的方法来办事。

百姓投资者们欲哭无泪。当初之所以投资,是相信投资铁路这样的"国家工程",回报应该丰厚有保障;现在才发现,想通过与官府做生意发财,那真是一个大坑啊!所以他们只有一个想法:想办法出让股份,爬出坑去,再也不与官府做生意了。他们不仅对四省的地方官府失去了信心,对整个大清朝廷也失去了信心。很显然,在一个官员们需要时刻"往上看"的体制里，如果地方上大面积贪腐，朝廷里却纯洁得像朵白莲花，那也是不可能的。正是因为开展洋务运动多年，大清的子民视野也开阔了，逐渐看清了大清整个官僚系统的流氓本色。地方上假公济私，难道朝廷里不是假公济私？

了解了百姓投资者的这种心态，这就很好理解地方官府和载沣的态度了。对于地方官府来说，他们好不容易把这些百姓投资者拉上了贼船，让大小官员有了中饱私囊的机会，怎么会轻易放弃这个打着"商办"旗号的发财机会呢？

而对于载沣来说，"干线国有"之后，又回到了"官办"，自然也要去重新引入外资，因为朝廷是没有钱修路的。这看上去只是绕了一圈又回到了过去的老路上，但对载沣的意义是不同的。他的"官办"，就是起用自己人去办，把四省的商办铁路公司变成"国有"，其实就是变成载沣这个利益集团的所有。只要有了修路权，掌握了这些已经成立的商办铁路公司，就能以"国家"的名义从外国银行中贷到款，不仅可以牢牢把控这部分资金，其中涉及的回扣、大小官位的出售等等，都可以由载沣集团来主导了。这等于打着"国家"的旗号光明正大地夺走地方官府的机会——公款、私款、黑钱都让载沣集团一把给捋了回来。这就是有了修路权，就把控住了钱袋子。所谓"火车一响，黄金万两"，这句话的关键点只是，万两黄金由谁出？谁来管？怎么管？

当然，民间投资者对地方官府怨声载道，只想早日脱身的状态，他也是了解的。只是载沣还相信"大清国"这块金字招牌，他认为把原本的商办铁路公司变为国有企业，让百姓投资者变为国家股东，一定会受到百姓投资者欢迎的。这一定是一项大受欢迎的"民心工程"！

以如何修铁路为代表，大清的经济体制变革陷入了"一管就死，一放就乱"的怪圈之中，和政治体制变革一样，也到了必须要作出根本性变革的时候。其实载沣也清楚，只要没有真正地放权，就是假变革，现在需要的是真正地商办、真正地市场化，但这又是需要和政治体制变革中的立宪相互配套的。既然在政改领域，载沣不能也不想真正地立宪，那么在经改领域，自然也要为了祖宗的江山，打着"国家""民心"的旗号光明正大地"向后转"，把"干线国有"上升到保江山的高度。载沣对实施这项政策的信念是坚定的，态度是强硬的。

只是载沣并不知道，一切都还回得去吗？

保路运动真相

1911年5月5日，根据事先安排，给事中石长信上奏，提出"干线国有"政策，载沣迅速把奏折批转盛宣怀的邮传部"研究"。5月9日，盛宣怀奏复，竭力赞成石长信的主张。于是，5月9日当天，载沣发布上谕宣告"干线国有"政策正式实施！

大清铁路的每一根钢轨，都纠缠着利益，如此重大的政策，仅用四天时间就批准了，效率真是高得惊人。不过，我们只要注意一下另外一个时间就能发现其中的秘密：5月8日，责任内阁成立，奕劻出任总理。"干线国有"的政策，正是要赶在这位总理大人上班之前出台，奕劻对这个政策不仅事先毫不知情，上谕也没有经他的副署，换句话说，内阁总理已经被晾在一边，再也无法插手这项重大国策，其中的公利、私利和黑钱跟他也就没什么关系了，完全落入载沣集团之手。奕劻很生气，自此之后，他在这件事情上当起了甩手掌柜，万事不管，就让载沣、载泽和盛宣怀他们去折腾吧。

接下来，按照盛大人原本的想法，一切就变得很简单了，就是他的邮传部拿着这个上谕，再出台个细则文件，宣布由邮传部接管四省商办铁路公司，百姓投资者变为国家股东，一切都搞定了。

不出所料，地方官府继续抵制这个政策，不过督抚毕竟还是官员，不敢大张旗鼓。熟悉的一幕出现了，在督抚们的暗中支持下，铁路公司职员和百姓投资者出来闹事了，一向是火药桶的两湖地区首先掀起了声势浩大的"保路运动"，然后广东跟进。

以盛大人的精明，他自然知道稳住那些百姓投资者才是关键，也明白了他们只想早日脱身，不论是地方官府的船还是朝廷的船都不想上了。于是，盛大人改变政策：两湖铁路公司的民间投资者主要是士绅和商人集资，投资规模并不大（约400万两），目前亏损也不严重，朝廷按票面价付现银来收回股票。

广东铁路公司亏损严重，股票的市场价早已经跌到票面价的50%以下了。朝廷按票面价的60%付现银收回股票，至于那剩下的40%，也转为国家保本无利债券（什么时候能兑现不知道，相当于打白条）。

广东铁路公司的民间投资者主要是华侨。很显然，盛大人给予两湖和广东这三个省投资者的都是优惠政策，他们都比较满意，既然能成功地下贼船，那就不再闹了。而他们不再闹了，三省官员们自然也无法再闹了，只好乖乖地交出了铁路公司所有权，眼睁睁地看着它们"国有化"。盛大人这一招可谓是釜底抽薪，而所有人都不知道，盛大人给出的优惠政策，他自己也得到了好处。

在针对广东的政策出台之前，盛大人已经派亲信亲赴港澳、南洋各岛，按照低于票面50%的市场价从华侨手中回购了大量股票，然后等到政策出台，转手就获得了票面60%的现银。盛大人真是精明，左手代表"国家"制定政策，右手就伸向市场从这个政策里捞好处，他也算是公私两不误嘛。（《盛宣怀档案资料选辑之一》）

在广东投资者发起"保路运动"的时候，他们曾经致电四川的铁路公司，要求进行串联，大家联合起来发动更大"保路运动"。令人奇怪的是，其他三省都闹得不亦乐乎，只有四川这里一直平静。四川的情况确实很奇怪：四川的官府和铁路公司管理层竟然都不反对国有化，甚至早就盼着国有化，似乎想早点脱身的恰恰是他们。而四川的百姓投资者们的态度呢？他们没态度，因为这些被强制投资者是四川千千万万的农民。

当初四川为了集资修铁路，出台了一道奇怪的政策，可以叫作"田租入股"，简称租股。

四川号称"天府之国"，有些人有很多田，有些人没有田，有很多田的可以把田地出租给没田的人耕种，收取田租。只要某人每年收取的田租达到十石（约1200斤）以上，四川官府设立的"租股局"就要强制性地征收你当年实际收成的百分之三作为修铁路的股金，这就是租股。

而事情并没有完。四川官府和铁路公司规定每一股的票面价为50两银子（后虽推出一种5两银子的"小股"，但并未执行），每股除了将来可以"返本分红"外，每年还可以享受四厘（即4%，后改为六厘）利息。如果农户每年上缴的租股不够50两银子，铁路公司先开收据，等凑够了再换成一股的股票。比如某人如果每年收租正好是十石，上缴3%即三斗，按照粮价，得交近70年才能换得一股股票。

相信大家已经被数字看晕了，我们来分析一下。首先，被强制征收了租股的表面上是有田者，不过，既然他们被官府抽去了租股，负担自然会转嫁到租他们地的无田者身上。正如租个房子，如果房东要多缴税，自然会转移到房费上。所以，所谓的租股表面上是对以地主、富农为代表的农村中的中产阶层剪羊毛，实际是对包括他们在内的所有农户剪羊毛，是一种分摊到四川所有农户身上的税。租田的农户是租股实际上的出资人，却连名义上的股东都不是。而大多数的有田者因为在短时间里都累积不到一股，却也只是名义上股东，手中连一股的股票也没有，自然也享受不了股息。那么这明文规定的那六厘股息哪里去了呢？

这个答案相信大家已经知道了，被地方官员和铁路公司管理者侵吞了。他们并不需要自己掏钱去买铁路公司的股票，却能够成为铁路公司的实际股东。他们只要把农户们上缴的那些零散租股集中起来，换成一张张股票，就能光明正大地享受利息——这不是贪污，他们有文件。

截止到1910年底，四川铁路公司收入的股金约1200万两，其中地方官府直接出资的只有23万两，商人投资245万两，而租股就有900多万两！这900多万产生的利息，就被白白偷吃掉了。

四川铁路公司资产的主人是千千万万的租田农户和有田者，也就是千千万万的农民。他们才是真正的股东，每年却只有交钱的份儿，连一张凭证都没有。地方既得利益集团的蛀虫们以"修铁路"立个项，白白吃着农民们利息，然后还反过来享受着"管理铁路公司"的高官俸禄。

盘剥到了这种地步,也算是神鬼莫测了。按理说,蛀虫们的胃口应该满足了吧?然而,正如我们所知道的那样,不受外部限制的权力和贪欲是不会自我捆绑的,否则他们也不会花了400多万,只修通了30多里的铁路。蛀虫们除了吃利息,另外因挪用和投机造成的损失还有300多万!

在载沣的上谕中,他规定了川汉铁路国有化的同时,四川要停止收租股。这是很正常的,国有化之后,朝廷要引入外资,铁路由国家来修,不是四川自己修,自然没有理由收租股了。这等于断了地方蛀虫们一条财路,但他们仍然在盼着国有化,秘密就在这300多万的亏空。在他们看来,国有化是最高层命令,硬顶那是顶不住的,但他们相信朝廷一旦国有化,就像为"官企"填补亏空一样,一定会为他们填补这300多万的亏空。这也是一笔交易,他们收租股的财路断了,以后吃不了利息,朝廷拨付300万下来,这很公平吧?

而盛宣怀和载沣恰恰都不同意。在他们看来,两湖和广东的集资,那是面向市场的集资,没人去强制那些投资者,他们和朝廷也存在一种协议关系,朝廷理应讲点基本的诚信,给退还回去;但四川收的租股,实际上是四川官府代表朝廷向千千万万农户强制性收上来的一种税,老百姓们其实早就把它看作"铁路捐",看作是皇粮的一部分,很多人连收据都丢了,谁也不会在意70年后还能不能向官府换回那一股,他们的租股是上缴给"国家"的,不是上缴你四川地方官府的,所以朝廷对这个铁路公司想回收就回收。至于蛀虫们自己的造成的亏空,朝廷没有义务去填补亏空,朝廷没派人来查就已经不错了。之所以不查,那也是希望与你们达成默契:朝廷不追究你们的贪腐和挪用责任,你们也不要抵制朝廷的政策,自己去摆平吧。

更重要的是,以盛宣怀的精明,他也知道,即使朝廷真的把这300多万拨付下去,这些地方蛀虫们也根本不会拿它去填补亏空,而是又落入了他们自己的腰包!想想看,他们付给百姓们的只是收据,不是股票,股票都在他们自己手里。即使现在要推行"国有化",政策有变,地方蛀虫们仍然能够让百姓们相信"等到70年后去换那一股"。退一万步说,即使百姓们中有像与官府打过交道的商人、华侨那样的幡然醒悟者，他们也闹不起什么事来。这是因为有收取租股基层组织的存在——租股局。

四川各县的租股局里，负责向农民收取租股的是官府雇佣的哥老会等帮会分子，以及各村的"痞子能人"，正是因为有了他们，租股才能顺利地收上来。这些人干着官府正式官吏一般不会直接出面干的催逼索要、强抢拷打等之类的事，同时他们也控制着一些能挣钱的黑道行业。如果做得太过火了，官府会打击一下，但大部分情况下这些人都能够在城乡间太平地生存，这是因为他们与官府有合作嘛。这样的人，让大清的基层政权迅速帮会化和痞子化，除非受到领导和组织，农户们绝不可能像两湖和广东那样发起什么"保路运动"，给朝廷添麻烦。

现在我们知道了，对于四川的地方蛀虫们来说，他们对这笔交易的实质看法是：希望朝廷一次性"买断"他们收租股、吃利息的权力！至于买断的价钱，那就是亏空的那300多万两。反正朝廷也有填补亏空的惯例，把这300多万拨付下来，没有人会说什么。大家都名正言顺，心照不宣——这是地方官府与朝廷之间的谈判。这帮官员们大概已经忘了他们头顶上还有大清国了，只记得他们是为朝廷打工，为皇室打工。既然是打工的，条件自然是要谈的。以前还怕被摘顶戴和掉脑袋，现在都不怕了，反正对朝廷不满的已经是大多数，而朝廷内部也已经着火。载沣集团仅仅代表他们自己，又不能代表整个朝廷。

买断，一次性买断，载沣只能在他的皇宫里仰天长啸了。自古以来，代表"国家"的只能是君主，也只能是朝廷。朝廷就算是朝令夕改，地方官府也只有听命的份儿，从来没有听说地方官府还可以代表"国家"，来和朝廷谈条件的。载沣不能退让，这不比当初处理请愿运动，还可以成立一个"皇族内阁"来对付，这是要拿出真金白银，毫无转圜和退让的可能。奕劻不发话，载沣就连续发布谕旨，强令四川必须无条件接受政策！

四川的蛀虫们失望了，他们成立了四川保路同志会。成都等城市的街头巷尾，到处有人演讲：什么朝廷不让我们四川人自己修铁路，引入外资修铁路,"卖路卖国";什么"铁路没了,四川也就亡了";什么"保路就是爱国,保路就是护川",等等。演讲感人肺腑,催人泪下,不断有人挥刀断指,写血书表明立场。

市民们突然惊讶地发现,有了一个地方官府暗中支持的可以抨击朝廷的机会!压抑得太久的各界人士亢奋了,他们上街请愿、演讲、罢工、罢市,冲击和打砸不愿意加入"保路"的店铺和衙门,很多连为什么要"保路"都不清楚的市民也只好加入其中,甚至还包括妓女、乞丐和儿童!

"保路"队伍还有一批人是帮会分子,停止收租股,他们就要被砸了饭碗,自然要来"保路"。当然,有些人既是帮会分子,又是革命阵营里的同盟会会员,这对于他们来说是杀人夺权闹革命的大好时机,他们在伺机煽风点火,扩大事端。

在火上浇油的还有成都将军玉崐。这个人是奕劻的心腹,他两次与四川总督领衔会奏,抨击盛宣怀欺君罔上、卖国卖路,然后还告诉四川市民:庆亲王是不同意借外债来修路的,说老百姓中必有反对者!

四川版的"保路运动"终于在四川蛀虫们需要爆发的时候爆发了,局势很快朝失控的状态发展,"爱国、爱川"的口号震天响。从事实上说,这又一场"义和团运动",只是十年前的义和团运动主体是农民,现在却变成了市民和帮会分子;十年前的义和团运动是憎恨铁路,要扒掉铁路,现在却是"爱路、护路"。时间变了,人物变了,要保护或者毁灭的对象变了,不变的是幕后强大的官僚既得利益集团,他们用极端化的语言,利用和放大民间情绪。

载沣十分痛苦,他死也想不明白,四川农民受租股盘剥这么多年,从来没有反抗,现在,"干线国有"和停收租股这项"民心工程"出台,受到了地方既得利益集团的阻挠,为什么农民们还是沉默,还是不发出自己的声音?为什么就不能站出来支持朝廷?难道要让载沣以国家最高领导人的身份,大臂一挥,号召最广大的农民群众联合起来,一起去反对这个官僚集团?可是,载沣就是这个官僚集团的总头头啊,他的统治基础就是这个官僚集团啊!以官僚集团总头头的身份,发动和联合底层群众，去反对官僚集团，摄政王我做不到啊！

载沣做不到，百姓们更做不到。政治自由、言论自由是需要建立在经济自由的基础上的。要使自由和民权这些抽象的概念沉潜到人的内心，是要有经济基础和现实条件的。人只有先衣食无忧，才能成为小飞侠。载沣和朝廷在根本上并不是为了真正让百姓们获得经济自由和民权，难道百姓们真傻？

但载沣认为他仍然不能退让。正如他在事先认识到的那样，因为各方利益集团到了用皇权都压制不了的程度，"干线国有"政策才并非只事关四川一地，而是关系到大清整个经济体制甚至政治体制变革的全局。几千年以来，从商鞅到王安石、张居正，君主专制王朝的政改和经改总是无法走出"不改就死，一改就乱"这个内生的死局。载沣想到的破局方法就是给政改披上"立宪"的外衣，组建"皇族内阁"；在经改上换成他的皇族亲信来办"官企"。是的，载沣有自信政改不一定会死，要死，那也要死在爱新觉罗家族人的手里。

既然这些地方蛀虫们俨然以老百姓的利益代言人自居，煽动不明真相的群众来胁迫朝廷，那么这就不再是民变，而是"官变"！朝廷连民变都要镇压，更何况是"官变"了！

载沣下旨了，他撤换了四川总督，他也知道成都将军玉崑是奕劻的人。为了防止地方蛀虫与更多的当地驻军勾结，载沣想到了一招：派人调邻近省份的新军去镇压"官变"！

调哪里的新军呢？

自然是调邻近省份湖北的新军。湖广总督瑞澂是载泽的妹夫，他对载沣的政策自然会支持。然而，一切都来不及了。新军还没有入川，四川的局势在朝着不可收拾的地步发展，向着连地方蛀虫们都控制不了的方向发展。不断有人冲击官府衙门，这些人自然是同时加入了哥老会与同盟会的革命者，在他们的暴动下，9月25日，四川荣县竟然宣布了独立！

同盟会的孙文、黄兴之前艰难地进行了九次起义，全部失败了，都没有撼动一个县衙,现在,第一个脱离朝廷统治的县级政权诞生了,比之后的"武昌起义"还早半个月——孙文后来评价荣县独立才是"首义"(首义实先天下)。而对于朝廷来说,这就不再是单纯地"官变",而是真正地造反了。盛宣怀终于意识到他已经闯下了弥天大祸,赶紧上奏载沣收回成命,按四川的意思办。

载沣拖着不办,一直拖到了10月10日。这一天他发布了"按四川意思办"的上谕,后来又把盛宣怀开缺。盛宣怀在人人喊打中狼狈地逃到日本。然而,正是因为与朝廷离心离德的人就是"朝廷的人",所以内部生变就会变成星星之火,可以燎原。继四川"官变"之后,就在10月10日这天,在调新军之地湖北武昌,一场更严重的兵变即将到来!

武昌兵变过程

湖北的新军大部分驻扎在武昌及其周边,总计有一个镇(相当于师)和一个混成协(相当于旅)。镇的镇统(师长)叫张彪,协统(旅长)叫黎元洪,一镇一协总计为1.6万人,调到四川的约2000人,绝大部分新军都还留驻湖北和武昌。看来,湖北并非"防务空虚"才给了新军叛变的机会,应该是他们早已经为此准备很久了。

事情正是如此,在新军中,有一批士兵乃至军官,他们既是新军,又是革命派人员。他们主要加入了两个革命组织,其中一个叫文学社,创始人叫蒋翊武,湖南人。这个人是黄兴和宋教仁的朋友,他本人也曾加入过同盟会。也就是说,蒋翊武是作为曾经的同盟会会员创立了文学社,这个组织和同盟会有一定的联系,但又是"自立门户"。蒋翊武没有去日本留过学,朴实无华,发展的会员以新军中出身寒微的下层士兵为主,收取士兵十分之一的饷银为会费,已经秘密发展会员3000多人,成为湖北新军中最大的革命组织。为了联络和管理这些会员,蒋翊武想出了一个办法,那就是在新军中设立"代表"制度。比如某营设立一个代表,一旦有事,只要通知这个代表就等于发动了一大片。

另外一个革命组织，就是共进会，它的性质和文学社类似，也是属于原来的同盟会会员"自立门户"。但与文学社不同的是，共进会吸收了洪门的会员，采用洪门的模式开山立堂。比如山名"中华山"，水名"兴汉水"，领导人孙武等多为湖北当地人。

新军士兵参照当年北洋舰队水兵的待遇，普通士兵每月都有很高的4两饷银。和那些四川的地方官一样，士兵之所以愿意拿出一部分饷银加入秘密革命组织，自然也是看到了朝廷腐朽落后的一面，大部分人对朝廷都已经离心离德，年纪轻轻再跟朝廷混不一定有前途，于是只好"吃里扒外"，偷偷自谋前程。这些革命的新军只盼望着有朝一日能够让武昌甚至湖北脱离朝廷，割据自立，成立军政府，大家都会有一个好的前程。

1911年9月24日，在多次接触的基础上，文学社和共进会再次举行联席会议，决定携起手来找机会干一票大的，以蒋翊武为总指挥，在10月6日那天共同起事，同时由湖南的共进会在长沙响应。10月6日这一天是农历中秋节，早在元末明初，朱元璋那帮人起事时就有"八月十五杀鞑子"的说法，看来黄道吉日都选好了，只待时辰一到，就要光复汉室江山！

世上没有不透风的墙，瑞澂已经收到了风声。他刚刚派新军支援四川，没想到自己地盘上的新军要兵变了，瑞澂大人十分紧张，赶紧在总督府召开会议，要求军队里提前过中秋节。节日期间，所有的士兵严禁外出，除了少数执勤士兵外，子弹一律上缴，统一保管，同时瑞澂大人还把他认为有问题的新军分调到各处。蒋翊武很不幸地被调往了岳州(今湖南岳阳)。

总指挥都调走了，自然就发动不起来了，再加上湖南共进会发来电报，声称准备不足，请求延缓10天再起事，于是起事的日期被推迟到了10月16日，领导权转移到孙武身上，一切又在暗中准备着。

10月9日下午，孙武等人正在汉口的租界里制造炸弹，不料引起爆炸，孙武被送往医院救治，虽然没有性命危险，但暂时是指挥不了了。而爆炸声也引来了租界里的俄国巡捕，他们抓捕了尚未撤离的人，并起获了革命党人名册等重要文件，然后这些俄国佬把人和物都移交给了湖广总督府。

瑞澂大人又惊了，他一声令下，全城戒严，军警四出，依照名册搜捕革命党人。领导都不在，军警又在抓人，眼看起事就要彻底流产。好在此时，蒋翊武已经偷偷溜回了武昌城内，他召集余部成立临时指挥部，大家一致同意改变原本等到16日的计划，立即起事！

10月9日下午，蒋翊武签发命令：当晚12点，由驻扎在武昌城外的南湖炮队首先开炮，城内外的革命新军听到炮声后，立即同时起事。炮兵号称"军中之胆"，由他们先打一炮，不仅传达了信号，也必会壮大声势！"代表"制度起到作用了，蒋翊武的命令迅速送到有革命军人的各军营。然而因为全城戒严，命令却恰恰没有及时送到城外的南湖炮队。大家一直等到午夜十二点，也始终没有听见期待中的炮声，起事又一次流产了。而瑞澂的军警们仍然在连夜搜捕，一度搜查到了临时指挥部，蒋翊武逃走，起事队伍又一次没有领导了。

对于抓回来的人，瑞澂下令立即审讯，把其中三人连夜处决示众，威慑革命党人。

瑞澂的反应不可谓不迅速，但新军中的革命者有几千人，如何处理那份长长的名册，成了一个头痛的问题。总督府形成了两种意见：一种认为应该立即调兵遣将，依照名册把乱党一网打尽；另一种意见认为军中乱党众多，威慑的效果已经达到，应该立即烧了名册，宣布不再追究，以安军心，以后慢慢处理。总之，在当前情况下，必须当机立断，二选其一，否则迟则生变。

10月10日清晨到来了，瑞澂首先向朝廷发了一封电报，报告他已抓捕革命党人32名，诛杀3人，还顺带为在抓捕中出了力的几位官员请功。当日，朝廷回电，表彰瑞澂等官员"办事迅速，奋勇可嘉"，然后瑞澂大人就没什么大动作了。他对那两种意见都没有采用，他认为自己已经交差了，接下来就可以像把头埋进了沙子里的鸵鸟，眼不见心不烦了。

瑞澂连夜杀人，还扣留着名册，这种情况让城内外的几千名革命新军感觉大祸临头。拥有这种心情的包括城内的正目（班长）熊秉坤和城外的士兵李鹏升，这俩人都是各自军营的"代表"，他们召集革命新军商议:不能再等炮声了，就在10月10日晚上，无论南湖炮队有没有打炮，都立即起事！

晚上7时左右，武昌城内工程营哨长（排长）陶启胜例行巡查，他发现很多士兵都没有按照规定回到军营。情况异常，陶哨长怒气冲冲，转身他又发现营内的金兆龙和程正瀛两人正抱着枪嘀嘀咕咕，陶启胜勃然大怒，厉声喝道:"干什么，想造反？"

"老子就造反，你能怎样！"金兆龙厉声回敬，随即和陶启胜扭打在一起。程正瀛也扑上前去，先用枪托把陶启胜击伤，随后从背后开枪把他击毙。

枪声响了，史称"武昌起义"的第一枪就这样打响了。枪声一响，熊秉坤等人立刻赶到，宣布:干吧！

几乎在城内打响第一枪的同时，李鹏升也在城外点燃了马草，宣布起事。在战场上，士兵们最喜欢的除了炮，还有火，它能让人有股莫名的兴奋。潜伏在武昌城内外的几千名革命新军立即沸腾了，他们纷纷冲出营房，下意识地冲向枪械所、子弹库、炮台、制高点，抢枪抢子弹，在熊熊的火光中，喊杀之声声势震天！

一阵激动之后，士兵也明白了:一定要在天明前把湖广总督府打下来，否则全族都是要被灭的！

南湖炮队已经开炮了，武昌城内的士兵找到了一个比熊秉坤更大的官——连长吴兆麟。就由吴连长担任总指挥，熊班长担任副总指挥，打开武昌城的中和门，迎接炮队进城，合力进攻湖广总督府！

新军起事并不同于孙文和黄兴组织的革命党人及学生起事，他们都是职业军人，一旦动起来就是燎原之势。抵抗他们的是曾经的战友，很多人象征性地抵抗了一下，便倒戈一击，或者坐山观虎斗。在总督府前负隅顽抗的只有在新军中占少数的旗人士兵。瑞澂见势不妙，赶紧带着张彪等人，溜之大吉。

10月11日，革命军占领武昌，"中华民国湖北军政府"在这里成立，脱离朝廷、割据自立的梦想终于实现了。人生真是奇妙啊，前几天还在高喊着忠君爱国的口号，今天就已经举起改朝换代的大旗了！旗子是举起来了，年轻的革命小将们还是六神无主。这毕竟是兵变，是背叛朝廷，大军还在朝廷手里，如果朝廷大举反攻，杀头灭族的危险还是没有解除。吴连长也想找一个职务比他更高的人来当挡箭牌，让他来当"叛军"的领头羊，去做军政府都督。

大家想到了一个人，他就是新军里除了张彪的二号人物——协统黎元洪。

黎旅长素来是个老实人，性情比较温和，早在起事之前，革命新军其实就考虑过打出黎元洪的旗号。现在他还没有逃走，那正好，给请了来，请不来的话就绑了来。

黎大人就这样被半请半绑到了都督府，自动成为军政府都督。有一种说法是，当士兵们找到黎元洪时，他正吓得躲在床底下发抖，但我们在参与武昌兵变的当事人所有回忆中，都找不到这样的说法，顶多是说黎大人当时是"躲在了帐子后面"；而这种说法又被邹鲁等人著的中国国民党权威史料采用。其实我们只要稍微注意一下黎大人的身份就能发现秘密了：他是被胁迫的革命新军，而不是孙文、黄兴式的老牌革命党人，中国国民党的史料"抹黑"一下黎大人也就不足为怪了。

不过黎大人也不傻，他知道都督这事儿不能干，否则朝廷将来第一个要剐的人就是他。有人拿过来一张安民告示要他签发，黎大人吓得心惊肉跳，赶忙求饶说："莫害我！莫害我！"革命的小将却由不得他了，他们代黎元洪签上了他的大名，黎都督之名瞬间传遍武昌和全国。

黎元洪干脆来了一个软抵抗，一言不发，一动不动，活像一尊泥菩萨。士兵们就叫他"黎菩萨"。但是，革命小将的耐心也是有限的，有人已经粗暴地告诉黎元洪：如果不答应，就枪毙你！更可怕的是，黎都督之名已经传了出去，生米煮成了熟饭，黎大人即使想下船也是下不来了。

10月11日夜,继武昌之后,汉阳、汉口的新军相继起事,占领这两地,这多少让黎大人看到一点希望。他秘密找到了一个人,这个人就是朝廷前"督办八省膏捐大臣"柯逢时。两人约定:将来如革命成功,黎大人保全柯大人全家;如革命失败,朝廷平叛成功,则由柯大人保全黎大人全家。有了这个约定之后,10月13日下午,黎元洪下定决心"革命",他剪去辫子,开始以都督的身份发布命令,任命军政府官员,到处视察演讲。大家惊奇地发现,黎大人变了,从一言不发变成了慷慨激昂,比谁都爱"革命"。当然,革命的前途如何,黎大人心里还是没底的。

而朝廷也已经准备大举平叛了!

第十四章
袁世凯出山，为何只能抛弃大清，接受共和？

袁世凯出山，巩固北方局势

武昌兵变的消息传到了北京，载沣突然发现一个尴尬的问题：朝廷有能力迅速平叛的，除了已经在慈禧时代被开缺的岑春煊，那就是袁世凯了，而袁世凯恰恰就是被他载沣自己给开缺的！

没办法，还是先用满人比较保险，载沣命陆军大臣廕昌率军南下平叛。可是谁都知道，只有袁世凯才是最合适的人选，以奕劻为首的内阁官员纷纷要求起用袁世凯。列强虽然声明对武昌兵变"恪守中立"，既不支持革命新军，也不支持朝廷，但他们却支持袁世凯，要求朝廷迅速起用袁世凯，稳定大局。

在这些人的眼里，袁世凯成为了唯一能够稳定大局的人。一个在三年前就被开缺的落魄赋闲的官僚竟有如此大的影响力，这应该是大清以来极其罕见的。

众人越是力推袁世凯，载沣就越是痛苦，也极为不甘心。这相当于自己打自己的耳光，可是他已经没有了其他选择。10月14日，载沣终于发布上谕，命袁世凯为湖广总督，督办剿抚事宜。

大家没看错，就是湖广总督。袁世凯三年前被开缺时，他还是军机大臣，虽然现在军机处已经裁撤了，但袁世凯连内阁都没得进，一个小小的湖广总督能让他带着千恩万谢赶到武昌去？看来在载沣眼里，这场兵变还只是湖北一地之事，平息了湖北，一切就万事大吉了，到时候别的地方再有兵变就不关袁世凯什么事了，袁世凯也无权统一指挥和处理。

见到这位年轻的摄政王还是这个心胸和格局，袁世凯笑了，他婉拒了这道命令。他并不是抗拒出山，只是于公于私都不能就这样出山。他已经给自己定下了出山的原则：一定要有实权。是啊，有了实权，才能成功平叛，有了实权，将来也才能成功自保——一旦出山，就不再是民而是官了，载沣有的是机会和借口卸磨杀驴。

袁世凯不来，载沣也很生气，可是半月之内，湖南、陕西新军陆续兵变，宣告独立，连锁反应眼看就要蔓延开来，载沣坐不住了。10月27日，他任命袁世凯为钦差大臣，节制为平叛调往前线的海陆各军，朝廷不为遥制，并拨出白银一百万两为军费。

袁世凯终于可以出山了。三天后（10月30日），袁世凯离开河南，率领他当年的嫡系北洋新军南下平叛。袁世凯毕竟是袁世凯，11月1日就指挥部将冯国璋攻下了汉口，给了黎元洪一个下马威。

但此时袁世凯最担心的并不在湖北前线，恰恰是他的后方——京畿。三年前开缺袁世凯之后，载沣大人并没有就此罢休，而是继续进行下一步——清除袁世凯在北洋新军中的势力。为了排挤掉袁世凯的嫡系，载沣大肆提拔从日本留学回来的军校生作为新军的领导。比如号称"士官三杰"的吴禄贞、张绍曾和蓝天蔚，这三位分别出任第6镇镇统（此时驻扎保定）、第20镇镇统（此时驻扎直隶滦州，今属河北唐山）以及第二混成协协统（此时驻扎奉天，今沈阳），另外还有阎锡山出任山西新军标统（相当于团长）。这些人都是从日本留学回来，并不属于袁世凯的班底，自然不会忠于袁世凯。不过，载沣也万万没有想到，这四人在留日时受到革命的影响，早已先后加入同盟会。武昌兵变后，以吴禄贞为核心，四人开始密谋：也在北方来一场兵变，联手推翻朝廷！

10月29日，就在袁世凯赶往湖北前线的同时，张绍曾、蓝天蔚先出手，联络一批将领联合向朝廷通电，要求以真正的立宪改革平息即将在全国蔓延开来的独立风潮，史称滦州兵谏。同一天，阎锡山在太原发动新军兵变，宣告山西独立，阎大人自任山西军政府都督。他们的配合还真是天衣无缝。

山西独立对朝廷的震慑是可想而知的，它距离京城的铁路车程仅在半日之内，这已经快乱到眼皮底下来了。第二天（10月30日），载沣连发数道上谕，同意滦州兵谏的要求，宣布从即日起废止"皇族内阁"，任命袁世凯为内阁总理大臣组织责任内阁，推行宪政；赦免政治犯（汪精卫由此出狱），几天后又宣布开放党禁，准许大清国民按法律自由组党。

为了对付闹独立的阎锡山，载沣任命吴禄贞为署理山西巡抚，令他率领新军就近前往山西平叛。此时的吴禄贞也无所顾忌了，他竟然截住了朝廷给在湖北前线的袁世凯运去的军火，并且和阎锡山秘密会面。吴禄贞告诉阎锡山：朝廷任命我为山西巡抚，是想让我和你抢地盘，但我是绝对不会上当的；我们应该趁着袁世凯正在湖北前线，朝廷后方空虚之际，组成联军，由我亲自率领，再联合张绍曾和蓝天蔚，从保定、滦州、奉天三个方向围攻北京，同时找机会除掉袁世凯，一举夺下大清政权！

四位新军将领的具体兵变计划正式达成了，然而吴禄贞并不知道，他的背后也有一双双眼睛在盯着他。11月7日，正准备按原计划起事的吴禄贞被人枪杀，行凶者正是他的部下，那么，凶手背后还有没有主谋？有人认为是朝廷或者袁世凯，毕竟吴禄贞的军中有朝廷或者袁世凯的几个眼线也是正常。而从种种情况来看，朝廷的嫌疑最大，反正吴禄贞这个主心骨一死，其余三人也闹不起来了，朝廷暂时避免了灭顶之灾。要不然等袁世凯辛辛苦苦在南方平了叛，京城里都已经改朝换代了。

吴禄贞事件让袁世凯意识到了一个严重的问题：在武昌新军迈出兵变的第一步之后，各方势力正蠢蠢欲动，很快会酿成一股独立的风潮；而他袁世凯也没有绝对势力可以掌控大局，因为他也只是众多势力中较大的一方而已。

相比于湖北的平叛，眼下最重要的，是刹住这股独立的风潮。怎么刹住呢？那就是进行真正的君主立宪制改革。武昌兵变之前，经过朝廷迫于形势的两次立宪改革，大清大部分的人都已经认识到，只有寄希望于当大清真正走上君主立宪的道路时，闹独立的各省能够接受，平息即将爆发的独立风潮。

从载沣的表现来看，他已经痛定思痛，开始彻底醒悟了。而对于袁世凯来说，他也明白，全大清人民盼望的并不只是他的出山，更不是他以武力南征北战，而是他在前两次立宪改革的基础上带来的进一步的立宪改革。现在他袁世凯要想稳定大局，也只能用政治手段去稳定——一边和已经兵变的黎派等势力和谈，开出条件劝他们归顺；一边在朝廷继续强力推进立宪改革向全国人民显示诚意，希望正准备闹独立的各省能够接受，刹住这股风潮。

对于载沣任命的内阁总理大臣，袁世凯上奏：臣不敢上任啊。

这次倒并不是袁世凯矫情，按照立宪的精髓，内阁总理应该是由国会选举出来的，而不是任命。虽然大清很多的选举也只是走走过场而已，但形式总还是要有的，形式总有一天会走向实质内容的，如果连形式都没有，那这一天就永远不会到来。载沣只好下令朝廷的准国会——资政院又开个会，正式"选举"袁世凯为内阁总理大臣，袁世凯将有权力任命各部部长，组成内阁。

与此同时，制定宪法的工作也正在大幅度推进，载沣用上谕公布了由资政院起草的《宪法重大信条十九条》。与当年仿日的"皇帝领导下的三权分立"的《钦定宪法大纲》相比，这部准宪法的进步程度可以用神速来形容，它在对待皇室和三权分立上已经十分接近英国式的"虚君立宪"和"内阁制"。从今以后，大清国家政权的运作将是这样的：

首先，人民选举出议员，组成国会。国会制定或者修改宪法（这部《十九条》就是资政院制定的），宪法为包括皇帝在内的全民共守，皇帝的圣旨不能再替代宪法和法律，不能再说"朕即国家"；皇帝有国防权，但除非经国会批准，不能再动用军队对内镇压本国民众；皇族不得担任省级以上的行政长官，更别说入阁了（"皇族内阁"永远成为了历史）。皇室的权力基本上被限制为只有中低级的行政执行权和由皇帝代表的国家礼仪性、象征性的权力。

其次，国会选举产生内阁总理大臣，内阁总理可以挑选各部部长组成内阁。如果国会对这个内阁总理失去信心，可以提出弹劾，不是内阁辞职，就是国会解散重新选举出国会，但一届内阁，不得两次解散国会（避免把相互制衡变成无休止地争斗）。

总结一下，这种模式中，国会处于突出位置，内阁是向国会负责的，但国会是向人民负责的。从理论上看，权力最终还是掌握在人民手里，载沣和皇室其实已经确立了"主权在民"，确实已经作出了最具诚意的立宪改革，只求能够重新收获民心，保留一个基本无权的皇帝和皇室，让他们好好养老。之所以在慈禧之后仍然推出的是"准宪法"而不是正式的宪法，正是因为正式宪法的出台需要遵守严格而较为漫长的程序，需要有专门的制宪委员会，甚至需要全民公决，这也显示了他们在十来年的立宪改革之后有了一种对宪政的深刻认识和严谨态度。同时，这部宪法不仅是向大清人民显示诚意的，也是用来限制袁世凯的，载沣交给袁世凯的只是政府（内阁）。如果不确定袁世凯也要遵守宪法，不确立制衡内阁的国会，他怎么敢一下子废除"皇族内阁"，交给袁世凯呢？

而对于袁世凯来说，时隔三年，他终于回到了他熟悉的立宪改革舞台上，这原本也是属于他的舞台。现在，他肩负着稳定大局的使命，而朝廷的大环境十分有利于用政治手段稳定大局，袁世凯立即作出决定：把湖北前线的军事交给部将冯国璋去处理，他自己带着大批的卫队进京，趁着大好时机，继续推进第三次君主立宪制改革，也是最后一次立宪改革。对于用政治手段稳定大局，对于在立宪体制下保留"虚君"，袁世凯希望是亡羊补牢，犹未晚矣。

11月16日，以袁世凯为总理的责任内阁组成，这不再是"皇族内阁"，不再是皇族亲贵瓜分国家权力的平台，不再是皇家的办事机构，而是大清第一个真正意义上的责任内阁，也是几千年以来的第一次。想想看，自从1906年的第一次立宪改革起，袁世凯就多么想能够成立一个这样的内阁啊，即使当时没有实现，如果三年前载沣上位时不是把袁世凯开缺，一切也还是来得及的。

然而，即使只从武昌兵变算起，载沣的醒悟也实在是来得太迟了。

我们知道，武昌兵变之后，由于载沣对起用袁世凯始终存在忌惮和犹豫，袁世凯直到20天之后的10月30日才真正出山，就在这宝贵的20天时间里，南方局势又发生了变化。袁世凯的对手从革命的新军，变成了老牌革命党人。虽然他们都属于"革命"，但这两者是有很大区别的。革命的新军，他们原本就是"朝廷的人"，对朝廷是内部叛变，本身是袁世凯计划用政治手段来"收复"的对象，只要朝廷能够把局势控制得住，开出的条件合适，他们至少还是有可能接受保留"虚君"，回到接受君主立宪制的道路上。而老牌革命党人，他们是造反。多年来，他们的奋斗目标和都是"驱除鞑虏，恢复中华"，无论给予他们什么样的条件，他们都不可能接受君主立宪制。他们的目标只能是民主共和！

带来这一切变化的，是老牌革命党人中的平民政治家——宋教仁。

宋教仁成功向黎元洪"夺权"

九次起义失败之后，老牌革命党人的势力跌到了谷底，可以说既无一兵一卒，又无一分一厘，老牌革命党人一直在利用帮会分子发动起义。老牌革命党人对武昌兵变是不知情的，既没有在事先策划这场兵变，也没有在现场领导这场兵变，这场"革命"本身跟他们没什么关系。但老牌就是老牌，新军一旦开始"革命"，他们就发现原本要"清剿"的对象具有作为旗手的威望和号召力，双方又站在了同一战线。

此时的黄兴和宋教仁也是既意外又兴奋。很显然，如果能利用和领导革命的新军，老牌革命党人就能最终取得革命的领导权，把革命引向共和革命！

习惯武力的黄兴想立即赶到武昌去，他认为凭着他这么多年在起义领域的影响力，只要他亲自去武昌指挥，与袁世凯的北洋军作战，掌握湖北革命新军的领导权不是没有可能。

但宋教仁否定了这种想法。他认为，有了武昌的带头，各省很快就会跟进，酿成独立的风潮，各省的军方实权人物会摇身一变为"革命的都督"。这对于他们中的很多人来说，不过是看到"革命"已经代表着权力走向，趁着天下大乱，打着"革命"的旗号争权夺利而已。老牌革命党人确实必须利用和领导这股"革命力量"，但由于错过了武昌兵变，使大权落入黎元洪之手，老牌革命党人就只能悔恨了。因为湖北大局已定，黄兴只有指挥作战的能力，本身没有军队，再去一定只能屈居黎元洪之下，掌握不了军权，更别说领导权；另外，湖北前线还有袁世凯这个强劲的军事对手——即使是黄兴指挥作战，也绝不是他的对手。所以眼光千万不能局限于已经独立的武昌，而应该看到"革命的趋势"，抓紧去另外一个能够以老牌革命党人的政治优势来开辟新天地的地方——南京。

在广大汉人心目中，南京一直是反满中心和"革命圣地"。几十年前，太平天国定都于此。它还是长江以南最重要的战略城市之一，进可以挥师北伐，直捣京城，退也可以守住东南半壁江山。而在宋教仁看来，更重要的是，以南京为中心，辐射的是江苏、浙江、上海等大清东南富庶之地，这里有一大批有钱有势的士绅和实业家（即原来的立宪派）。早在慈禧时代，她迫于形势不得不在立宪改革中"开了一道口子"，一步步勾起了立宪派"参政"的强烈愿望；载沣上位，把立宪旗手袁世凯赶跑，自己在立宪改革中却是进退失据，一边迫于形势进一步勾起了立宪派更大的野心，一边又试图走走过场加强皇族集权，立宪派的心早就凉透了。现在，他们会强力支持东南区新军将领闹革命，充当他们的"钱袋子"，只要南京的"革命势头"一起来，风头一定会盖过武昌。

也就是说，在南方，无论是军事还是政治、经济地位，南京都比武昌更能号令天下，这就是趋势。在这个趋势之下，南京地方实力派的情况是有兵有钱，有对大清朝廷"叛变"的需求和动机，他们要的不仅是独立，还要让南京成为未来中华民国的首都。只要黄兴、宋教仁这些"革命旗手"弃武昌而去南京，南京各方势力一定会因为追求内部平衡以及压过武昌而把他们推向前台。这就是老牌革命党人在南京的政治优势。

不得不说，在老牌革命党人没什么实力的情况下，宋教仁的这招也算是"空手套白狼"了，让人不得不佩服他的冷静和远见。然而黄兴在这一点上就是想不明白，他坚持先去武昌"指挥作战，掌握军权"。黄兴确实是一个勇敢的人，不过，缺乏战略眼光和政治眼光的勇敢，这在政治家眼里恰恰是局促和小家子气，正如袁世凯后来评价黄兴"性质直，果于行事，然不免胆小识短，易受小人之欺"。宋教仁想必是很有同感，他实在是说服不了黄兴，没办法，只好暂时先跟随黄兴到武昌，想办法向黎元洪"夺权"！

10月28日，黄兴、宋教仁抵达汉口。也是在前一天（27日），载沣才任命袁世凯为钦差大臣，开始出山，并在11月1日率军攻下了汉口。与此同时，袁世凯派出了使者和黎元洪谈判，告诉他们：大清回到君主立宪的道路上，汉人有了更大的权力舞台，你们还有什么理由不回来？你们也不想再被我打吧（如能承认君主立宪，两军息战，否则仍以武力解决）。

新军都是袁世凯一手创立的，打不打得过袁世凯，黎元洪还是明白自己斤两的。正在担惊受怕、六神无主之际，黄兴、宋教仁到了，黎元洪立即打了一剂强心针。黎元洪甚至让一名骑兵举起写着"黄兴到"的大旗，在城里奔驰一圈，算是给大伙儿壮威。不过，当宋教仁提出接下来希望由黄兴出任最高领导时，"黎菩萨"就笑而不语了，他手下的军官们也强烈反对，最后只能由黎都督效仿当年刘邦拜韩信为大将的"先例"，来一场"登坛拜将"。黎都督亲自授予黄兴为战时总司令，指挥新军与袁世凯的北洋军作战。宋教仁的"夺权计划"失败了。

黄兴去了前线，宋教仁不懂军事，他留在后方。对于暂时"夺权"失败，宋教仁并不十分在意，他是一个有着政治家开阔眼界的人，自然知道在湖北军政府里，并不是铁板一块——在湖北也是有原来的立宪派的，他们也想分享一下黎元洪的权力。这些人有钱有社会地位和影响力，缺少的只是黎派手中的"枪杆子"。宋教仁就联合他们通过立法来限制黎派"枪杆子"的权力。

革命阵营里的第一部宪法，也是中国几千年以来的第一部共和宪法——《中华民国鄂州临时约法》在宋教仁等人的手中诞生了。从表面上来看，这部湖北（鄂州）的"省宪法"只是为限制黎派权力应运而生的，但是对于宋教仁来说，并不是这样的。他很清楚是立宪而不是共和才是最大的民心和政治，老牌革命党人最终是要走向立宪道路上的，否则就无法真正取得领导权，这也是宋教仁为共和立宪作出的努力。他在起草这部宪法的时候立意十分高，把它作为未来中华民国的宪法蓝本，共和成功之后，是要推广到整个中华民国的。从整体上看，《鄂州约法》与《十九条》一样，除了没有皇帝，也突出国会，大大提升了国会的权力，而又与《十九条》有了明显的不同。

大清的《十九条》是在各省闹独立后急忙推出的，需要讨好的是各省有能力闹独立的权势人物，对于真正的人民主体——千千万万百姓们的各项平等、自由的权利只字未提。宋教仁不同，他在《鄂州约法》中"讨好"的就是百姓。除了总则，这部法案的第一章就是"人民"，然后才是都督、议会，明确地规定了百姓们各项平等、自由的权利，其中最重要的有两条：人民享有平等的选举和被选举权；议会由人民在人民中选举议员组织之。

如果说《十九条》在理论上确立了"主权在民"的话，宋教仁就是几千年以来把这一切进行落地的人。国会是百姓们的政治舞台，百姓们不可能一夜之间拥有"枪杆子"成为都督，也不可能一夜之间当官，但有可能一夜之间被选举成议员，行使国会赋予的权力，而前提是选举权要真正落到他们身上，一人一票，才能让共和立宪真正变为现实。宋教仁不是官员，也没有"枪杆子"，恰恰需要借人民的势力来制衡"枪杆子"和旧式官僚集团，他只能依靠人民。真正的政治家是始终不忘人民的，敢于向民间借力是有觉悟有气魄的政治家才敢做的事。宋教仁就是这样的人，他是名副其实的平民政治家，为老百姓代言的政治家。

完成这件事情之后，11月13日，宋教仁便不再等待在前线的黄兴，和日本朋友北一辉等人一起乘船东下，来到上海和南京。等到袁世凯回京组阁、把前线指挥权交给冯国璋之后，黄兴也没有挡住北洋军。11月27日，经过20多天的苦战，继汉口失守之后，汉阳也落入北洋军之手，就连武昌也岌岌可危，又有被朝廷收复的可能。

黄兴终于想起了宋教仁的"南京论"。据说兵败之后他向黎元洪提出放弃武昌，率残部去南京起义，遭到黎派的军官拔枪抗议。在这些革命的小将看来，湖北才是他们的大本营，也是他们的势力基础，他们才不会中黄兴等人的"调虎离山之计"去南京那个人生地不熟的地方，去接受别人的领导！

黄兴也不管不顾了，第二天，他就丢下湖北大军，带着几个人来到了上海。

在黄兴指挥作战的这二十多天里，黎元洪也没有闲着。对于宋教仁留下的《鄂州约法》，黎都督自然并不欢迎，因为在道义上他没有优势，但他也是帮手的。趁着黄兴正在战场上替他顶着之际，黎元洪开始做一件大事——找他的帮手，其他独立省份拥有"枪杆子"的人（也就是独立各省都督），为未来的"建国"做准备。

其他独立的省份已经越来越多，黎元洪就以湖北为"首义之地"的名义，要求独立各省都督派代表前来开会商讨。当然，中华民国只能是共和立宪的政府，他们必须确定三件事情：准宪法、准国会和临时中央政府。按照黎元洪的意思，枪杆子在手，宪法和国会他比较不关心，但这个"临时中央政府"就是他的湖北军政府。

黎元洪的这个要求确实也是审时度势的。要知道独立的各位都督都是对大清朝廷的"叛变"，都是打着成立中华民国的"共和"旗号，而湖北毕竟打响了走向共和的第一枪，成立了民国的第一个政权——几千年以来都是讲究个先来后到、论资排辈，不以湖北为"临时中央"那是说不过去的。而各省都督们表面威风，实际上对本省的控制能力也很差。有的都督甚至只掌控了省城的几个城门，就浑水摸鱼自立为王，他们都还在胆战心惊地防备手下人来造自己的反，需要在各自的内部平衡各种势力，急需一个"临时中央"来为自己打气壮威。另外，大家都还有袁世凯这个强大的敌人，以都督为代表的独立各省实力派也需要树立一面共同的旗帜来对付袁世凯，不抱团不行。

独立各省都督府派出的代表们赶到了湖北，召开了"各省都督府代表会"，通过了新的准宪法——《组织大纲》（《中华民国临时政府组织大纲》）。它和宋教仁的《鄂州约法》有了很大区别，也是对《鄂州约法》甚至是对《十九条》的严重倒退，主要的区别有两点：

首先，规定国会采取一院制，称参议院。在参议院正式成立之前，就由这个"各省都督府代表会"充当准国会。也就是说，这些"议员"并不是千千万万的百姓们选举出来的，而是各省都督委派的，准国会摇身一变为以都督为代表的地方实力派远距离遥控的橡皮图章。这也很正常，地方实力派从老牌革命党人中借来了"共和"这面旗帜，于是他们也成为了革命党人，但国会是百姓们可能的政治舞台，自然要偷梁换柱、严防死守，让代表地方实力派的这个"代表会"代表人民。

然后，中华民国的临时大总统由准国会选举产生，总统经准国会同意，可以任命各部部长，组成内阁。

看来，地方实力派还想控制这个未来的临时大总统，这个人是谁呢？准国会的决议是一句话——"虚临时总统之席以待袁君反正来归"。也就是说，地方实力派认为，即使我们抱团，和袁世凯之间可能谁也打不过谁，也不想费那力气打；如果能够策反袁世凯，把他也拉到"叛变"的阵容中，代价就是最小的。不如我们把临时大总统之位给他预留着，以此为条件把他拉下水。

袁世凯多次表示他拥戴君主立宪制，多次表示"大清不能散，中国不能乱"，君主立宪才能稳定大局，共和只会导致国家的分裂和毁灭，而且袁世凯已经是大清内阁总理大臣，维护君主立宪制是他的使命和责任，也是维护他自身合法性的要求。不过，袁世凯需要面对的不只是朝廷，而是全大清。现在各省的地方实力派和野心家都需要脱离大清朝廷独立，脱离大清朝廷独立就必须反对君主立宪制，坚持共和，而地方实力派通过准国会是代表"人民"的，共和就这样成了"民心所向"。在地方实力派看来，袁世凯也是汉人，策反他是很有可能的，即使袁世凯不愿意，局势的发展也不是他说了算的，大家会一齐努力，把他同朝廷切割开来，拉回到共和阵营之中！

正是因为如此，为了表明独立各省确实能够与袁世凯分庭抗礼，让黎元洪有与袁世凯谈判的对等地位，准国会决议以湖北军政府为中华民国"临时中央政府"，推举黎元洪为大都督。这并没有增加黎元洪的实权，但给了他一个"名分"，黎元洪也算是如愿以偿吧。

接下来，局势再一次印证了宋教仁所料，东南地区很快掀起了独立的风潮。首先行动的是上海，在这里有两个人掌握的两支队伍，一个是光复会的李燮和，他是湖南人，而上海的新军大部分是湖南人，李燮和成功地把光复会成员安插其中，掌握了上海"革命的新军"；另一个人则是孙文的亲信陈其美——孙文的同盟会向来和帮会关系密切，不过一直是和洪门有合作关系，这个陈其美另辟蹊径，自己混成了上海青帮的头目，他手中的队伍是青帮分子。

李燮和、陈其美在上海不同地盘上同时起事，11月4日，上海光复。自然，对于上海都督的人选，上海各方势力准备推举贡献最大的李燮和。不过，到了正式的推举会议时，帮会分子的优势就发挥出来了。帮分子大闹会场，有人甚至举着炸弹高喊"都督非选陈英士（陈其美）不可，否则就吃我一弹"，于是大家只能推举陈其美为上海军政府都督。

陈其美出任上海都督，这是老牌革命党人中的孙派人物第一次登上势力中心。多年以后，孙文称陈其美为"革命首功之臣"，但陈其美的做法还是很不光彩的。

接下来，就轮到宋教仁了。12月初，南京独立，宋教仁果然受到了重视，被推举为江苏省政务厅厅长（他没有动用帮会分子用炸弹威胁），这个政务厅厅长相当于省长，主管警察和民政。既然已经在南京和上海都有了影响力，宋教仁和陈其美都不愿意再让武昌成为"临时中央政府"所在地，更不愿意让黎元洪出任大都督，他们希望在南京"另立中央"，把未来中华民国"临时中央政府"的大权夺到老牌革命党人这边来！

东南区的实力派自然会力挺。此时正好黄兴兵败，黎元洪手中的地盘又只剩下了一个武昌，还随时都可能被袁世凯拿下，其他独立各省实力派对黎元洪失去了信心，准国会干脆不设在湖北了，它先后移到上海、南京，最后决议以南京为"临时中央政府"所在地。本来宋教仁还想让黄兴出任临时大总统，不过议员们（也就是以都督为代表的地方实力派）的意思是，临时大总统之位给袁世凯预留着，这是湖北会议通过的决议，具有法律效力。从现实来看，中华民国的临时大总统也"非袁不可"，但可以选举黄兴为大元帅，暂代总统之职，在南京组织"临时中央政府"。至于在武昌的黎元洪，就选举他为副元帅，算是给个安慰奖。

至此，通过宋教仁的准确判断和步步卡位，革命阵容的势力中心从武昌转移到了南京，老牌革命党人在东南区而不是湖北找到了属于他们的舞台，正式走向前台。史书上所说的"革命党人领导了辛亥革命"，实际上是这里开始！

对于宋教仁运作的这个结果，黎派人物自然是坚决反对的，而与孙文结仇的光复会正副会长章太炎、陶成章也强烈反对黄兴为大元帅。章太炎说得很恶毒，说一个败军之将，如何能当大元帅！没办法，准国会只好调过来：选举黎元洪为元帅，黄兴为副元帅。不过，黎元洪很精明，他坚决不离开自己的大本营，去南京当什么空头元帅。黎元洪表示：我就委托黄副元帅全权组织南京"临时中央政府"了。

黄兴同意了，他已经通过立宪派的首领张謇，准备向日本的三井洋行借款30万，作为组建新政府的"启动资金"。然而，最后关头，黄兴却突然表示他不去南京就职了，因为他已经得到确切消息：孙文即将从海外回国！从当年同盟会成立之初起，黄兴就已经明白，他是不能与孙文争领袖的，否则就会发生太平天国那样内讧的悲剧。"黄兴不敢夺孙文首领之位"（胡汉民语），他要留着大元帅之职对孙文"让位"。

宋教仁对黄兴失望且无奈，但大局已定，革命阵容要做的只有两件事情，除了等孙文回国；另外，就是奋力"拉袁"了。独立各省的实力派们都没有实力完全战胜袁世凯，老牌革命党人更不用说了，毕竟他们连属于自己的军队都没有,所以老牌革命党人也一直在加紧"拉袁"。孙文的心腹汪精卫出狱之后,留在了北方,为袁世凯办事,还与他的长子袁克定结拜为兄弟,竟然成为了袁世凯的得力干将。汪精卫曾公开宣称中国"非共和不可,共和非袁公促成不可,且非公担任(临时大总统)不可"。黄兴也亲自写信告诉袁世凯:只要你学习拿破仑、华盛顿,推翻大清王朝,组建中华民国,全国人民都会对你拱手听命,一致拥戴你为大总统!

袁世凯又该何去何从呢?

袁世凯的政治手段:利用"民心"让自己和皇室全身而退

在进京推动第三次立宪改革之后,袁世凯指挥冯国璋打败黄兴,收复汉阳,策略还是边打边谈,压迫黎元洪回到谈判桌前。不过,等到打败黄兴,革命势力的中心已经转移到了南京,黎元洪不再是主要对手了,全国各地已经有十几个省先后独立,朝廷的地盘只剩下几个省和一支骁勇善战的北洋军了。

载沣再一次亡羊补牢、痛定思痛。12月6日,他上奏辞去监国摄政王之职,从此不再插手任何政事,也没有了所有权力,步了三年前被开缺的袁世凯的后尘。隆裕批准辞职奏折,她的意思是,要让载沣承担造成大清全国乱局的责任。现在监国摄政王辞职了,袁世凯与责任内阁再也不会有什么约束了,大清国民应该清楚,朝廷真的已经痛下决心进行君主立宪制改革,把更多的权力下放,希望能够换取独立各省对朝廷的谅解和让步。隆裕甚至下诏,从即日起准许大清臣民自由选择是留发还是剪发,随你们的便,反正朝廷是要与大清国民重新开始!

隆裕的这道诏书也是给袁世凯看的,这告诉袁世凯:大清除了还有一个皇室之名,你实际上已经是大清的"一号人物",你就没必要再去折腾什么"共和"了。是的,隆裕和皇室也需要积极"拉袁",毕竟让爱新觉罗家族的命运掌握在袁世凯手里,还有生还的可能,一旦他撒手不管，命运掌握在革命党人手里，那就很难说了。早就谣传革命人要白盔白甲，为崇祯皇帝戴孝，报当年扬州十日和嘉定三屠之仇，杀尽所有满人，其中首当其冲的自然就是皇族亲贵。这虽然是谣传，但确实只有拉住袁世凯，才有可能保障皇室，皇室只能把他当作唯一的救命稻草。

第二天（12月7日），隆裕授袁世凯为议和全权大臣，总体负责与独立各省和谈。袁世凯委任心腹唐绍仪为总代表，率团与革命阵营的总代表伍廷芳举行谈判。谈判是在上海英租界内公开进行的，也可以说是在英国等国际社会的见证下公开进行的。列强表明了他们的态度：为了维护各国在华利益，希望早日达成议和。这个态度表面上还是"恪守中立"，实际上是暗中支持袁世凯，因为袁世凯是希望早日达成和谈的。

但袁世凯和皇室只能接受君主立宪，革命阵营又只能接受共和，所有矛盾的焦点都落在了袁世凯身上——如果他不向共和"转身"，一切都将谈不成。

另一伙人也在积极地"拉袁"了，他们就是袁世凯手下的北洋军将领。

在唐绍仪与伍廷芳进行公开的政治谈判的同时，一场秘密的军事谈判也在进行中。北洋军将领中出面的是段祺瑞，而革命阵营中的运作者就是黄兴和他的参谋长顾忠琛。12月20日，双方代表也在上海达成了一个秘密协议：两军一致同意抛弃君宪，实现共和，同时优待皇室，谁先逼退朝廷谁就当大总统——很显然，这些条件都是为袁世凯设置的，优待皇室，他才好转身。

段祺瑞派人把军界的消息送到袁世凯这里，这就很有意思了，这相当于"劝进"。自古以来，只有"劝进"当皇帝的，还没有"劝进"当总统的，但如果说袁世凯完全没有这个意思，或者说现实中完全没有这个条件，将领们也不敢贸然"劝进"了。对于军界的态度，袁世凯真是又喜又怕。要说他对大清王朝死忠到底，那是假的；要说他对这个大总统之位完全不动心，那也是假的。想当年李鸿章大人对"两广共和国总统"都动心过呢，更何况这是全中国之总统。但不知袁世凯可还记得，三年前他被开缺时，也是这批将领，没有一个人为他站出来，现在趋势即将把他推上总统之位,将领们顺势而为,也不过不希望逆潮流而动,为自己谋个更好前程。

袁世凯明白,他一直坚持的君主立宪要不得不放弃了,不得不上共和这条船,因为共和确实已经是"民心所向"。而大清真正的"民心",千千万万底层百姓们的心声是不被知道的,但这似乎并不重要。正如保路运动中铁路资产的真正主人一样,百姓们的心声就是"被代表"的,被各省实力派所"代表",但以袁世凯一人之力,已经无法与这个"民心"相抗衡。袁世凯说:要我去讨伐黎都督还有可能,因为这是平叛,师出有名,但要我去讨伐张謇等人,我实在无法办到,这些头脸人物是"代表"老百姓的,而老百姓是斩不尽杀不绝的啊。

袁世凯的幕僚徐世昌也告诉他:彻底断了君宪之念吧,无论你有多强的武力,都必须放弃君宪,接受共和;如果还替皇室争取什么君宪,不仅是徒劳的,搞不好你袁世凯自己都得当殉葬品!

徐世昌说得没有错,麾下将领们要考虑自己的出路,袁世凯更要考虑自己的出路。即使袁世凯能够一时压制住将领们,随着时间的推移,对军队的控制力也会越来越差,如果坚持用武力,天下人就会把首当其冲的敌人从皇室转移到袁世凯身上,全民共诛之,全民共讨之。不要以为当共和国的总统只是袁世凯的荣耀,其实也是他的一条出路而已。

但如何逼退朝廷,这确实是袁世凯的一大难题。袁家数代为官,袁世凯又已经是大清内阁总理——如果说逼退皇室一点心理障碍都没有,那就让别的大臣去做好了,袁世凯更加不想背上一个"篡位"的骂名,不想让天下人认为他是"出卖"了大清朝廷才成为临时大总统。如何才能让大清平顺地过渡到共和,如何才能让皇室体面地退位,如何才能让自己光明正大地当上总统呢?袁世凯不愧是袁世凯,他很快意识到,既然共和是"民心所向",那么就把这个球踢给"民心"吧。袁世凯给唐绍仪和伍廷芳一直谈不拢的政治和谈定个调子:以召开"国民会议"的办法来决定。也就是说,无论是共和还是君宪,革命阵营和朝廷任何一方都不能决定,只能"交给全国人民来决定"。具体做法是由各省选出一些代表投票,一旦票决,双方都必须服从,否则即为全民公敌。

此时的袁世凯和宋教仁一定有惺惺相惜之感,袁世凯也开始向民间借力了,他在将地方实力派们的军:你们不是想以"民心"来实现共和吗?不是想以"民心"来推出和控制我这个大总统吗?如果你们确实是真心追求共和,那么你们敢不敢把投票权真正交给各省的老百姓,就像我袁世凯当年在天津试验过的一样,深入田野乡村去敲锣打鼓地宣传和发动,来一次比较规范和像样的投票,也像已经有过的世界先例一样,让中国的人民对国家前途来一次公决?

这确实是袁世凯为国家、为皇室、为自己考虑出的万全之策,无论最后结果如何,他都是很有自信的。如果最后票决的结果是共和,有了这个合法合理的程序,大清会平顺地过渡到共和,仍然能够迅速稳定局势;皇室能够以"尊重民意"的形象来体面退位,避免了被用武力推翻和上断头台的命运;他袁世凯也会通过合法合理的程序成为临时大总统,不仅避免了"篡位"的嫌疑和千古骂名,其他野心家也只能偃旗息鼓。

如果最后的结果是君宪,那也是袁世凯求之不得的,这会使他的第三次立宪改革往前进了一大步。想想看,一个朝廷,如果连决定国体、政体这么根本的权力都可以下放于民,这本身就是立宪的精髓,意味着皇帝和皇室只是一个象征,是"虚君",受益最大的自然就是袁世凯这个内阁总理大臣。虚君立宪下的总理,那也就相当于共和国的总统,双方都是政府首脑,袁世凯又何必一定要去当总统?

有实力摆在这儿,袁世凯定下的调子就是双方和谈的调子,在朝廷方面,他是议和全权大臣,这个方案又是个万全之策。隆裕批准了。

1911年12月29日,唐绍仪团队和伍廷芳团队达成了召开"国民会议"的协议。为了给开大会营造良好的氛围和必要的环境,双方还一致同意,革命阵营不准再在新的地方宣布独立,袁世凯的北洋军也要在五日之内从防区后撤百里。

袁世凯很兴奋,他命令北洋军从第二天开始就准备后撤一百里,首先拿出朝廷的诚意来。唐绍仪和伍廷芳开始就程序和细节问题展开谈判,双方又开始了扯皮。当然，原则问题已经谈妥了，只要双方真心拥戴"国民会议"，程序和细节也是可以解决的。袁世凯在等待着这个结果。

然而，仅仅一天之后，一切风云突变！

1912年1月1日，袁世凯麾下大将突然全体发表通电：誓死维护君宪，坚决反对共和！将领们的语气极其强硬而愤怒。

1月2日，袁世凯以"同意唐绍仪辞职"的方式宣告了和谈正式破裂！与此同时，自从和谈以来一直还算友好的氛围再次变得剑拔弩张。唐绍仪团队谴责伍廷芳团队在之前的谈判中只顾一己之私，动辄以"不谈了"相威胁，甚至不许发表不同意见，不准讨论君主立宪之可能性，"其态度之蛮横，形同专制"，与他们追求的民主共和形成鲜明对比。甚至列强驻华外交官也在了解相关事实后，表示双方和谈破裂，责任实在革命方。

北洋军方面，后撤停止了，子弹上膛，炮弹入膛，一场大战眼看又要打响！

第十五章
袁世凯为何能夺取革命果实？

孙文为革命占据的有利位置：就任临时大总统

武昌兵变了，没人知道孙文到底在哪里。九次起义失败，华侨们似乎再也不相信他了。为了筹款，孙文一直在美国各地马不停蹄地演说，10月11日这天，孙文正与随行人员奔赴美国丹佛市，第二天才在报纸上看到武昌兵变的消息（*历史作家唐德刚在《晚清七十年》中称孙文当时"正在美国洗盘子"，此说并无史料证实*）。

和黄兴、宋教仁一样，武昌兵变的消息令孙文很是意外，经再三考虑后，他认为自己的任务不是赶回国内指挥战斗，仍然需要筹款，增加老牌革命党人的资本。可是从美国国务院到英国、法国外交部，孙文在欧美没有换来一个国家的支持，也没有筹到一分钱。没有办法，11月24日，孙文只得离开欧洲回国。这是自1895年广州起义以来，孙文第一次公开回到国内，除了自己的同志，大清国内大部分人对他都是陌生的。正如黎元洪所说，他根本不了解孙先生，也不知道他究竟有什么主张。

在香港，曾经的得力助手胡汉民前来迎接，他如今已是广东军政府都督。胡汉民告诉孙文，如果您继续北上上海、南京，一定会被推举为总统，但是一个没有一兵一卒和一分一厘的总统是没有任何意义的。袁世凯不可信任，不如留在广东练兵，将来对袁世凯和朝廷进行北伐，把全国政权掌握在自己手里！

孙文没有同意，他知道胡汉民这个都督是怎么来的。广东新军起事后，他们原本是想拥戴原两广总督张鸣岐为都督（正如武昌新军"拥戴"黎元洪一样），不过，张大人不敢出任，竟然逃走了，大家这才推举了广东籍的老牌革命党人胡汉民。可见胡汉民这个都督也是"空头都督"，是替别人当的。孙文认为，既然在广东练兵也要从零开始，那还不如北上去"主持全国革命的大局"；袁世凯当然不可信，但可以利用他，如果能迫使他推翻满清王朝，强过用兵十万。

经孙文这么一说，胡汉民想想也对，他立即写了一封手书，就把都督之位转手"让"给他人，跟随孙文继续北去上海。

此时的黄兴、陈其美等孙派人物正在上海急切地等待孙文的到来。黄兴不仅已经向南京的准国会提出"让位"于孙文，还提出不要选大元帅，要选就直接选孙文为临时大总统。各位"议员"最开始并没有同意，他们仍然强调临时大总统"非袁不可"。不过，黄兴态度强硬，他甚至有要带兵对准国会"施加点影响"的意思。"议员"们很快又同意了，只是强调孙文这个临时大总统也是暂时的，只要将来袁世凯一"叛变"，孙文就必须"让位"，这就是"议员"们答应选举孙文为临时大总统的条件。

地方实力派的态度为何会迅速转变呢？他们并不是忌惮黄兴手里的"兵"——要知道这些兵说到底也是他们的，他们不过是请黄兴出面来指挥而已，黄兴并没有实际上的军权。但以都督为代表的独立各省实力派总算是明白过来了：与其把临时大总统之位一直给袁世凯预留着，那还不如先让革命党的旗帜孙文当上这个临时大总统，逼一逼袁世凯和他麾下的将领们。独立各省反正只需要一面暂时走到前台的"旗手"，黄兴可以，孙文也可以，但都督们自己就不可以，否则其他都督就会有意见。而都督们无论选孙文还是黄兴当临时大总统都是不用担心的，在他们看来，孙、黄就是过渡性的"傀儡"。孙、黄无军无钱，不可能利用临时大总统之名掀起什么风浪，如此才为独立各省迅速接受，连条件都不用谈。如果实力够，大家选举他们，那还要与他们谈条件。

当然，独立各省答应选举孙文为临时大总统，也并不影响答应袁世凯提出的召开"国民会议"。反正还是在谈判，先答应再说嘛。

对于黄兴的这个举动，宋教仁又深深地失望了。现在黄兴倒是意识到了要争取的是"政府"的职位，而不是有名无实的军方职位，但他偏偏又要把临时大总统之位让给孙文。一直以来，宋教仁都希望黄兴能够出头，担任临时大总统。在宋教仁看来，只有黄兴当临时大总统，才有可能让他一直以来坚持的共和立宪落地——实行内阁制。

根据宋教仁的设想，未来中华民国的各个政党都要公开竞选国会的议席，获得多数席位的政党的领袖，就是内阁总理，他可以在本党中挑选人员组成内阁。也就是说，内阁总理才是政府首脑，而总统就相当于英国的"虚君"，基本只是作为国家元首和国家的象征，执行礼仪上的活动。

宋教仁的这个设想一出，大家一片哗然：不就是你自己想当总理，掌握政府实权嘛。看上去确实如此，宋教仁虽然有着极强的政治天赋和才干，但他实在是太年轻了（29岁），这么大一个国家，选一个不到30岁、声望浅的人当总统这是闻所未闻，但如果有一位德高望重的年长者当总统，宋教仁再出面组阁当总理，这是有可能的。

对于"想当总理的野心"，宋教仁比较坦然，后来他专门在报纸上写了两篇文章答辩。他说，世人污蔑我谋一己之私想当总理，由来已久，虽然没有这个事，但是我不想辩解，我反而是以此来激励我自己来当总理。国家政治既然是共和政治，那么国民人人都应该负责任，如果有人想当总理，这就不能再看作是君主专制时代的"谋反"，国家和人民都应该欢迎才对呀。共和不是学习美国吗？美国的小学生写作文，如果说他立志将来长大以后要为国服务，当总统，只会传为佳话，我们为什么就不能这样呢？另外，作为一个虔诚的宪政主义追求者，宋教仁也是比较坦然的，宪政只是要限制权力，不是不要权力，追求宪政本身并不意味着要消解权欲，却是要坚持"限制权力"才是最大的权力。

章太炎就很支持宋教仁。这个章太炎恃才傲物，能看得上的人没几个，对宋教仁评价却很高。他专门在报纸上写文章，认为宋教仁"有总理之才"，应该以宋教仁为总理来组织内阁。对于孙文，章太炎就很不客气，说孙文这个人善于议论，不能做事，否定了孙文的地位。另外，章太炎到处放风，什么等孙文当总统这是"儿童之见"，即使要选总统，"以功则黄兴，以才则宋教仁，以德则汪精卫"，反正就是明确反对孙文。

但如果宋教仁坚持内阁制只是为了他自己想当总理，那也称不上一位真正的政治家了。他是经过深思熟虑，认为民国的共和立宪只能实行内阁制的。此时宋教仁的思想正可以用章太炎的一句话来表示——革命军起，革命党消。

章太炎所谓的革命党，其实指的就是同盟会中的孙派人物（以下简称"孙派同盟会"）。章太炎的意思是，既然革命的军事力量（包括革命的新军）都起来了，孙派同盟会这些具有威望的老革命就不能再包办革命了，更不能以一党（孙派同盟会）来组织南京临时中央政府，不能认为其他与孙派同盟会有不同意见的革命组织（比如光复会）就是革命的敌人。

另外，从军队的角度来考虑，"革命军"的主力是革命的新军。黄兴虽然被推举为总司令，但他本身是同盟会之人，那么他领导的这支军队到底是革命的新军，还是属于同盟会的"党军"？如果这个问题不解决，黄兴就永远无法取得真正的军事指挥权。

最后，革命的新军中也有不少人是同盟会会员，但是，孙文等人也没有实力来把他们统一组织起来，以"党军"扫平包括袁世凯在内的一切政敌，建立属于"党"（同盟会）的绝对统治。既然如此，"诸君能战即战，不能战，弗以党见破坏大局"。按照当时向西方学习的共和建国理论，将来民国成立后，需要实现"军队国家化"。军队是国家的军队，"需要与党派脱离"。如果军队中还存在同盟会等任何组织或者党派，那就跟以前大清军队中存在哥老会是一样的道理，最终会造成军队、国家的分裂，甚至出现军阀割据和混战，不利于新生的民国。所以，章太炎认为，必须以"国在党上"为理念,正好趁着孙文回国,解散同盟会——革命军起,革命党消。如革命党不肯自行解散,那么就证明其标榜的天下为公是假的,立党营私才是真。

应该说,章太炎的考虑代表了当时非孙派人物的一些看法,但是这对孙文本人和孙派人物的打击是巨大的。要知道享有同盟会威名的,正是孙文,他的手中没有军队,在"革命的军队"里几乎没有什么资源和威望,却有"革命的党"(同盟会),拥有一定的政治资本。也正是因为如此,孙文才不会当什么大元帅,他要当选临时大总统,但如果真如章太炎主张的那样,连"党"(同盟会)没有了,那么孙文就什么都没有了!

宋教仁和章太炎不同,他还是同盟会的人,他不会彻底放弃同盟会。同盟会一直是革命党,革命党人之前擅长的是暴动、暗杀等暴力活动,这与以国会为舞台的公开的政党竞选有着本质区别。宋教仁主张把同盟会由革命党改组为政党,以便有合法地位参与将来的国会选举,而这也就是宋教仁为何要主张内阁制的原因。现在,各省的都督和实力派成了新式的官僚集团,牢牢把持着行政大权,百姓们在行政系统的上升渠道很小,很难去当官、当都督,也不可能人人参选总统,但党禁一开,百姓们可以自由组党,也可以自由入党、脱党、换党。实行政党竞选的内阁制,就是进一步把政治向百姓们开一道口子,让人明白入党是可以实现政治权利和政治理想的,从而把政治这个盘子做到最大,最终实现全民政治和平民政治。

不得不说,从"建设"的角度,宋教仁的这种想法和袁世凯的"国民会议"有异曲同工之妙。宋教仁之所以希望黄兴出任临时大总统,也是希望将来"让位"给袁世凯之前,先把内阁制固定下来。

对于孙文,宋教仁一直是有自己的看法的。宋教仁认为,一旦孙文出任临时大总统,孙文不可能接受在他的总统之下再"横插"进一个有实权的总理,他一定会学习美国式的"总统制"——由总统直接组阁,总统既是国家元首又是政府首脑。其实总统制和内阁制并无优劣之分,但与即将诞生的中华民国不同的是,当时美国的选举制度已经很成熟了,选举权也紧紧掌握在人民手里，总统就是由选民选出来的，而即将诞生的民国却没有这样的条件，只能由都督把持的国会选举总统。如果再由总统组阁组成政府，那绕来绕去，未来的中华民国岂不是空有共和、立宪之名，还是一权独大吗？

另外，实行内阁制，必然要将同盟会由革命党改组为政党，这就意味着不能再"革命"了，必然要接受将来的袁世凯政权，只能以政党竞选的政治手段而不是以武力的革命手段来制衡袁世凯的势力。孙文和宋教仁不同，虽然他们身上都兼具革命家和政治家的特性，但对于宋教仁来说，他主要是政治家，而孙文主要是革命家，甚至可以说是终生的革命家，孙文会从一直以来的革命家完成向政治家的转变吗？革命最终是为了人民，人民的幸福是要大于革命的，而对于一直认为"革命就是取得政权"的陈其美等孙派人物来说，他们会甘心吗？宋教仁对此抱有深深的怀疑。

12月25日早晨，孙文抵达上海码头，迎接他的有21响礼炮，宋教仁果然没有出现在欢迎的队伍里，他甚至连上海都没有去，还留在南京。日本朋友北一辉极力劝说，宋教仁气得满脸通红："老兄你也学日本浪人（指一贯'扶助'孙文的宫崎寅藏等人）的那一套吗？你的大元帅主张误了事，黄兴的优柔寡断又误了事，孙文的空想再来误事的话，革命将怎么办呢？黄兴食言不来（南京就任临时大总统）也无所谓，我有兵力（指南京的警察），决不允许孙派的人踏进城门一步！"（北一辉：《支那革命外史》）

但宋教仁毕竟是同盟会元老，他既然不能像章太炎、陶成章那样彻底脱离同盟会，就必须"有大局意识"。在其他人的劝说下，宋教仁最终还是来到了上海见孙文。

果然，在同盟会内部会议上，就内阁制问题，孙文与宋教仁发生了激烈的争执。孙文的态度比较生硬，他的意思是，为革命考虑，现在最重要的是集中政治权力。既然现在大家都不信任你宋教仁，只信任我，只能推举我当总统，我们"就不能对唯一信任推举之人再设限制"，我个人也不会屈从个别人的意见,把自己当成一个"政治花瓶",贻误革命大计。另外,即使要推进民主,在革命成功之后的一段时间内"以专制来推进民主"或许恰恰是这块土地上最现实的选择,因为在专制传统深厚的土地上,人们还没有民主的习惯(十年以后,孙文正式提出了共和立宪分三步走:军政、训政、宪政)。

宋教仁毫不退让,仍然坚持己见。他的意思是,共和立宪本已超越了君主立宪制,如果实行总统制,连内阁制也一并超越了。内阁不善,可以更迭;总统不善,罢免则很困难(民国总统实际上是地方实力派在内部平衡后推选出来的),如必欲罢免,必然引起政治动荡,动摇国本(各地方实力派都会争相推选自己阵营的"总统")。所以总统制虽然在美国已经很成熟了,但在民国不一定合适。民国有自己的国情,如不顾国情,一味超越,欲速则不达。

现在我们知道了,孙文和宋教仁的想法有着根本上的分歧。孙文果然仍然站在革命的立场。革命家擅长于"不破不立",坚定地相信只有由革命者将来主导的政治才是"好政治",革命不成功政治就不会成功;而宋教仁这样的政治家会放弃这样一种信念,即总想发明一种空前绝后的好制度,一种一劳永逸的制度,而不是在世界范围内已有的制度里选择一种普遍最好的,再结合自己国家的国情进行学习和探索。在宋教仁看来,政治是世俗的,也是现实的,尤其不能有完美主义,如果政治家总想凭空创造或者摸索出一条完美的道路,那么就是危险的。

考虑问题的出发点都完全不一样,两个人自然是谁也说服不了谁,也无法达成妥协。在其他人看来,宋教仁坚持和孙文"作对",不过是不愿意看到他在南京开创的一片天地中,最后是由孙文来"摘桃子"。宋教仁除了他自己,没人支持他,黄兴劝说宋教仁必须服从"党议",尊重孙先生。宋教仁只得愤愤不平地返回南京,继续向在南京的准国会游说他的内阁制。

准国会(也就是以都督为代表的地方实力派)自然不会理睬这个需要他们让权的内阁制。12月27日,准国会派出了三名代表前往上海与孙文会面，商议选举孙文为临时大总统的程序，三代表首先向孙文强调，这个"临时大总统"是过渡性质的，将来还必须接受中华民国临时大总统"非袁不可"的现实，需要"让位"给袁世凯。孙文立即回答：那不要紧，只要将来袁世凯真能拥护共和，我就让给他。

另外，孙文还提出条件：总统就是总统，"临时"二字可以不要，并提议中华民国从此改用公元纪年，他于公历1912年1月1日就职——孙文对此又是有现实考虑的，此时还是农历十一月初八，按照惯例，新的就职典礼一般都在新年正月初一举行，而改用西历，孙文在几天后就可以就职。

三代表表示这两件事情太大了，必须赶回去请示，三人于是连夜把孙文的条件带回南京。第二天，准国会开会认为，"临时大总统"的"临时"二字不能去除，因为此时南北尚未统一，统一的中华民国还未建立，正式的宪法也还未制定，正式的总统自然无从谈起；至于改用西历，出于让孙文尽快就任的考虑，最终勉强通过。

12月29日，准国会开始选举临时大总统，候选人有三位：孙文、黄兴和黎元洪。在南京的"议员"们自然不会选湖北的黎元洪，黄兴已经明确表示不会当，那自然就是选孙文了。一省一票，总共17票，孙文获得16票，另一票仍然投给了黄兴。

12月30日，准国会再次通过决议，说明昨日已经选举出临时大总统，"已足见国民多数赞成共和，毋庸再开国民会议"。这个决议本身就说明了独立各省同意让孙文出任临时大总统的秘密：他们急需一个人来继续扛起革命的旗帜，阻止袁世凯的"国民会议"，这个人就是孙文。独立各省实力派挟"民心"让袁世凯接受共和，却不许袁世凯挟"民心"来合法合理地逼退皇室，一定要袁世凯独自承担"篡位"的骂名，一定要让袁世凯也像他们一样彻底地"背叛"大清朝廷，这样他们才有真正的安全感。当然，如果按照召开"国民会议"的原计划，投票权掌握在独立各省都督手中，孙派同盟会必将迅速边缘化，孙文也必须尽快就任临时大总统，从而获得与袁世凯"平起平坐"的地位，逼迫他不得不把孙派人物视为平等的谈判对手，增强孙派人物在大清政权覆灭后权力再分配中的筹码——孙文的临时大总统和南京"临时中央政府"，就是孙派同盟会与独立各省实力派合力的结果。

1912年1月1日，孙文离开上海，前往南京，宣誓就职中华民国临时大总统，以象征"五族共和"的五色旗为临时国旗。出于对孙文的不完全放心，1月2日，准国会（实际上是以都督为代表的地方实力派）对准宪法《组织大纲》进行了修订，增设了副总统一职；1月3日选举黎元洪为副总统。20多天后，准国会改名为南京临时参议院，孙文选择了参照总统制，不设总理，直接组阁。几千年以来，一个以共和立宪为目标的"临时中央政府"诞生了！

孙文组阁之时，宋教仁曾建议：内阁阁员全部用革命党人，不用旧官僚。当然，宋教仁这又是在为内阁制做再一次努力：排除旧官僚在新政府中的势力，全部用革命党人，也就是把大清原有的官制变成了政党内阁，革命党就相当于自动改组成了政党。而党务（而不是暴动、暗杀）一向是宋教仁的特长，只要成为政党的领袖或者实际控制人，宋教仁也就相当于内阁总理。但宋教仁这个建议注定是不会被采纳的，出于现实考虑，孙文的内阁名单照顾到了方方面面，既有原大清官员，也有立宪派，还有革命党人。

从《鄂州约法》起，宋教仁已经彻底地得罪了黎派、独立各省实力派、旧官僚甚至孙派同盟会，成了真正的"孤家寡人"。孙文原本提名宋教仁为内务总长，被准国会否决，仅仅担任总统府法制院院长。许多人为宋教仁而抱屈，宋教仁说："总长不总长，无关宏旨，我素主张内阁制，且主张政党内阁，如今七拼八凑，一个总长不做也罢。"

宋教仁是不会放弃他的政治理想的，他仍然会把握时机付出不屈不挠的努力。接下来，按照程序，南京临时政府就该继续"拉袁"了。地方实力派毕竟不敢彻底得罪袁世凯，毕竟还需要袁世凯去逼退皇室，必须要让他放心：我们虽然在南京选出了一个临时大总统，但这只是暂时的，"非袁不可"的现实仍然没有改变。张謇对袁世凯发电：只要你今天逼退皇室，明天就能拥戴你当总统（甲日满退，乙日拥公），甚至在孙文的誓词中，都不得不加上要"让位"的意思："至专制政府既倒……斯时文当解临时大总统之职。"这与其说是让孙文就职的誓词，不如是让孙文表明一定会辞职的誓词，也算是能让袁世凯和他麾下的将领们在愤怒过后，又审时度势，重新回到和谈之路上。

双方的代表唐绍仪和伍廷芳转入了私下谈判。共和已经在南方成为了既定事实，接下来要谈的就不再是共和、君宪这些关于国家前途的大事，而是围绕着袁世凯如何逼退皇室、孙文如何"让位"的程序。这实际上是涉及到革命阵容、袁世凯以及皇室之间的一笔政治交易，自然是不好公开进行的，双方就私底下你来我往，讨价还价。

焦点也回到了孙文身上。孙文不是从大清原来的新军将领摇身一变的"革命的都督"，他是老牌革命党人，或者说，他是真正的革命者，他会轻易"让位"吗？

为避免"让位"，孙文想尽办法筹款

孙文自然不愿意"让位"，至少不会轻易"让位"。1月11日，孙文宣布自任北伐总指挥，任命黄兴为陆军总参谋长，准备对袁世凯和大清朝廷进行"六路北伐、合攻北京"。孙文的意思是，该谈的都只管谈，但并不影响他准备以武力来统一全国。

孙文这个大手笔确实令人瞠目结舌，但他首先要解决的仍然是那个自从闹革命以来就有的老问题：筹款。

孙文回国时，传言他带回了巨额款项，还有先进的战舰，并说他在外洋有良好的信用，可以源源不断地获得贷款。

没想到孙文对记者说：予不名一文也，所带者革命之精神耳！

还是"精神"。革命党人可以说什么都缺，唯独不缺精神。孙文是不得不作如此表态，在从香港到上海的途中，他对日本友人山田纯三郎说："帮助搞点钱吧！越多越好，一千万、两千万都可以！"这个数字惊得山田纯三郎目瞪口呆。

在去南京就职的前一天晚上，孙文又对宫崎寅藏说："你能给我借上500万元吗？我明天要到南京就任大总统了，但身无分文……你如果不保证在一周之内给我借到500万元，我当了总统也只好逃走。"

孙文说的是事实。组建一个新政府，首先需要有钱把这个政府里的人养活。但南京临时政府没有经济实体，也没有赋税来源，各省都督只是需要先让孙文出任临时大总统，至于孙文的实际花销，他们是不会管的；税收也不会上交到南京，不伸手向南京要就已经很不错了。

孙文每天都在为钱的事情忙得焦头烂额。一次安徽省需要军饷，孙文大笔一挥，批了20万。胡汉民手持批条去财政部。然而，"库中仅存十洋"。就是这十块钱，据说还是陈其美的上海军政府支援中剩下的。

南京的士兵都领不到军饷，他们开始骚扰和抢夺百姓财产，简直和过去的清军没有区别。南京临时政府的形象和威信大打折扣，孙文不得不两次下令要注意军纪，防止士兵抢劫市民财物。这是孙文就任临时大总统期间，唯一一次就同一个问题发布两个大总统令。孙文本来希望张謇来出任财政总长，让他协助缓解财政危机，可张謇坚决不干，只是勉强答应出任实业总长，而且长期住在上海，不来南京办公。南京临时参议院也在开会时常常连人都来不齐，有时候甚至只来几个人。

没办法，孙文只好又去向列强政府借钱，但是南京临时政府还没有得到国际社会任何一个国家的正式承认，自然也借不到钱了。列强公开的理由是：南京临时政府不能代表革命之南方各省，其临时参议院之"议员"，不是经合法程序产生。当然，列强有自己的打算：他们更看好袁世凯，真正支持的是袁世凯。

多年来，孙文一直希望从列强那里获得对革命的帮助，没想到闹革命时不给予帮助，现在南京临时政府都成立了，还是不予以承认和帮助，这对孙文的打击又是巨大的。一个新政权，如果没有得国际社会任何一个国家的承认，这意味着无论是在现实还是历史中，南京临时政府的地位都是不高的。寻求合法性，成为了孙文迫切的心理需要。

孙文向记者表示：只要列强承认南京临时政府，即举袁世凯为大总统。也就是说，孙文不惜以放弃北伐为条件，首先获取列强政府的承认。或者说，孙文也知道袁世凯必将出任临时大总统，所以希望在"让位"之前，南京临时政府能够得到国际社会承认。但结果仍然令孙文失望了。

孙文是在万般无奈、直到最后一刻才放弃北伐的！

三次暗杀，清帝退位

在孙文准备武力北伐的同时，双方的谈判也在进行。和之前的公开谈判不同，严重影响这次谈判进程的是三次暗杀。这三次暗杀都是由革命党人指向袁世凯、皇室的暗杀。令人惊奇的是，暗杀对象竟然还包括革命党人自己的"同志"。

一直以来，光复会副会长陶成章不仅与孙文"结仇"，和陈其美也有私人仇怨。这个陈其美大概是个人生活不检点，当年一边闹革命，一边还兼顾嫖娼，甚至在出任上海都督之后，还经常在妓院里办公，落了一个"杨梅都督"的外号。而陶成章却是一个反对贪图享乐，过着苦行僧一般生活的人，自然对陈其美很看不惯。几年前陶成章曾经当着孙文等人的面劝陈其美戒嫖戒赌，让陈其美大失面子，两人就此结下仇怨。

南京临时政府成立之后，陈其美又瞄上了浙江都督一职，但浙江一直是光复会的地盘，章太炎、陶成章强烈反对陈其美出任浙江都督。陈其美的计划落空了，他和陶成章之间又添上了"新仇"。

正当孙文在南京计划"六路北伐"的同时，陶成章也在上海组建北伐军，积极准备北伐。请注意，这是陶成章的北伐，而不是孙派人物的北伐。正是因为章太炎、陶成章也是老牌革命党人，也能起到"旗手"的作用，一旦他们借"北伐"真的发展起军事力量，这对孙派在南京和南方的地位是严重的挑战。在陈其美看来，"革命"真的就只能由孙派人物来包办，就是孙派这一家，别无分店，陶成章要开分店，自然就是"假革命"，那么他就要"打假"。

如何"打假"？就是搞暗杀。

1912年1月14日凌晨,在自己的地盘上,陈其美指派自己的"小弟"、同盟会会员蒋介石等人将34岁的陶成章枪杀于上海。

陶成章这个主力一死,光复会人人自危,就连狂妄的章太炎也收敛了很多,负责军事的二号人物李燮和转入实业、教育,后来干脆举家迁往南洋,光复会灭亡了。陶成章并没有想到,革命党人的暗杀不仅可以用于对付朝廷高官,还可以对付革命党人,自己没有死在朝廷的屠刀下,却死在了"同志"的枪口下。

陶成章之死是孙派巩固南方地位的大事件,他们仍然站在与袁世凯平起平坐的位置上,袁世凯仍然只能把孙派当作和谈对手。而接下来遭遇暗杀的人,就是袁世凯本人。

1月16日,退朝回来的袁世凯车队在东华门外遭遇炸弹袭击,当场炸死多人。袁世凯被扣在炸翻的车下,爬出来后逃出一命。这次直接实施暗杀的是同盟会京津支部的革命党人,他们有没有接受孙文或者南京的指示？这又是不得而知,总之,如果袁世凯被炸死,自然也是南京方面愿意看到的。

暗杀过后,袁世凯被吓破了胆,深居简出再也不敢招摇过市。

还是赶紧实现共和吧！共和实现了,至少革命党人就没什么暗杀他的理由了。

袁世凯终于要面对逼退皇室这道难题了。隆裕也没什么牌可以打了,她曾经一把鼻涕一把眼泪要求袁世凯救救他们孤儿寡母,每天亲自给袁世凯制定菜单,派100多位太监把100多道菜亲自送到袁府上,中餐、晚餐各送一次,其中还有一块给袁家用于祭祀祖宗的肉。因此,袁世凯吃饭就变得很麻烦了,首先他得冲着那道圣旨和菜谱叩头,然后把那块肉献到祖宗的牌位上。袁世凯只好赶紧上奏请太后免了赐给他的御膳。

为了笼络住袁世凯,隆裕太后又想出了一招。她赐给袁世凯一等侯爵的爵位,与当年的曾国藩同等待遇,据说前去宣读懿旨的是已经辞职的载沣。很显然，这是让载沣为当初开缺袁世凯而道歉。袁世凯再三上奏推辞，最后隆裕干脆下旨"不许不接"，袁世凯这才接受。

大清气数已尽，再也没有当年的曾国藩相救，只剩下袁世凯来善后了！

袁世凯一定会适应形势逼退皇室，但也一定会保全皇室。对于他来说，出任临时大总统有两个合法性来源，除了南方孙文的"让位"，还有皇室的退位，这两者缺一不可才能造成共和。袁世凯毕竟是大清官员，南方实际上一直是他的敌人，他一定会更看重来自朝廷的这份合法性。如果说他与大清朝廷是"授权"与"被授权"的关系，那么他与南方就是"政治交易"的关系。站在袁世凯的立场，他也不想从曾经的"敌人"南京方面承接政权，只想从大清朝廷承接政权，如此他就不需要做"革命党的总统"了，保全皇室的安全与体面，这是他作为大清内阁总理的职责，是他最后的情感所系，也是他维护自身合法性的需要，是他的体面。

在多次指示唐绍仪一定要争取最大的"优待皇室条件"之后，1月20日，袁世凯提出了方案：由朝廷授权他在天津组织南北统一临时政府，临时政府成立的同时清帝宣布退位；清帝退位两日后，南京临时政府即行解散。

新的共和政府来自朝廷的授权，也就是说，袁世凯让朝廷包揽了他的全部合法性，不关南京临时政府什么事了，甚至新政府所在地连北京都不是，而是袁世凯的老根据地天津。这相当于为皇室留下了一个北京城，实际是另一种形式上的"虚君立宪"！

袁世凯的伎俩自然逃不过孙文的眼睛，孙文令伍廷芳传达他的意见：清帝退位后，大清的一切政权同时消灭，不得"私授其臣"，新政府的组建必须通过南京。

看来，双方争论的焦点是"大清是否先灭亡"。袁世凯的意思是，大清是已经得到国际社会承认的（而南京临时政府没有得到国际社会承认），如果大清先灭亡，那么中国大地上岂不是一时间就没有被国际社会承认的政府了？国际关系如何处理？如何对待外人？当然，袁世凯其实是以这个理由，为他的合法性来自大清而作最后的争取。

然而，1月22日，孙文不顾伍廷芳的坚决反对，突然以通电的方式公开向袁世凯提出了最后通牒。"让位"必须分五步走：首先，清帝退位，由袁世凯电告国际社会并请各国驻京公使或者驻上海领事转告南京临时政府（这相当于借"让位"之际让国际社会变相承认了南京临时政府的合法性）；然后，袁世凯明确表明赞同共和；第三步，孙文辞去临时大总统职务；第四步，南京临时参议院选举袁世凯为临时大总统；最后，袁世凯在当选临时大总统之后，必须宣誓遵守参议院制定的宪法。

不得不说，孙文的这个最后通牒确实是对袁世凯的反戈一击，这等于告诉了世人：孙文的临时大总统之位和南京临时政府都成为了正统，临时大总统之位就是孙文"让"给袁世凯的，而不是袁世凯以逼退皇室之功"该得的"。袁世凯成为临时大总统的合法性不仅不是来自大清，而是全部来自南京。孙文主动"让位"，就是为了共和，他站在了道德的制高点上。而袁世凯在事实上是"用大清江山换来了总统宝座"，彻底沦为大清"篡臣"，陷入极端尴尬的境地，道德的责难更加深重——将来的袁世凯不仅会在革命派的史料中留下"窃取革命果实"的骂名，同样会在清史中留下"篡臣"的骂名！

这自然让袁世凯很愤怒，他立即提出抗议，谴责孙文为什么要为议和突然提出附加条件。不过，袁世凯抗议是抗议，他发现自己还真没有办法拒绝。孙文早就通电说明这是最后解决办法，如果谈不成再起战端，开战的罪名和责任都由袁世凯负责，如果坚持拒绝，舆论是会一致谴责袁世凯的。"篡臣"的骂名看来是肯定了，袁世凯心里多少还有点愧疚，但对于"窃取革命果实"的骂名，他实在是心有不甘。

皇室自然也看到了这份通电，反正已经曝光了，袁世凯干脆公开和皇室撕破脸面。1月26日，前线将领段祺瑞等人联名通电，要求清帝退位，否则他们将从前线返京，与阻挠退位的王爷们剖陈利害！

就在这一天，京津的革命党人又成功地对皇室中反对退位的良弼实施了暗杀。良弼没有袁世凯那么走运,经抢救无效后死亡。王爷们对"留住大清江山"抱有侥幸心理,不过想继续躲在大清朝的温室里,现在发现连生命安全都没有保障,只好悄悄打点好家产,取出存款,随时准备出逃。再也没人来阻挠退位了。

袁世凯已经为皇室争取到最大的优待条件——至今我们能够见到的有关清帝退位条件的修改稿,以袁世凯手批版本给出的条件最为优厚,这大概是他最后的补偿吧。

最后的条件包括仍然保留清帝的称号;中华民国政府按照对待"外国君主之礼"来对待溥仪与隆裕;每年由民国政府直接拨付400万两白银做生活费;隆裕母子以及他们侍卫、太监宫女等还可以继续居住在紫禁城——大清的天下,被限制在了紫禁城里头了。

1912年2月12日,隆裕下诏,宣布率同溥仪退位。也许直到退位的这一刻,隆裕都想不明白,大清究竟是如何自己把自己给搞死的?载沣曾经怕丢了祖宗江山,最终以火箭般的速度丢了祖宗江山;官员们曾经怕丢失权力,最后发现连脑袋都不一定保得住。

在最后几年的光阴里,体制僵化莫过于晚清,变革步伐之大莫过于晚清,甚至思想之开放也莫过于晚清,然而大清终究亡了!

这是大清最深刻的教训。

袁世凯获得了"以全权组织临时共和政府"的权力,诏书同时规定了"将统治权归诸全国,定为共和立宪国体"。未来的中华民国,不仅要共和,更要大清多年以来一直努力的宪政。

接下来,该轮到孙文履行他的诺言,送上辞职书,选举袁世凯为中华民国临时大总统了。

孙文"有条件让位"

孙文并没有食言,两天后(2月14日),孙文正式向南京临时参议院提交了辞职咨文,但同时附加三个条件:

首先,中华民国的临时"中央政府"设在南京,这是之前的"准国会"所定,不能更改,袁世凯也必须遵守——也就说,袁世凯只能来南京上班,定都南京。

然后,袁世凯亲自到南京任职时,临时大总统以及南京临时政府内阁人员乃行解职——也就是说,如果袁世凯不来南京,孙文其实就没有辞职。

最后,南京临时参议院在《组织大纲》基础上正在修改的新的准宪法——《临时约法》,袁世凯日后必须遵守。

很显然,这三个条件中,最关键的是"定都南京",让袁世凯离开自己的大本营来南京。孙文明显是仍然认为袁世凯"不可信任",要调虎离山。而章太炎和宋教仁早就唱过反调。宋教仁认为,中华民国只能定都北京,因为日俄对满洲、蒙古的领土有极大的野心,以中国目前的实力,定都南京则为放弃满蒙。

南京临时参议院不少议员对此抱有相同看法。2月14日当天,临时参议院就这个议题进行决议,包括很多同盟会会员在内的议员都认为定都南京不可行,否决了孙文的提案,并决议定都北京。

得知这个投票结果,孙文大发雷霆,他和黄兴立即召集参议员中的同盟会员开会,要求必须按照孙文的意见投票,然后黄兴又扔下了著名的那一句:这是你们议院自动翻案,政府是不会妥协的,限定你们在规定时间内改正过来,否则我派兵来!

没办法,临时参议院只好又赶紧在15日复议改正过来,决议定都南京。议员吴玉章回忆,开会时,"陆军总长黄兴以兵临议院,警卫森严"。同一天,临时参议院以全票选举袁世凯为临时大总统。

袁世凯当然不愿意南下。他在电报里说得情真意切,除了也提到保卫满蒙问题,他还说,北方的局势现在还很复杂,我袁世凯都还没有完全搞定,而且北京一直是首都,迁都南京,北方的军民甚至包括列强驻华使节都会有意见;另外,即使我到南京,皇室不可能到南京,如果将来有人利用皇室再反对民国怎么办?所以,我反复考虑,与其让孙大总统辞职，不如我袁世凯先在北方维持着秩序，等着南京方面"将北方各省以及军队妥善接收"，我就退归田园，当一个共和国之国民。

袁世凯自然是在将孙文的军。其实，还有一个原因袁世凯是没有说出来的：他在北京都遭遇暗杀，连家门都不敢出，哪里还敢去南京？

可是，孙文的态度是坚决的。孙文干脆派出了一个"迎袁专使团"，专门来北京迎接袁世凯南下去南京宣誓就职。袁世凯又骑虎难下了。不过，事情果然如袁世凯所说，京津和直隶地区发生了谜一般的兵变骚乱。北洋军以抢劫、闹事来阻止袁世凯南下，列强打着保护使馆的旗号，准备调兵进京。眼看又一场八国联军之祸就要发生，社会舆论、北方各位都督以及远在武昌的黎副总统又跳出来反对袁世凯南下。在这种情况下，孙文自然也没有任何理由再坚持让袁世凯南下了，于是南京临时参议院又开了一会，通过了一个新的决议——袁大总统，允许你在北京就职！

有人说，这场兵变是袁世凯自己策划的，目的就是拒绝南下。其实是不是袁世凯的授意并不重要，事实就是这样：有袁世凯在，至少能镇住北方；袁世凯不在，无论是北洋军、北方的革命党人，还是其他帮会、土匪等各种力量，都有可能为称王而混战，引发骚乱，导致列强出兵，就连南京的议员们事先都认为定都南京不可能。让袁世凯南下原本就是强人所难吧。

1912年3月10日，袁世凯在北京正式就任临时大总统。但袁世凯的"麻烦事"并没有完，第二天，孙文在南京签发了南京临时参议院起草的《临时约法》。请注意孙文早在近一个月前就已经辞职了，袁世凯也已经在前一天就任职总统了，孙文已经没权力颁布法令——特别是宪法性的法令，《临时约法》即使要签发也应该是由袁世凯来签发。

在过去很多的书中，人们一般认为，《临时约法》就是孙文等革命党人为了限制袁世凯而出台的。孙文当临时大总统的时候，参照的是美国式的总统制，等到要"让位"给袁世凯，又变成了内阁制，这明显是"因人设法"，是人治而非法治。

其实这并不符合事实。立法权在国会，无论是孙文还是精通法律的宋教仁，都不能主导《临时约法》的制定。《临时约法》是南京临时参议院（实际上是以都督为代表的地方实力派）制定的，地方实力派用参议院制衡着孙文，现在，临时大总统变成了更难对付的袁世凯，自然要更想办法掌控袁世凯。《临时约法》就是在这样的背景下出台的，它可以用一句话概括——又一次大大提升了国会的权力。

首先，它增设了总理一职，但与内阁制中"如果某个政党在国会选举中获得多数席位，这个党的领袖就自动成为内阁总理并且是政府首脑"不同，《临时约法》规定的是总理由总统任命，但必须获得参议院通过。总统仍然既是国家元首又是政府首脑，总理只是总统的下级和助手，是辅助总统掌握行政大权的。然后，国会对包括总统、总理在内的高级官员都有弹劾权，而总统却没有相对应的解散国会之权。

在美国，国会和总统都是选民选出来的，总统有权任命各部部长，但也要获得参议院通过，这些部长们只是总统的下级和集体顾问，只对总统个人负责。总统行使的行政权只对宪法和他的选民负责，不对国会负责，而国会行使的立法权也只对他们的选民负责，国家的行政机关和立法机关完全分立。当总统或者政府的高级官员违反宪法时，国会可以提出弹劾，总统也没有解散国会之权。这就是以行政权最后归属方式而命名的总统制，与宋教仁一直主张更符合民国国情的内阁制相对应。很显然，除了多出来一个一般内阁制中才有的"总理"，《临时约法》仿照法式的责任内阁制，又有美式总统制，将原议定的总统制改内阁制，总统为虚君约束其权力美国总统制的模式了。

但问题仍然是，当时美国的选举制度已经很成熟了，选举权掌握在人民手中，总统确实不能解散国会，但国会也不敢轻易弹劾总统以及总统挑选的高级官员，因为总统也是人民选出来的，受到人民的信任，否则国会自己就下不了台。但《临时约法》规定是参议员由各省选派，选派方法由各地方自定，虽然也规定了百姓们有选举和被选举权（毕竟是民国了，要打着共和立宪的旗号），但谁都知道这是根本没有落地的，参议院仍然受以都督为代表的地方实力派的掌控。总统以及通过总统提名的包括总理在内的内阁成员是由参议院（实际上是以都督为代表的地方实力派）选举出来的，参议院只要发现总统"有谋叛行为"（而不是违反宪法）就可以弹劾。但什么是"谋叛"呢？这就很模糊了，总统任命几个他信任的人，或者要求动用一下军队，你也可以认为他是图谋不轨，这相当于要把包括袁世凯在内的政府变成受参议院控制的"傀儡政府"！只要参议院发现这个总统"不听话"，它就能够以"代表人民"的名义并依据《临时约法》的名义弹劾。

而总统除非已经在人民中享有极高的威信，拥有极强的演讲能力，否则在关键时刻是无法寻求"人民"的支持的——对于人民来说，反正你又不是我们选的，还不如地方实力派跟我们关系密切，我们又何必来帮助你呢？这和当年载沣面临的是同样的情况！

现在我们知道了，《临时约法》确实是"因人设法"（针对袁世凯），也是"因权设法"（以都督为代表的地方实力派仍然想把控权力），它表面上学习当时美国的总统制，却又不是真正的总统制，也不是真正的内阁制，是介于总统制和内阁制之间的一种政治体制。这部在匆忙之中推出来的准宪法，只是地方实力派打着共和立宪的旗号向新生的袁世凯政府争权（而不是分权）的产物。趁着新生的袁世凯政府成立的这个"多事之秋"，地方实力派没有压抑自己不正当的权欲，没有在共和立宪的原则下把他们自己也纳入法治轨道，没有把宪政建设和健全宪法放在第一位。由于国会几乎没有什么制衡，百姓们制衡不了国会，议员们必将肆无忌惮，行使职权时不顾后果，自身的腐败也必将愈演愈烈。4月，南京临时参议院迁往北京后，很快出现了天天泡在八大胡同里出卖选票的"议员"。正是他们自己开启了践踏宪法和"贿选"之风！

民国开始共和立宪时，其实很多人都做好了接受曲折的准备，只是没想到最后竟然曲折成了这个样子。陈独秀后来说：欧美各国的共和立宪出于多数人利益，中国的共和立宪如果不是出于包括革命党人在内的多数国民的自觉与自动，皆伪共和也，伪立宪也，政治之装饰品也，与欧美各国之共和立宪绝非一物!

但是在此期间,也曾经有一个人以他全部的智慧和精力,为民国的共和立宪继续作出了自己的努力,如负重的老黄牛一般艰难地拾级而行,曾经发出耀眼的光芒,和袁世凯成为一南一北两大政治明星,但也如彗星一般划过夜空,和袁世凯一前一后死在民国初年,至今沉冤未雪。

他就是宋教仁。

第十六章
大清变法彻底失败，走向灭亡，民国重回革命

孙文"让位"了，同盟会该怎么办？是按照孙文的意思继续保留革命党的色彩，还是按照宋教仁主张的褪去革命党的色彩，改造成公开的政党？自然，孙文已经"让位"，民国已经成立，再革命就没有任何理由了，同盟会要么解散，要么改造，宋教仁的主张才是大势所趋，连孙文也无法阻挡。1912年3月，同盟会由地下走向公开，宋教仁被选举为政事部主任干事，开始对同盟会进行政党改造。

宋教仁果然不负众望，他挑选同盟会中的非激进分子，与其他民主政党、社团合并和改组，成立了合法公开的全新政党——中国国民党。宋教仁成为代理理事长，虽然名义上的理事长还是孙文，但很显然，宋教仁已经成为了这个全新政党的操盘手。这个政党脱胎于同盟会，或者说取代了同盟会，但它又明显区别于以往的同盟会，它成了合法政党，没有了革命的宗旨和色彩，用宋教仁的话来说，这就是"毁党造党""大公无党"。

宋教仁自然不会只是改造同盟会这么简单，这一切都是为了实现他的政治理想——政党竞选和内阁制。袁世凯就任临时大总统之后，南京临时参议院随之迁往北京，改为北京临时参议院，并立法规定1913年将召开民国的正式的国会（包括众议院、参议院）。说起来这个年限还是当年载沣定下来的，民国都成立了，自然不能比当年的大清还落后，宋教仁早已经瞄准了国会选举。

与宋教仁有同样想法的还有很多人,一时间,民国大地上出现了数百个政党,党员人数无法统计。据说在北京,陌生人之间打招呼,在问完"贵姓"之后还要问"贵党",他们都铆足了劲,准备竞逐第一届国会选举。请注意这是选举,而不再是以都督为代表的地方实力派指派了。民国毕竟已经成立,共和立宪谁也无法撼动,任何势力都无法反对"国会由人民选举",北京临时参议院也至少要在立法上把选举权落到百姓们之中——当时规定合法选民除年满21周岁的男性(妇女没有选举权)、在选区内居住2年以上外,或至少满足其中一项:每年纳直接税2元以上;有500元以上不动产;拥有小学或相当于小学的学历。这样,民国4亿多人口中,统计的合法选民约有4000万。

现在,民国需要的是一批防止法律只停留在纸面上的人,需要的是一批用扎实工作把法律落地的"较真"之人,宋教仁即将成为他们的代表。

1912年12月,国会选举正式开始,在这场"选战"中,最辛苦的应该是宋教仁,他组织国民党人马四处集会、演讲、造势,发动选民投票,同时也亲自拉票。他要求国民党全党"要停止一切运动,专注于选举运动"。"以前对于敌人,是拿出铁血的精神,同他们奋斗。现在对于敌党,是拿出政治的见解,同他们奋斗"!

在这个擅长的领域,宋教仁做得风生水起,急剧上升为政治新星。在袁世凯政府成立之后,他几乎成了老牌革命党人中唯一的风光人物,在外人看来,他又表现出向孙文等人咄咄逼人的"夺权"气势。宋教仁也充满自信地说:"无论是孙的势力或是康(有为)的势力,都难望得到永远存续。到国会终于开设时,肯定会有新人物出现,代表汉族抵制满族,这是趋势。"

在宋教仁看来,这新人物无疑就是他自己。

果然,1913年3月中旬,国会选举落幕,宋教仁领导的国民党在参、众两院选举中都以压倒性的优势成为第一大党。据统计选民中投票率约占10%,也就是全国约有400万人直接参与了投票。尽管也难以避免选举笑话和选举腐败,但宋教仁联合一些人已经为共和立宪取得了重大一步：突破了以都督为代表的地方实力派掌控国会的企图，实现了政党竞选，"平民政治"和"全民政治"初现端倪。

接下来接力棒交到了袁世凯手里。

根据《临时约法》，总统是政府的首脑，总揽行政大权，总理是由总统提名，获得参议院的通过后任命的。对于袁世凯来说，他只有提名宋教仁为新的内阁总理，才最容易在参议院获得通过，将来也才最容易获得国会的支持；而对于宋教仁来说，他首先要获得袁世凯的提名，即便成为了内阁总理，也需要继续寻求与上级袁世凯的合作。

如此一来，袁世凯和宋教仁之间有望形成既有良性合作又有相互制衡的关系。宋教仁"拥有"国会，在立法权上既可以支持袁世凯，也可以制衡袁世凯；而袁世凯是临时大总统，他在行政权上既可以支持宋教仁，也可以压制宋教仁。在这种"合作中制衡"的关系背后，正是意味着宪政建设即将上一个新台阶。

这一切自然都是宋教仁和袁世凯希望看到的。宋教仁是一个宪政主义者，原本追求的就是这样的结果；而对于袁世凯来说，虽然他曾经更看重朝廷的合法性，但一旦成为大总统，共和立宪就是他唯一的合法性来源，也是民国的立国之本，他既没有必要，更没有勇气和实力去挑战共和立宪（至少现在没有）。恰恰相反，真正的共和立宪对他是有利的，因为大清灭亡了，"载沣式"的难题留下来了，袁世凯急需通过宋教仁这样的平民政治家，向人民借力，把大清向往多年不仅没有实现反而导致内部崩溃的设想变为现实——把地方实力派（官僚集团）纳入宪政的轨道！从而最终制定出一部真正权威而有效的宪法，稳定民国的政局。

也就是说，袁世凯的对手始终都是试图通过国会把袁世凯政府变成"傀儡政府"的地方实力派（官僚集团），而不是间接帮助他的宋教仁；地方实力派因私而设的"假共和立宪"，是袁、宋在政治上共同的敌手。在这样的框架之下，他们都难以施展才能和行使权力，都迫切希望改变现状。袁世凯和宋教仁之间从来没有像现在一样彼此互相需要，需要寻求与对方的合作，他们之间的合作面远远大于冲突面——局势竟然把他们都推到了共和立宪"建设者"的位置!

现在,高居庙堂的袁世凯和起于民间的宋教仁,成为了受人期待的一北一南、一朝一野的两大政治明星,很多人会害怕和阻挠他们之间的联手,但更多的人期待他们的联手。

袁世凯行动了,他给此时在南方的宋教仁发出了"即日赴京,商决要政"的电报。宋教仁将从上海乘火车进京,这里是老牌革命党人的大本营,但宋教仁却没有见到孙文——相信很多人都要问,此时的孙文干吗去了?

在卸任临时大总统之后,孙文曾专程去北京与袁世凯会面,他说,今后要舍弃政事,专心为民国修20万里的铁路。袁世凯正要给孙文"安排个去处",听到孙文如此表示,随即任命孙文督办全国铁路,在上海组建中国铁路总公司。孙文似乎真的是专心修铁路去了,就在宋教仁抵达上海之前,他已经带着一帮人马去日本"考察铁路建设"。

在过去的一些书看来,孙文不想着将对袁世凯的革命进行到底,幻想"实业救国",是"资产阶级革命家软弱性"的表现,但这恰恰是误解。孙文从来都是认为"袁世凯不可信",直到最后一刻才无奈放弃了对袁世凯使用革命的手段(北伐)。多年以来,孙文为革命的筹款都是"尽心尽力"的,而铁路是个大利场,大清变成了民国,铁路主宰由盛宣怀变成了他,这又是一个为革命筹款的好机会!

也就是说,袁世凯政府成立之后,孙文确实无意角逐政治,孙文还留在革命队伍里,还需要为革命党人争取政权,如果要接受现在的民国,就要接受政权不在手里的现实。站在这个角度,袁世凯比当初的清政府更加危险。当初革命党人为"驱逐鞑虏"流血牺牲,虽然希望渺茫,可毕竟还找得到合法性;现在为各方所接受的民国已经成立,如果还要对袁世凯继续"革命",合法性又在哪里呢?又有什么理由呢?

随着宋教仁即将北上,他与孙文之间的分歧已经到了水火不容的地步。虽然宋教仁也一直认为"袁世凯不可信",但宋教仁的"不可信"是从宪政、分权的角度出发的。在宋教仁看来,如果没有宪政框架下的分权，换作谁（包括孙文）来当总统都是"不可信"的。所以宋教仁要做的只是在共和立宪的框架下与袁世凯共处；他只会限制总统的权力，不会夺取总统的位置；他不会非得追求"革命胜利后"的革命党一党执政，却不会放弃在民国中以政党竞选参与执政——这必然会导致宋教仁"放弃革命"。在他看来，革命虽然可以推翻朝廷，但共和立宪只能通过协商、妥协和契约才能实现。

孙文却是一个现实的人，他不像宋教仁那样"理想化"，对通过没有武力依托的政党竞选来制衡袁世凯等其他势力抱有根本性的怀疑。对于孙文以及陈其美等孙派人物来说，他们眼里的"袁世凯不可信"却是无视袁世凯政府已经成立的事实，要再一次推倒重来，夺取政权——这也必然会导致孙派"将革命进行到底"，继续用武力来达到目的，对于政党竞选这样的事情自然不会很在意了。

由于根本上的分歧，与袁、宋之间不同，此时的宋教仁与孙文、陈其美等人之间既没有了合作的意愿，也没有了合作的可能，而是进入了非此即彼的对立面。在这种情况下，可以相信，孙文和陈其美等人即使没能阻止住宋教仁把同盟会改造成中国国民党，也必将阻止宋教仁北上与袁世凯真的达成合作！

3月20日，是宋教仁从上海火车站启程前往北京的日子。在与革命党人的辞行聚会中，陈其美说："遁初（宋教仁的字），你不要快活，仔细他们（指袁世凯政府）会用暗杀的手段来对付你。"

宋教仁听后笑道："只有我们革命党人会暗杀人，哪里还怕他们来暗杀我们呢！"

宋教仁说的是事实，暗杀一直是革命党人的利器，袁世凯对此还生疏得很。

1913年3月20日晚10点45分左右，上海火车站，枪声响了，宋教仁遇刺，送医院后不久便不治身亡，年仅31岁。临终之前，宋教仁没有留给孙文片言只语，遗言留给了远在北京的袁世凯。他报告了自己遇刺的经过，并提出遗愿："伏冀大总统开诚心，布公道，竭力保障民权，俾（使）国会得确定不拔之宪法，则虽死之日犹生之年。"

他似乎至死都没有怀疑过袁世凯，也没有计较个人得失，没有要求报仇雪恨，至死都在牵挂新生民国的宪政建设。

他没有资源，没有显赫的出身，更没有枪杆子，不能像科举时代的读书人那样"学成文武艺，货与帝王家"，于是他"货与人民"，却还是以悲剧结尾。但宋教仁始终相信，政治为人民服务的本质是人民运用政治为自己服务。

他终于做到了"年轻又有声望"，可是他永远年轻了。

2016年春节，我曾去到宋教仁故居，在这座后来重建的空荡荡的故居之前，已经很难发现他当年的足迹。

谁才是真正的幕后元凶？百余年来，真相一直没有水落石出，正是因为如此，袁世凯是无法排除嫌疑的。此时的内阁总理赵秉钧也是有嫌疑的，宋教仁上位，他必然下位，按照一般的权力逻辑，他就是"理所当然"的幕后凶手。

而陈其美更是有嫌疑的。站在革命的角度，宋教仁就不是当初陶成章那样的"假革命"了，而是"叛变革命"和"反革命"，宋教仁只能死，刺宋案也只能引向袁世凯政府和他本人。但暗杀宋教仁带来的后果和影响要比暗杀陶成章严重得多，而且宋教仁在同盟会里的资历不仅比陶成章要深，比陈其美也要深。

根据《临时约法》规定，作为三权之一的司法权是独立的，并不受行政权的干涉，上海地方检察厅已经向赵秉钧发出了传票，要求他到上海接受问询。只要赵秉钧来上海，无论最后的结果如何，刺宋案都将以司法独立的方式进入法律程序，可以说，这是宋教仁以他的生命换来的民国共和立宪的重要一步！

赵秉钧称病未到。

几个月后，孙文、黄兴、陈其美等人烧起了民国的第一把战火，发动"讨袁之役"（又称"二次革命"），刺宋案的司法审判程序被战争彻底打断，幕后元凶的追查也就不了了之，至今成谜。接下来的事情我们知道了,没有了宋教仁,地方实力派又试图通过国会将袁世凯政府变成"傀儡政府",袁世凯兵围国会,并最终称帝,在各方的群起而攻之中死去。

后记
为何大清终结,共和、宪政却行不通?

大清终结,共和、宪政却行不通了,晚清最后时光里的人们,他们向往共和,也在事实上一次次羞辱共和。推翻皇权本身,并不意味着自动获得共和,它首先是市场经济发展的产物,甚至在西方,共和国还一度被直接称作"共富国"。

共和也只能是启蒙的产物,或者说是启蒙后革新的产物,而不一定是纯粹暴力革命的产物。

南京临时政府成立之后的某天,扬州有个年过八旬的萧姓盐商为了一睹大总统的风采,专门到南京总统府求见,当他见到孙文时,准备按叩见皇上行三跪九叩大礼,孙文赶忙将他扶起,告诉他,总统不是皇帝,总统是国民的公仆,是为全国人民服务的。老人告辞时,孙文亲自把他送到门口,老人高兴极了,说:"今天我总算见到民主了!"

老大爷是多么善良,他的要求不高,只要不跪着他就认为看见"民主"了。

"共和的含义是什么?"袁世凯曾经问他的秘书顾维钧。

顾维钧回答:"共和这个词的意思是公众的国家或民有的国家。"

袁世凯感叹道:"中国的老百姓怎能明白这些道理,当中国女仆打扫屋子时,把脏物和脏土扫成堆倒在大街上,她所关心的是保持屋子的清洁,大街上脏不脏她不管。"

顾维钧回答:"即便人民缺乏教育,他们也一定爱好自由,只是他们不知道如何去获得自由,那就应由政府制定法律、制度来推动民主制度的发展。"

袁世凯又问:"那会需要多长时间,不会要几个世纪吗?"

"时间是需要的,不过我想用不了那么久。"顾维钧回答。

袁世凯不再说话,让顾维钧出去了,两人的谈话就此结束。

杀死宋教仁的幕后元凶是谁?即使永远不能浮出水面,人们也不能忘记,他死在那个全民奋进而又全民腐败的年代;死在那个铁路、电报等技术几乎与世界先进水平无异,而公民的政治权利意识十分淡漠的时代;把地方实力派(官僚集团)纳入宪政轨道,最终要靠"制度设计",也要靠人民的觉醒,真正的动力是人民,正是人民对自己政治权利的追求,才拉开了中华民族崛起的序幕,这应该就是宋教仁始终的认识。

解开晚清变革失败的密码,多么值得人深思和叹息啊!